Bruno Hildenbrand

Grundlagen der Genogrammarbeit

Die Lebenswelt als Ausgangspunkt
sozialpsychiatrischer Praxis

Mit einem Vorwort von Michael Konrad

Mit einer Abbildung

Vandenhoeck & Ruprecht

Bibliografische Information der Deutschen Nationalbibliothek:
Die Deutsche Nationalbibliothek verzeichnet diese Publikation in der
Deutschen Nationalbibliografie; detaillierte bibliografische Daten sind
im Internet über https://dnb.de abrufbar.

© 2021, Vandenhoeck & Ruprecht GmbH & Co. KG, Theaterstraße 13, D-37073 Göttingen
Alle Rechte vorbehalten. Das Werk und seine Teile sind urheberrechtlich
geschützt. Jede Verwertung in anderen als den gesetzlich zugelassenen Fällen
bedarf der vorherigen schriftlichen Einwilligung des Verlages.

Umschlagabbildung: »historic buildings of alter flecken in freudenberg«/Shutterstock

Satz: SchwabScantechnik, Göttingen
Druck und Bindung: ⊕ Hubert & Co. BuchPartner, Göttingen
Printed in the EU

Vandenhoeck & Ruprecht Verlage | www.vandenhoeck-ruprecht-verlage.com

ISBN 978-3-525-40751-6

Inhalt

Vorwort von Michael Konrad 9
Vorwort des Autors 13

Erster Teil

I   Die Verachtung der Lebenswelt auf Grundlage des Cartesianismus: ein Dilemma der Genogrammarbeit und eine Übersicht über den Gang des Buches 17

II   Grundlagen aus der Phänomenologie 23
1   Zu den Sachen selbst 23
2   In-der-Welt-sein 25
3   Die natürliche Welt kann sich in ihr Gegenteil verkehren 26
4   Das In-der-Welt-sein als Besorgen 28
5   In-der-Welt-sein und Relevanz 30
6   Modalitäten des In-der-Welt-seins 36
7   Der Leib als Fokus des In-der-Welt-seins 49

III   Das Selbst 51
8   Ein Blick in die jüngere Vergangenheit 51
9   Nichtcartesianische Konzeptionen eines Selbst 52
10   Über die Phänomenologie und den Pragmatismus hinaus: Elemente einer integrierten Theorie des Selbst 56
11   Zwischenbilanz zu den Kapiteln 1–10 62

IV   Die Psychiatrie als Feld therapeutischen Handelns 63
12   Rückblick auf Vorhandenes 63
13   Die anthropologische Proportion (Binswanger) – Formen missglückten Daseins 68
14   Grundbegriffe der daseinsanalytischen Ordnung: Der Fokus Schizophrenie 74
15   Geschichtlichkeit des menschlichen Daseins 77

Zweiter Teil

I	Die Sozialpsychiatrie und der Fall – Das Erfahren des Fremden ...	89
II	**Die Familie Wellke**	95
1	»Beim Bundeswehr wollte ich ziemlich weit weg« – Verdacht auf eine Ablöseproblematik bei Frank Wellke	95
2	Inkonsequenz der Erfahrung beim Eintritt ins Militär	97
3	Die psychiatrische Sicht: Erstmanifestation einer »schizophrenen Psychose« bei Frank Wellke und ihr weiterer Verlauf	110
4	Vier unterschiedliche Versionen in der Familie Wellke zu den Umständen des Ausbruchs einer schizophrenen Psychose	116
5	Fallspezifische Besonderheiten im Krankheitsverlauf	117
	5.1 Interventionen der Eltern	117
	5.2 Franks Aufenthalte in der Werkstatt für Behinderte	118
	5.3 Franks Kampf um Autonomie	120
6	Erkenntnisse aus der Rekonstruktion der psychiatrischen Karriere Frank Wellkes	121
7	Genogrammarbeit im Hildenbrand-Stil: Grundlagen	124
	7.1 Welche Daten werden erhoben? – Warum von drei Generationen?	124
	7.2 Zusammenfassung zu den Grundlagen der Genogrammarbeit in meinem Stil	128
8	Genogrammarbeit zur Familie Wellke	130
	8.1 Erhebung zur ersten Generation der Familie Wellke	131
	8.2 Erhebung zur zweiten Generation der Familie Wellke	138
	8.3 Erhebung zur dritten Generation der Familie Wellke	144
9	Brennpunkte des In-der-Welt-seins der Familie Wellke	144
	9.1 Eisental und das Verhältnis des Ehepaars Wellke zu diesem Dorf	145
	9.2 Die Verwandtschaft	149
	9.3 Das Haus	151
	9.4 Das Zimmer	155
	9.5 Ein Rundgang mit Frank durch das Dorf	156
	9.6 Erfinden und dichten	158
10	Daseinsanalytische Interpretation	167
	10.1 Die Patientenperspektive	167
	10.2 Die Familienperspektive	168
	10.3 Familiale und individuelle Bewältigungsmuster	169
	10.4 Der Ertrag der Mehrgenerationenperspektive	170
11	Der Bezug des untersuchten Falls zu den bekannten Langzeitverlaufsstudien im Fall von Schizophrenie	171

Dritter Teil

I	Therapeutische Möglichkeiten	175
1	Anthropologische Psychiatrie (Daseinsanalyse) und Sozialpsychiatrie	175
2	Anmerkungen zum Thema Zeit in der Psychiatrie	176
3	Daseinsanalyse	178
4	Gemeindepsychiatrie	179
5	Genogrammarbeit: Leistungsfähigkeit und Grenzen	180
6	Familientherapie	182
7	Unkonventionelle Formen der stationären Behandlung	187
	7.1 Alltag als Therapie, eine prototypische Einrichtung und weitere Beispiele	187
	7.2 »Accommodation« und »Care«	193
	7.3 Psychiatrische Familienpflege	198
8	Wird das Fallverstehen überschätzt?	199
	8.1 Spezifika des Fallverstehens in gemeindepsychiatrischen Einrichtungen	200
	8.2 Fallverstehen und Diagnose	202
	8.3 Die wesentliche Frage: Was ist da los?	204
II	Epilog	205

Anhang

Genogramm der Familie Wellke	210
Literatur – Filme – Lieder	212
Personenregister	222
Sachregister	224

»Unser Leben ist nur *als Leben,* insofern es in einer Welt lebt.«
(Heidegger, 1919/1920, S. 34)

Vorwort von Michael Konrad

Vor fünfzig Jahren kam die traditionelle Psychiatrie auch in Deutschland in Bewegung. Mindestens eine Dekade später als in den anderen entwickelten Industrieländern und mit einer schweren Hypothek belastet: die Ermordung, Sterilisierung und das organisierte Hungersterben Zigtausender psychisch erkrankter und geistig behinderter Menschen. Die psychiatrischen Anstalten hatten wieder ein Stück Vertrauen der Bevölkerung zurückgewonnen, nicht zuletzt durch die sich etablierenden Psychopharmaka als erste medizinisch begründete Therapieform. Und nun standen sie schon wieder unter Kritik – vor allem durch die Veröffentlichungen amerikanischer Soziologen, die wie Erving Goffman die Entpersönlichung durch totale Institutionen vor allem am Beispiel psychiatrischer Anstalten beschrieben oder wie der Labelling-Ansatz psychische Erkrankungen als reine gesellschaftliche Zuschreibungen betrachteten.

Die Deutsche Gesellschaft für Psychiatrie und Nervenheilkunde (DGPN) als berufsständische Vertretung hatte daher massive Probleme mit einer Untersuchung, die einen vom Bundestag in Auftrag gegebenen Bericht über die Lage der Psychiatrie in der Bundesrepublik Deutschland erstellen sollte. Nur durch den Elan der sozialliberalen Reformära und das Engagement einiger Universitätspsychiater der Nachkriegsfolgegeneration wie Heinz Häfner und Caspar Kulenkampff kam der Bericht (Bundesregierung, 1975) zustande, der dann als Psychiatrie-Enquete Furore machte und den in Deutschland vorhandenen psychiatrischen Anstalten Zustände bescheinigte, wie sie typisch sind für »totale Institutionen« (Goffman, 1968). Das große Verdienst der Enquete ist, die psychiatrische Versorgung in das gesellschaftliche Bewusstsein gebracht zu haben. Der Nachteil war, dass sich der Blick auf Zustände von Institutionen im Sinne von totalen Institutionen richtete und die psychiatrische Praxis der niedergelassenen sowie der Anstaltspsychiater in den Hintergrund rückte. Obwohl Häfner sich als Theoretiker der Daseinsanalyse profiliert hatte, verlor er in der Phase der Reformpsychiatrie die Besonderheit des Einzelfalls aus dem Blick. Der Fokus lag nun darauf, eine gemeindeintegrierte Einrichtung wie das Zentralinstitut für Seelische Gesundheit in Mannheim aufzubauen, das sich mehr auf die neuen Zielgruppen psychisch erkrankter Menschen spezialisierte als auf chronisch Psychosekranke.

Das Geschäft der Versorgung psychisch kranker Menschen wurde im Zuge der Psychiatrie-Enquete von jungen Fachkräften übernommen, zu denen sich aufgrund des damaligen Ärztemangels vor allem Psychologen und Sozialarbeiter gesellten. Es waren meist politisierte Berufsanfänger, deren Impetus es war, psychisch kranken Menschen aus den elenden Verhältnissen herauszuhelfen. Organisatorisch schlossen sich die meisten der Deutschen Gesellschaft für Sozialpsychiatrie (DGSP) an, da die DGPN nur Ärzte aufnahm. Aus der italienischen Psychiatrie war der Satz »Freiheit heilt« nach Deutschland geweht und so galt es, die psychisch Kranken sukzessive in die Gemeinde zu begleiten und ihnen damit ein Dasein unter »Normalen« zu ermöglichen. Paradoxerweise sollte dies durch die *therapeutische Kette* geleistet werden, in der sich die Patienten, in der psychiatrischen Klinik beginnend, von Angebot zu Angebot vorarbeiten, bis sie dann in der eigenen Wohnung und bei einem Arbeitsplatz auf dem allgemeinen Arbeitsmarkt angelangt sind.

Theoretisch war die Sozialpsychiatrie blank. Die Bibel für die sozialpsychiatrisch Tätigen war (und ist) »Irren ist menschlich« von Klaus Dörner und Ursula Plog (1978; Neuausgabe: Dörner, Bock, Brieger, Heinz, Wendt u. Plog, 2019), in der die Diagnosen mit alltagsweltlichen Namen belegt werden. So wird aus der Schizophrenie der »Sich und andere spaltende Mensch« und aus der Depression der »Sich und andere niederschlagende Mensch«. Die Situation der Menschen mit psychischen Erkrankungen ist nach fünfzig Jahren Reformpsychiatrie nicht mehr elend und menschenunwürdig, aber sie ist dennoch besorgniserregend. Über 200.000 psychisch kranke Menschen leben in betreuten Wohnformen der Eingliederungshilfe, die bis vor kurzem noch über das Sozialhilfegesetz finanziert wurde. Ein sehr geringer Teil psychisch kranker Menschen mit rezidivierenden Psychosen arbeiten auf dem allgemeinen Arbeitsmarkt. Jungen psychisch kranken Menschen bleibt eine Berufsausbildung verwehrt und einem Teil bleibt sogar die Arbeit in einer Werkstatt für Behinderte vorenthalten.

Das Buch von Bruno Hildenbrand setzt an diesem Dilemma an. Hildenbrand knüpft an seine sozialpsychiatrischen Wurzeln der psychotischen Erkrankungen als Verlust der natürlichen Selbstverständlichkeit an. Ausgehend von seiner praktischen Arbeit als klinischer Soziologe an der Psychiatrischen Universitätsklinik Marburg bei dem phänomenologischen Psychiatrieprofessor Wolfgang Blankenburg und ausgerüstet mit dem Rüstzeug der phänomenologischen Soziologie seines wissenschaftlichen Lehrers Thomas Luckmann erneuert er den Versuch, die Entstehung »schwerer« psychischer Erkrankungen aus der wechselseitigen Beeinflussung von objektiver und subjektiver Wirklichkeit herzuleiten.

Hildenbrand scheut sich nicht, wissenschaftliche Traditionen aufleben zu lassen, die in der aktuellen Diskussion mindestens ein Nasenrümpfen bewirken.

Der Ausgangspunkt beim jungen Karl Marx mag in der sich kritisch verortenden Sozialpsychiatrie noch durchgehen, auch wenn sich diese lieber am wirtschaftstheoretischen Marx orientiert. Mit dem für die phänomenologische Wissenssoziologie paradigmatischen Satz, dass die Menschen ihre Geschichte machen, aber eben unter vorgegebenen Umständen, erweitert Hildenbrand die Theorie der Affektlogik von Luc Ciompi um die notwendige gesellschaftskritische Dimension. Der phänomenologische Begriff der Lebenswelt wird dadurch geerdet – um nicht zu sagen vom Kopf auf die Füße gestellt. Die subjektive und historische Rekonstruktion der Lebenswelt der »Indexfamilie« Wellke bietet der Sozialpsychiatrie eine Vorlage, die sie für die Weiterentwicklung ihrer Theorie und Praxis dringend benötigt.

Die Orientierung an Heidegger wird mehr als Naserümpfen hervorrufen. Aus meiner Sicht wäre dieser Rückgriff nicht unbedingt nötig gewesen, bietet doch die Theorie der gesellschaftlichen Konstruktion der Wirklichkeit von Berger und Luckmann ausreichend theoretischen Hintergrund, um die subjektive Verarbeitung der »Sachen« zu erfassen. Aber Heidegger stellt einen guten Anknüpfungspunkt für die sich wieder vermehrt an der anthropologischen Psychiatrie orientierende Gruppe junger Sozialpsychiater dar und die virtuose Handhabung seiner Theorien vermag ihn vielleicht auch in der kritischen Sozialpsychiatrie in ein neues Licht zu setzen.

Dieses Buch ist jedem sozialpsychiatrisch Tätigen (m/w/d) zu empfehlen, der den bio-psycho-sozialen Ansatz theoretisch und praktisch umsetzen will.

Michael Konrad

Vorwort des Autors

Werte Leserin, werter Leser[1],
   schön, dass Sie dieses Buch in die Hand genommen haben und in Erwägung ziehen, darin zu lesen. Vorher steht Ihnen ein Hinweis auf Risiken und Nebenwirkungen zu.
   Es geht in diesem Buch um Folgendes: Im Alltag geht jedermann von der Annahme aus, dass es eine Differenzierung zwischen mir und den anderen gebe. Ich bin hier, du bist dort. Gegen diese Annahme schreibe ich hier an. Ich behaupte, dass alle in einer gemeinsamen Welt leben, bevor sie sich als Ich und andere differenzieren. Nach meiner Auffassung ist es die Grundlage einer Sozialpsychiatrie, von der gemeinsamen Welt auszugehen und die Ich-andere-Differenzierung anderen Fächern zu überlassen.
   Wer gegen den Alltagsverstand anschreibt, hat einen berühmten Vorgänger: Er heißt Sisyphos. Gemäß der griechischen Mythologie war er von den Göttern dazu verdammt, einen Stein den Berg hoch zu wälzen, und kaum war der Stein oben, rollte er wieder den Berg hinunter, und Sisyphos' Elend begann von vorne.
   Bei den meisten, die diese Geschichte via Albert Camus kennen, ist hängengeblieben, dass man sich Sisyphos als glücklichen Menschen vorstellen müsse, weil er zwischendurch ja immer wieder entspannt den Berg hinabsteigen könne. Jedoch, so Camus weiter, könne man sich Sisyphos auch als glücklichen Menschen vorstellen, weil er dieses Schicksal *gewählt* habe. Er hätte es auch bleiben lassen können, die Götter herauszufordern.
   Auch ich habe das Schicksal gewählt, gegen den Alltagsverstand anzuschreiben. Wundern Sie sich also nicht, wenn Ihnen in den folgenden drei Buchteilen, insbesondere im ersten, immer wieder Schwierigkeiten entgegenschlagen. Das liegt an der Sache und nicht an meinem Unvermögen oder Unwillen, komplexe Sachverhalte einfach auszudrücken. Mit der Vereinfachung geht die Gefahr der Simplifizierung einher, was auch nichts anderes heißt als Vereinfachung.

---

1   Bei der Verwendung männlicher Geschlechterformen sind immer alle Geschlechter (männlich, weiblich, diverse) mit inbegriffen. Im Übrigen hat das grammatische Geschlecht mit dem biologischen Geschlecht nichts zu tun (Peter Eisenberg, FAZ 27.02.2018).

Mitunter zitiere ich Philosophen, die ihre komplexen Gedankengänge eins zu eins in Sätze gegossen haben, ohne sich Gedanken darüber zu machen, wie das wohl bei der Leserschaft ankomme. Zu ihrer Zeit ging das noch, damals gab es noch Respekt vor komplexem Denken und keine Aversion dagegen. So viel zum Inhalt des ersten Teils.

Im zweiten Teil stelle ich die Praxis der Genogrammarbeit anhand eines Falls vor, der mich seit 1981 beschäftigt. Ich gehe also auf die Vorgehensweise in meinem ersten Genogrammbuch (Hildenbrand, 2005a) zurück und erweitere den Ansatz: Die Genogrammarbeit wird jetzt in einen ethnografischen Zugang eingebettet. Zudem verschärfe ich gegenüber meinem dritten Genogrammbuch in Sachen Komplexität (Hildenbrand, 2018b) die Gangart.

Im dritten Teil ziehe ich Konsequenzen aus dem bis dahin Entwickelten. Denn Genogrammarbeit ist kein Glasperlenspiel. Ihren Nutzen erweist sie in der Brauchbarkeit im therapeutischen Prozess, der hier dem Fall entsprechend ein sozialpsychiatrischer ist.

Auch die sozialpsychiatrische Orientierung ist neu gegenüber meinen bisherigen Genogrammbüchern, jedenfalls in Hinsicht auf das Gewicht, welches ich auf dieses Thema lege (Hildenbrand, 2018b). An einem einzelnen Fall, einem Psychiatriepatienten, spiele ich durch, was man bei ihm und seiner Familie durch solide Genogrammarbeit und all das bewirken könnte, was in die Peripherie der Genogrammarbeit, in die Ethnografie gehört. Diesem Patienten begegnete ich in einem forschenden wie auch in einem sozialpsychiatrischen Kontext.

Ich zeige darüber hinaus, warum im vorliegenden Fall auch ein noch so differenzierter Zugang nichts oder nicht viel bewirken würde. So weiß man wenigstens, wo die eigenen und die vom Fall vorgegebenen Grenzen liegen und wo es angeraten ist, die Ressourcen, über die man verfügt, nicht zu verschleudern. Sie sind knapp genug.

Mitunter stelle ich mir vor, werte Leserin, werter Leser, dass ein Stabhochspringer beim Training die Messlatte nicht erst auf eine Höhe von einem halben Meter über dem Boden legt, sondern weiter oben anfängt. Wäre ich Stabhochspringer, würde ich die Messlatte auf jene Höhe legen, die der Kreismeister erreicht hat. Das ergäbe schon einmal einen Anhaltspunkt. Und auch von Ihnen, werte Leserin, werter Leser, wünsche ich mir, dass Ihre Messlatte nicht zu weit unten liegt. Sonst könnte die Gefahr bestehen, dass Sie sich durch dieses Buch nicht herausgefordert, sondern überfordert fühlen.

So viel zu den Risiken und Nebenwirkungen.

Bruno Hildenbrand

Erster Teil

I Die Verachtung der Lebenswelt auf Grundlage des Cartesianismus: ein Dilemma der Genogrammarbeit und eine Übersicht über den Gang des Buches

Als ich mich ab 1986 unter Anregung von Ulrich Oevermann in kritischem Bezug zur Genogrammarbeit, wie sie von Monica McGoldrick und Randy Gerson (1990) propagiert wurde, daran machte, die Genogrammarbeit mit einem sequenzanalytischen Verfahren zu verbinden, galt die Genogrammarbeit als Reservat von Sozialarbeitern. Von ihnen wurde erwartet, dass sie sich in den lebensweltlichen Zusammenhängen ihrer Klienten auskennen würden. Ärzte und Psychologen fassten diese Perspektive eher mit spitzen Fingern an. Dass es früher einmal die Kunst der Sozialanamnese gab, die man in alten Klinikakten des kantonalen psychiatrischen Krankenhauses Münsterlingen im Kanton Thurgau in der Schweiz noch studieren kann, ist heute weithin vergessen. Sozialarbeiter konnten übrigens bis auf wenige Ausnahmen mit der durch die Genogrammarbeit gegebenen Perspektive, die sie auf ihre Kerntätigkeit als Sozialarbeiter verwies, nichts anfangen. Ihr vorrangiges Interesse schien es zu sein, »richtige« Psychologen zu werden und eine eigene Praxis zu eröffnen.

Inzwischen hat sich die Situation nicht wesentlich geändert. Unter den Interessenten für eine anspruchsvolle Vorgehensweise bei der Genogrammarbeit finde ich vorwiegend Ärzte und Psychologen. Ganz selten sind Sozialarbeiter dabei, und wenn, dann handelt es sich um einige meiner früheren Schüler.

Dass das von mir weiterentwickelte Verfahren der Genogrammarbeit zu meinem Erstaunen einen Adressatenkreis anregt, von dem ich ursprünglich nicht ausgegangen bin, erkennt man daran, dass es inzwischen in psychotherapeutische Handbücher Eingang gefunden hat, auch in die Zeitschrift »Psychotherapie im Dialog« (s. Hildenbrand, 2019).

Dem aufmerksamen Leser wird ein Widerspruch/Dilemma auffallen: Die Genogrammarbeit ist in meinem Verständnis ein Verfahren mit der Aufgabe, den sozialen Hintergrund eines Patienten, wie er über drei Generationen hinweg im Entwurfshandeln ausgebildet wurde, zu rekonstruieren. Aber: Wie kann ein solches Verfahren für die Belange der Psychotherapie eingesetzt werden, bei der es dem Namen nach um die Psyche eines Menschen geht? Der landläufige

Cartesianismus der Innen-/Außen-Differenzierung[2] müsste sich an dieser Stelle warnend zu Wort melden.

Da der Begriff des Cartesianismus und die Kritik daran nicht jedermann geläufig ist, will ich kurz ein Beispiel geben:

Die letzte Prüfung in einem Promotionsverfahren an der Fakultät für Sozial- und Verhaltenswissenschaften der Friedrich-Schiller-Universität Jena ist ein Kolloquium. Die Kandidatin verteidigt dort ihre Arbeit. Als Vorsitzender einer Promotionskommission, in der es um eine psychologische Dissertation ging, lernte ich zunächst die Fragestellung der Arbeit kennen: Die Kandidatin wollte herausfinden, was nötig sei, damit ein Teilnehmer an einer Gruppentherapie sich öffne und seine Probleme darlege. Die Kandidatin projizierte in ihrer PowerPoint-Präsentation eine Fülle von mathematischen Tabellen und Diagrammen und gab dann ihr Ergebnis kund: Der kritische Faktor dafür, dass jemand in einer Therapiegruppe sich öffne und seine Probleme darlege, sei der Faktor Zeit. Landläufig und unter Zuhilfenahme des gesunden Menschenverstandes gesprochen: »Je länger jemand an einer Gruppe teilnimmt, desto größer ist die Chance, dass er sich dieser Gruppe öffnet.«

Würde es sich bei diesem Beispiel nicht um eine wissenschaftliche Veranstaltung handeln, die sich in vollständiger Übereinstimmung mit dem *Mainstream* des Fachs Psychologie befindet, würde man an dieser Stelle in Gelächter ausbrechen und feststellen, dass man auf dieses Ergebnis auch durch Nachdenken hätte kommen können. Nach umwegigem methodischem Herangehen kam die Kandidatin ebenfalls zu einem Ergebnis, welches psychologisch dadurch geadelt war, dass ihm Berechnungen, also die aus dem Cartesianismus (res cogitans/res extensa) resultierenden Operationen und im Fach eingeführte Computerprogramme zugrunde lagen.

Es ist diese hier von mir tatsächlich beobachtete Mathematisierung der Lebenswelt und die damit einhergehende »Verachtung des Alltagswissens« (Waldenfels, 1980, S. 34,), die Edmund Husserl (1962) in seiner nachgelassenen Schrift über die »Krisis der europäischen Wissenschaften und die transzendentale Phänomenologie« im ersten Kapitel kritisiert (S. 49). Seine weiteren

---

2   Dieser Dualismus wird üblicherweise René Descartes (1596–1650) zugeschrieben. Allerdings hat bereits Augustinus (354–430) auf der Grundlage einer Innen-/Außen-Differenzierung geschrieben: »Kehr in dein Inneres ein. Geh nicht nach außen, zu dir selbst kehr zurück. Im inneren Menschen wohnt Gott« (1986, S. 72). Vgl. aber dagegen: »Denn wo zwei oder drei versammelt sind in meinem Namen, da bin ich mitten unter ihnen« (Matth. 18:20, siehe Lutherbibel, 2017). Die Mathematisierung der Lebenswelt wiederum rechnet Edmund Husserl (1962) Galileo Galilei (1564–1642) zu.

Ausführungen gelten dann dem Ziel, »die Lebenswelt als vergessenes Sinnesfundament« dadurch zu rehabilitieren, dass er dem Vergessen einen Ansatz entgegenstellt, in welchem die Lebenswelt ihr Recht behält.

Mit Cartesianismus-kritischen und anderen Fragestellungen setze ich mich im ersten Teil dieses Buches auseinander. Ich beginne mit Husserls Lebensweltbegriff, der zwar einen anticartesianischen Impetus hat, sich aber immer noch nicht zureichend vom Bewusstsein freimachen kann. Dann gehe ich zu Heideggers Konzept des »In-der-Welt-seins« über, bei welchem immerhin eine Chance besteht, die Entstehung von Sinn nicht im Bewusstsein einzuschließen, sondern den Sinn auch in der Welt zu lokalisieren – eine Überlegung, die nicht auf der Grundlage eines Entweder-oder, sondern eines Sowohl-als-auch anzustellen ist. Das Kind soll hier nicht mit dem Bade ausgeschüttet werden.

Nachdem diese Grundlagen gesichert sind, kann man getrost die Genogrammarbeit zu den Verfahren der »Psycho«therapie rechnen. Da man es in der Psychotherapie allerdings mit Personen zu tun hat, werde ich mich ausführlich zum Konzept des Selbst auf nichtcartesianischer Grundlage äußern und dabei innerhalb des gesetzten Rahmens, dem der Phänomenologie und des amerikanischen Pragmatismus, bleiben. Zwangsläufig muss dabei auch ein Blick auf das Konzept der Innerlichkeit geworfen werden.

Danach wird es um die Psychiatrie als einem Feld therapeutischen Handelns gehen. Zunächst lasse ich einen Arzt und Psychiater zu Wort kommen: Klaus Brücher (2020) erweitert das von mir so bezeichnete Dilemma der Genogrammarbeit über deren Gebiet hinaus auf den Gesamtbereich psychiatrischen, psychotherapeutischen und psychologischen Wissens und Handelns. Er schreibt, einen anderen als den von mir erwähnten Gedanken zur Lebenswelt aufgreifend: »Das psychologische Dogma verhindert zu verstehen, womit Psychiater, Psychotherapeuten, Psychologen tatsächlich zu tun haben: mit Interaktion und dem Sinn, der in Interaktionen entsteht. Dieser Sinn ist objektiviert in einer Ausdrucksgestalt, er darf nicht verwechselt werden mit subjektiv-psychologischem Sinn«, und weiter: »wird Sinn als ein in der Interaktion Zug um Zug sich herstellendes Produkt begriffen, verändern sich die Perspektive und mit ihr die hergebrachten Auffassungen grundlegend: Bedeutung wird dann zwischen den Interaktanden generiert, mithin nicht in ihnen, weder in ihrer Seele noch in ihrem Gehirn« (Brücher, 2019, S. 1). Brücher schließt hier an die erwähnte Cartesianismus-kritische Tradition an, die seit Helmuth Plessner (1928/1975), Edmund Husserl (1962), Martin Heidegger (1927/1993b), Maurice Merleau-Ponty (1946/1966), Jan Patočka (1991) und Bernhard Waldenfels (1980) besteht. Als Psychiater reduziert Brücher das Thema auf einen Punkt: die Entstehung von Sinn zwischen Therapeut und Patient. Ich als Klinischer Soziologe lege das

Thema breiter an und stelle folgende Fragen in den Vordergrund: In welchem lebensgeschichtlichen Zusammenhang kommt der Patient zur Therapie? Auf welchen therapeutischen Rahmen trifft er? Aus welchen sozialen Kontexten stammt er? Ein Teil dieser Fragen wird in der Genogrammarbeit behandelt. Dort geht es darum, die Muster zu erschließen, mit denen der Patient im Prozess des Aufwachsens konfrontiert war, die ihn heute noch, unter Umständen von ihm modifiziert, leiten oder die er hinter sich gelassen hat und die ihn in seiner Entwicklung unter Umständen fördern oder hemmen.

Es geht im ersten Teil noch um andere Fragen: Von Ludwig Binswanger übernehme ich das Konzept der »missglückten Formen des Daseins«, von Wolfgang Blankenburg die Überlegungen zum Zusammenhang von Biografie und Krankheit. Ideen einer den Naturwissenschaften entnommenen Kausalität werden zurückgewiesen.[3] Des Weiteren geht es um die Gestaltung von Heilungsprozessen, wobei das Konzept des Ereignisses und weitere Fragen der Zeit ins Auge gefasst werden. Abgeschlossen wird der erste Teil dieses Buchs mit einer Zusammenstellung der zuvor aufgeführten Grundlagen für die Genogrammarbeit, gefolgt von einer Falldarstellung im zweiten Teil, anhand derer sich im zweiten und dritten Teil diese Grundlagen zu bewähren haben.

Bis zu dieser Falldarstellung ist die Herstellung von Sinn in der Interaktion noch nicht das Thema. Das taucht erst dann auf, wenn die Erhebung von Genogrammdaten auf Widerstand beim Patienten und/oder seinem sozialen Umfeld stößt, sodass dieser Arbeitsschritt im Detail ausgehandelt werden muss. Jedoch können die Ergebnisse der Genogrammarbeit den weiteren therapeutischen Verlauf beeinflussen, ihn fördern oder, wenn nachlässig durchgeführt, behindern. Behinderung tritt ein, wenn in der Genogrammarbeit Muster in voreiligen Schlüssen fixiert und nicht weiter überprüft werden. Des Weiteren steht Interaktion im Anschluss an die Genogrammarbeit im Mittelpunkt, die den Leitfaden für den Gang der therapeutischen Arbeit liefert.

Was hat ein Soziologe mit all dem zu tun? Bei der Antwort auf diese Frage schließe ich Soziologen aus, die ihre Aufgabe darin sehen, den Theorienhimmel in immer grelleren Farben – wie vom Zeitgeist gewünscht – auszumalen. Bei ihnen spielt der Akteur keine Rolle. Patienten, zumal psychisch kranken,

---

3 Dem Verstehen räume ich in den Humanwissenschaften einen Vorrang gegenüber dem Erklären ein. Nomothetischen Verfahren, also solchen, die dem Wortsinn nach Gesetzen verpflichtet sind, erteile ich zugunsten der Idiografik eine Absage. Damit wird der Einzelfallstudie ein bevorzugter Akzent zugeschrieben. Die diesbezügliche Debatte ist seit Windelbands Straßburger Rektoratsrede 1894 bekannt. Folglich ist die der Forschung angemessene Weise des Schlussfolgerns weder die Induktion noch die Deduktion, sondern die Abduktion (Blankenburg, 1981; Grathoff zur Abduktion, 1970, S. 34 ff.)

begegnen sie wie der Alltagsmensch mit misstrauischer Zurückhaltung, falls nicht die gerade gängige Mode vom Soziologen fordert, sich dem Abweichenden bevorzugt zuzuwenden. Das war in den 1970er Jahren der Fall. Andere Soziologen – und das ist die Minderheit – stellen demgegenüber den Handelnden in den Mittelpunkt ihrer Studien. Die Genogrammarbeit hat, soziologisch betrieben, einen handlungstheoretischen Ansatz.

Jedoch lässt sich das vorliegende Thema nicht in dem schlichten Gegensatz auflösen: Die einen sehen nur Strukturen, während die anderen nur Handelnde sehen. Der Bezug ist komplexer: Handelnde erzeugen Strukturen, die sich objektivieren und auf den Handelnden einwirken, der sich demgegenüber wiederum handelnd verhält. Oder in den Worten der Klassiker formuliert: »Gesellschaft ist ein menschliches Produkt, Gesellschaft ist eine objektive Wirklichkeit, der Mensch ist ein gesellschaftliches Produkt« (Berger u. Luckmann, 1970, S. 65). Bei Pierre Bourdieu finden sich vergleichbare Positionen, nur hat er sich im Laufe der Zeit bei der Bewältigung der vorliegenden Thematik überhoben.

Die Genogrammarbeit ist nichts anderes als der Versuch, der von Berger und Luckmann übernommenen Denkfigur im Gegensatz zu einer cartesianischen Herangehensweise, wie oben bei Brücher kritisiert, Geltung zu verschaffen. Jedoch ist ein an Peter Berger und Thomas Luckmann geschulter Soziologe noch keiner, der sich anmaßen kann, Psychotherapeuten in ihre Tätigkeit hineinzureden. Die Orientierung an einer von der Phänomenologie beeinflussten Soziologie ist eine notwendige, aber keine hinreichende Bedingung für die Entwicklung zum Klinischen Soziologen. Hinzukommen muss die strikte Orientierung am Fall, die Ausarbeitung und Anwendung von Methoden der Fallrekonstruktion und äußerste Zurückhaltung bei der Ausmalung des soziologischen Theorienhimmels (ausführlicher: Hildenbrand, 2018a).

Die Orientierung an der Phänomenologie hat für den Soziologen darüber hinaus Konsequenzen: Dem Beispiel Bergers und Luckmanns zu folgen heißt, sich der Lebenswelt als dem selbstverständlichen Grund des Lebens, in anderen Worten der Selbstverständlichkeit der Alltagswelt jenseits der Mathematisierung zuzuwenden und der von Edmund Husserl ausgegebenen Devise zu folgen: »Zu den Sachen selbst«. Allerdings haben sich diejenigen, die diese Botschaft in die Soziologie hineingetragen haben, allen voran Alfred Schütz, an diese Devise nicht gehalten. Bei Schütz beschränken sich die »Sachen« auf seinen Hund Rover und auf das Schreibzeug auf seinem Tisch. In meinem Zugang haben die »Sachen« einen prominenten Stellenwert. Für den Leser dieses Buches bedeutet das, dass er kontinuierlich mit Alltäglichem in Anspruch genommen wird.

Die Aufgabe, die ich mir in diesem Zusammenhang stelle, ist herausfordernd. Ich behandle die Bedeutung der Genogrammarbeit in einem besonderen therapeutischen Zusammenhang, dem der Psychiatrie. Das hängt damit zusammen, dass ich dort nicht nur meine wesentlichen praktischen Erfahrungen außerhalb der Soziologie gemacht habe, die später in die Genogrammarbeit gemündet sind. Ich habe dort zudem schon früh Lehrer gefunden, für die die Lebenswelt kein exotisches Thema war, sondern die diese zum Ausgangspunkt ihrer theoretischen psychiatrischen Arbeiten machten.

Die entscheidenden Stichworte lauten: Anthropologische Psychiatrie und Daseinsanalyse. Diese Stichworte rufen folgende Klassiker auf den Plan: Martin Heidegger, Ludwig Binswanger, Viktor von Weizsäcker, Wolfgang Blankenburg und Karl Jaspers. Die Werke dieser Autoren stehen quer zu den Erwartungen der heutigen Zeit, in der schneller Konsum im Zentrum steht. Es findet sich in den Texten, auf die ich mich beziehe, selten ein Satz, dessen Sinn sich bereits bei einmaligem Lesen erschließt. Einfacher formuliert: Heidegger und Binswanger verhalten sich zu den heutigen (vom Publikum – oft – erwarteten) Schreibstilen wie Paul Bocuse zu McDonald's.

In diesem Buch werde ich mich also darum bemühen müssen, die angemessene Spannung zwischen einem Wiederkäuen infrage kommender philosophischer Positionen und dem Thema der Genogrammarbeit zu halten. Man kann das auch einen Spagat nennen, und möglicherweise bietet die narrative Form eine Möglichkeit, diesen Spagat zu bewältigen. Das wird sich zeigen. Eingestreute Fallbeispiele sollen mir obendrein helfen, diesen Spagat zu halten. Des Weiteren werde ich, wie bereits erwähnt, im zweiten Teil dieses Buches an einem Fallbeispiel zeigen, wie sich die vorgeführten theoretischen Positionen am Fall erkennen und demonstrieren lassen und wie sie das Verstehen der vorliegenden Problematik befördern. Um diesen Kern herauszuarbeiten, werde ich zunächst Fragen der Versorgungspolitik ignorieren.

II Grundlagen aus der Phänomenologie

1 Zu den Sachen selbst

Während Phänomenologen gern davon künden, dass ihre Parole »zu den Sachen selbst« sei, schreiben sie meist *über* die Sachen, sofern sie keine Kliniker sind. Was aber heißt »Sachen«? Sind das die Tatsachen, die der Positivist sich vorstellt, also alles, was zähl-, mess- oder wiegbar ist, oder sind das die Tat-Sachen, die durch sinnhaftes menschliches Handeln zustande kommen und sich dann objektivieren?

Es entspricht der Vorgehensweise einer an der Phänomenologie orientierten Soziologie, mit einer Frage nach der Verwendungsweise des Wortes »Sachen« im Alltag zu beginnen: »Wo und wie spricht man im Alltag von Sachen?« Zum Beispiel muss man alltagssprachlich, bevor man zu einer Wanderung aufbricht, seine Sachen zusammensuchen. Dazu gehören Wanderstöcke, Wasserflasche, eine Regenjacke etc. Wer von Sachen spricht, kann damit Gegenstände konkreter als auch ideologischer Art (»unsere Sache«) meinen. Es kommt auf den situativen Umgang an: Was es mit den Sachen auf sich hat, merkt man erst, wenn man seinen Wanderstock verloren hat und das Gelände und die gesundheitliche Verfasstheit des Wanderers einen Stock erfordern. Er prüft dann das dort Herumliegende oder -wachsende darauf, ob es sich als Wanderstock eigne. Hat er etwas gefunden, das einem Wanderstock ähnlich sieht, richtet er es so zu, dass es als Stock dienen kann. Die auf einen Blick zu erkennende Differenz zwischen einem fabrikmäßig oder behelfsmäßig zugerichteten Stock wird er erfahren, wenn er mit dem behelfsmäßigen Stock ein besseres Restaurant betritt: Er handelt sich skeptische Blicke des Personals ein, und man wird ihm so lange skeptisch begegnen, bis er den Beweis erbracht hat, ein »normaler« Gast zu sein. Das heißt: In der Interaktion erhält das Gerät seine Bedeutung. Der Kellner mag deuten, dass sich der Benutzer eines abgebrochenen Asts als Notbehelf für einen Gehstock vielleicht einen solchen nicht leisten kann und entsprechend wenig kreditwürdig ist. Die Kellnerin sieht darin hingegen möglicherweise etwas ganz anderes: dass der Gast sich beim Wandern vielleicht den Fuß verstaucht und demzufolge ein Hilfsmittel hergerichtet hat etc. Jede dieser Deutungen zieht unterschiedliche Handlungen nach sich. Als Fazit ergibt sich daraus: Man benötigt den dazugehörenden Verweisungszusammenhang (Kontext), um den angezeigten Sinn zu erfassen. Oder anders formuliert: Man kann aus den am Beispiel eines Alltagsgegenstandes gemachten Beobachtungen den Schluss ziehen, dass es wenig sinnvoll ist, die Lebenswelt gegen die naturwissenschaftlich objektivierte Welt auszuspielen.

Um dieses Thema abzukürzen, will ich nun auf die Voraussetzungen eingehen, die mit einer Ignoranz gegenüber den »Sachen«, wie sie soeben beschrieben worden sind, verbunden sind: Husserl fordert für die Naturwissenschaften, dass sie ihre Begriffe im Alltag gründen. Jedoch verwenden nicht nur die Naturwissenschaften, sondern auch die Sozialwissenschaften, die wissenschaftstheoretisch im 19. Jahrhundert stecken geblieben sind, Begriffe, die im Alltag nicht geerdet sind. Dazu ein Beispiel: In der Interaktionsprozess-Analyse von Robert Bales (1951) wird unterschieden zwischen »instrumentalen/aufgabenorientierten« einerseits sowie »sozio-emotionalen Gegebenheiten« andererseits. In den damit vorgegebenen zwei Rubriken wiederum tauchen folgende Kategorien auf, nach denen ein beobachtetes Verhalten eingeschätzt werden soll: »zeigt Solidarität/ zeigt Spannungsreduktion«. Das ist ein Beispiel für jene Begriffe, deren Sinn und Bedeutung nicht aus der Beschreibung stammen und die auch nicht durch die Erfahrung kontrolliert werden können. Gleichwohl gilt es als wissenschaftlich, wenn man mit dieser Form von Interaktionsprozessanalyse hantiert. Dazu heißt es bei Husserl (1910/1965, S. 30; Szilasi, 1965, S. 78): »Die Psychologie, ohne Grundlegung der gegenstandsbestimmenden Begriffe, kann ebenso wenig exakt sein, wie es eine Physik wäre, die sich mit der alltäglichen Bedeutung von ›schwer‹, ›warm‹ usw. begnügt.«[4] Das könnte auch als Kommentar zu Bales gelesen werden. Erst die Ethnomethodologie hat auf dem Weg über Alfred Schütz dieser Kritik Rechnung getragen. Bei Gadamer (1999) findet Schütz als Soziologie betreibender Philosoph wenig Anerkennung. Umgekehrt gilt das für Schütz und seine Schüler genauso. Vielleicht muss man die Sache nicht so hoch hängen, denn: Die natürliche Welt kann sich in ihr Gegenteil verkehren, wie ich weiter unten zeigen werde.

Was folgt aus der Annahme, dass das Bewusstsein der Welt nicht gegenübergestellt ist? Wenn das Bewusstsein nicht der Welt gegenübersteht, dann ist es unweigerlich *in der Welt*. Ich werde mich nun ausführlich mit der Konsequenz dieser Setzung auseinandersetzen.

---

4   Ich erinnere an mein oben gegebenes Beispiel eines Dissertationskolloquiums in Jena. Der entsprechende psychologische Begriff ist dort »sich öffnen«.

2 In-der-Welt-sein

Steht im cartesianischen Denken der Mensch aufgrund der dort angenommenen Spaltung von Innen- und Außenwelt der Welt *gegenüber*, so ist im Cartesianismus-kritischen Denken, namentlich in der Daseinsanalyse Heideggers, aber auch in anderen bereits erwähnten Ansätzen der Mensch *in der Welt*. In der Welt sein heißt: Dem Handelnden steht die Welt nicht gegenüber, sondern der Handelnde ist mittendrin und zudem umgeben von anderen. »Unser Leben ist nur *als* Leben, insofern es in einer Welt lebt«, denn »das Leben ist etwas, das nicht erst noch etwas zu suchen brauchte« (Heidegger, 1993a, S. 34).

In dieser Welt findet Heidegger die *Umwelt* (»Landschaften, Gegenden, Städte und Wüsten«), die *Mitwelt* (»Eltern, Geschwister, Bekannte, Vorgesetzte, Lehrer, Schüler, Beamte, Fremde, der Mann da mit der Krücke, die Dame drüben mit dem eleganten Hut, das kleine Mädchen hier mit der Puppe«), die *Selbstwelt* (»sofern das gerade mir soundso begegnet und meinem Leben gerade diese meine personale Rhythmik verleiht«, S. 33).[5] Diese Zitate machen deutlich, dass Heidegger die Welt um das handelnde Individuum herum, das Selbst, wie er es nennt, aufbaut. Damit wird das Individuum zusammen mit seinem Leib zum Zentrum der Orientierung. Es ist die Welt der *Sorge*, die das Dasein konstituiert, bzw. der »Relevanzen«, um einen Begriff von Alfred Schütz (1971b) zu verwenden. Was in dieser Welt *begegnet*, erhält seinen Sinn von dem *Verweisungszusammenhang*, in dem es *situativ* begegnet:

»In *dem* Zimmer da ist es *der* Tisch da (nicht ›ein‹ Tisch neben vielen anderen in anderen Zimmern und Häusern), an den man sich setzt *zum* Schreiben, Essen, Nähen, zum Spielen. Man sieht es ihm, z. B. bei einem Besuch, gleich an: Es ist ein Schreibtisch[6], Esstisch, Nähtisch; primär begegnet er so an ihm selbst. Der Charakter des ›zu etwas‹ wird ihm nicht erst zugeschoben aufgrund

---

5 Dem Soziologen kann diese eher grob zu nennende Einteilung nicht genügen, zwischen Eltern und Beamten bestehen kategoriale Unterschiede, die in der Soziologie als Unterschiede zwischen einer diffusen und einer spezifischen Sozialbeziehung abgehandelt werden (Funcke u. Hildenbrand, 2018). Differenzierteres findet der Soziologe darüber hinaus bei Alfred Schütz (1971a) bzw. bei Alfred Schütz und Thomas Luckmann (»The Structures of the Life-World«, deutsch: »Strukturen der Lebenswelt«, 1979, 1984). Auf Details kommt es hier nicht an, nur auf die Grundzüge, die für meine Ausführungen elementar sind. Zur Berechtigung, Ausschnitte aus einem Werk von Schütz in einem Atemzug mit Heidegger zu erwähnen, sei erwähnt, dass Schütz (wie auch Luckmann) dessen Arbeiten gewürdigt haben.
6 Jeder beliebige Tisch kann zu einem Schreibtisch werden. Ob er zum Schreibtisch wird, kommt auf die Umgebung an. Ein Tisch, der sonst in der Großküche eines Hotels steht, wird in dem Augenblick zum Schreibtisch, in dem er, um daran zu schreiben, in einem anderen Raum platziert wird. So viel zur Bedeutung des Kontexts. Ich werde darauf zurückkommen.

einer vergleichenden Beziehung auf etwas anderes, was er nicht ist« (Heidegger, 1923/1982, S. 90).

Dies ist das Schlüsselzitat für das Verständnis des Gesamtzusammenhangs, um den es hier geht. Der Sinn liegt nicht *im* Beobachter, sondern *in der Welt, die ihm begegnet,* wie der Begriff des Verweisungszusammenhangs anzeigt (weshalb Klaus Brücher, 2019, siehe oben, zu kurz greift, wenn er den situativen Austausch auf zwei Individuen reduziert). Der Beobachter kann in seine Welt einen Sinn hineinlegen, wenn er aber den Verweisungszusammenhang des Dings ignoriert, wird er scheitern.

Komme ich auf den erwähnten Tisch und seinen Verweisungszusammenhang zu sprechen, dann ist an diesen die Frage zu stellen, *wer* denn weiß, dass die Geschichte dieses Tisches darin besteht, dass er einer zum Schreiben, Essen, Nähen, zum Spielen war. Wer weiß zum Beispiel, dass mein Schreibtisch aus der Badischen Weinstube in Konstanz stammt und wie er in meinen Besitz gelangt ist? Um mehr zu wissen, müsste man eine Geschichte erzählen, denn in Anlehnung an Wilhelm Schapp (1976) ist Wirklichkeit Wirklichkeit in Geschichten. Aus Verweisungszusammenhängen mag zwar ein Sinn erspießen, aber die Träger dieses Sinns sind unter Umständen einzelne Individuen.

Im Folgenden wird es um Wege gehen, diese Zusammenhänge näher zu beleuchten. Dabei ist mir die Position wichtig, die Heidegger in seiner »Kehre« vorbereitet hat und die er erstmals im »Humanismus-Brief« (1976) formuliert hat. In anderen Worten: »Unübersehbar ist die von Heideggers »Kehre« ausgehende Verschiebung der primären Subjektbezogenheit der Lebensweltanalyse zugunsten eines Gleichgewichts zweier konfundierender Momente des Seins der Welt als Lebenswelt« (Nellen, Němec u. Srubar, 1991, S. 15). Heideggers vielbeschworene »Kehre« enthält keine grundständig neuen Gedanken. Ich gebe zwei Beispiele für damals bereits Bestehendes: »Denn es entspricht dem Menschen, zu seiner Umgebung Du zu sagen und, was er selbst ist, im Widerschein der Welt zu suchen« (Plessner, 1928/1975, S. 71). In anderen, nicht minder deutlichen Worten: »Sofern die Welt meinem Leib anhaftet wie das Nessos-Hemd, besteht sie nicht nur für mich, sondern für alles, was in ihr ist und *in ihr ein Zeichen gibt*« (Merleau-Ponty, 1984a, S. 152; Herv. B. H.).

3 Die natürliche Welt kann sich in ihr Gegenteil verkehren

Hinsichtlich der bei Husserl vorzufindenden Gegenüberstellung von Lebenswelt und deren Objektivierung durch die Wissenschaften gibt Jan Patočka (1991) zu bedenken, »dass die natürliche Welt sich in ihr Gegenteil verkehren kann«

(S. 227). Ich gebe nun Beispiele aus dem Radsport dafür, was aus »Sachen« werden kann, wenn Objektivierungen auf naturwissenschaftlicher Grundlage in den Alltag eindringen:

Die moderne Technik im Radsport macht es möglich, zu messen, mit wie viel Watt ein Fahrer sein Pedal tritt. Manche Fahrer lassen vorher berechnen, an welchen Wattzahlen sie sich bei einer Bergetappe orientieren müssen. Wieder andere verlassen sich auf ihr Gefühl und ignorieren die Anzeige, ohne dadurch gegenüber den Selbstoptimierern im Nachteil zu sein.

In einem Gespräch mit dem Trainer der Radsportgruppe Bohra/Hans Grohe antwortet dieser dem Reporter auf die vom Cartesianismus getränkte Frage: »Wird der Athlet bei all der Datenvermessung nicht immer unwichtiger?«, wie folgt: »Die Daten sind nur die Grundlage. Das gehört heute einfach dazu. Aber den Unterschied macht immer noch der Mensch, der mit seiner mentalen Stärke zum Beispiel auf gewisse Rennsituationen reagiert. Man kann einem Athleten heute viel mehr Informationen an die Hand geben – aber dadurch, dass das mittlerweile jeder macht, ist dieser Vorsprung relativ schnell wieder aufgebraucht« (Süddeutsche Zeitung, 7.10.2019). Ergänzend sei vermerkt, dass dieser Trainer namens Dan Lorang mit seinem Team sehr erfolgreich ist. Er verweigert sich einer Verachtung der Lebenswelt. Edmund Husserl hätte seine Freude an ihm gehabt.

Der Soziologe Ulrich Oevermann (1988) schuf für die in dem Beispiel am Radsport verdeutlichte und vergleichbare Entwicklungen den Begriff der »Versozialwissenschaftlichung der Identitätsformation« und nahm dies »à la mode de Francfort« kulturkritisch als Diagnose für einen Verlust an Lebenspraxis. Die inzwischen eingetretene Selbstoptimierung durch ständiges Messen des Blutdrucks, der am Tag zurückgelegten Wegstrecke etc. unterstreicht diese Entwicklungen. Doch das oben gegebene Beispiel aus dem Radsport ist eher dazu geeignet, die Diagnose Oevermanns in Zweifel zu ziehen. Seine apodiktisch vorgetragene Entweder-oder-Position übersieht die der Lebenspraxis eigene Rationalität. Demgemäß kann die weiter oben zitierte Einschätzung Patočkas, dass die natürliche Welt sich in ihr Gegenteil verkehren kann, die Aufregung mäßigen und zu einer eher nüchternen Diagnose führen, wie auch schon Achim Giegel (1988) festgestellt hat, wenn auch auf anderer theoretischer Grundlage. Giegel vertrat damals in unbeirrter Gläubigkeit an die Rationalität der Lebenswelt (im Habermas-Stil) gegen Oevermanns Verfallsdiagnose die Auffassung, dass die Rationalisierung der Lebenswelt einen Zugewinn an lebenspraktischer Autonomie mit sich führen könnte. Allerdings unterließ er es anzugeben, welcher Art dieser Zugewinn sein könnte. Nicht nur die Phänomenologen haben ihre Schwierigkeiten mit den »Sachen«. Die Kontroverse hätte sich leicht auflösen lassen, hätte man sich an Jan Patočka (1991) gehalten, der feststellt, »dass sich die Objektivierung in Wirklichkeit auf dem Boden der natürlichen Welt abspielt, und nicht die natürliche Welt auf dem Boden objektiver Entitäten, die die Wissenschaftstechnik hinter ihr zu entdecken meint« (S. 228). In aller »Unaufgeregtheit« dürften damit die wesentlichen Probleme im Zusammenhang mit der Rationalisierung der Lebenswelt »vom Tisch sein«.

Die bisherigen Beispiele zielen auf Situationen ab, in denen zur Aufrechterhaltung der Autonomie der Lebenspraxis die Rationalisierung der Lebenswelt abgewehrt wird. Ich kehre nun zur Lebenswelt selbst zurück.

4 Das In-der-Welt-sein als Besorgen

In Binswangers Buch über die »Grundformen und Erkenntnis des menschlichen Daseins« (1993) geht es im dritten Teil um das »In-der-Welt-sein als Besorgen (Heidegger)«. Das In-der-Welt-sein ist der »Ausdruck des Daseins, das die wesenhafte Verfassung des In-der-Welt-seins hat« (S. 51). Weisen des In-Seins sind: »Zu tun haben mit etwas, herstellen von etwas, bestellen und pflegen von etwas, verwenden von etwas, aufgeben und in Verlust geraten lassen von etwas, unternehmen, durchsetzen, erkunden, befragen, betrachten, besprechen, bestimmen« (S. 51), aber auch »unterlassen, ausruhen etc.« Das sind jeweils Verben oder Verben in Substantivform des Handelns. In der Sprache von Heidegger geht es um das *Besorgen*. Der Mensch »ist« nicht und hat zusätzlich noch ein Seinsverhältnis zur Welt, »das In-der-Welt-sein ist als Besorgen von der besorgten Welt benommen« (Heidegger, 1993, S. 61): *In der Welt sein ist Besorgen ist Dasein.*

Die Umwelt gehört ebenfalls dazu. Was ist das Sein als in der Umwelt begegnendem Seienden, soweit es im Besorgen begegnet? Das ist das *Zeug* in seiner Zusammengehörigkeit, das *Zeugganze*. Dieses steht unter dem Vorzeichen des Um-zu: Um zu schreiben, benötige ich einen Bleistift. Um diesen seinem Sinn gemäß handhaben zu können, benötige ich von Zeit zu Zeit einen Spitzer. Beide befinden sich auf meinem Schreibtisch, der oben mit seiner Herkunft aus der Badischen Weinstube in Konstanz bereits erwähnt wurde, der seit seinem Erwerb 1979 in meinem Schreibzimmer im Paradies in Konstanz, einige 100 Meter Luftlinie von Binswangers Schreibtisch entfernt, danach in Marburg, Niedereschach, Jena stand und jetzt, nach einem kurzen Gastspiel in Elnhausen, wieder in Marburg steht. »Mit diesem Ganzen meldet sich die Welt« (Heidegger, 1993a, S. 75). »Verweisung und Verweisungsganzheit sind konstitutiv für Welt-

Das In-der-Welt-sein als Besorgen

lichkeit« (S. 54). Nimmt man die vorher gegebenen Daten zusammen, dann hat man die Welt eines herumstromernden Geistesarbeiters.

Bei Binswanger (1993) heißt es: »Bewandtnis als Sein des Zuhandenen ist also je nur entdeckt auf dem Grunde der Vorentdecktheit einer Bewandtnisganzheit« (S. 54). Das sind deutliche Worte, die unterstellen, man müsse sich zunächst um die Bewandtnisganzheit bzw. um den Verweisungszusammenhang kümmern, dann um das Detail. Für die Genogrammarbeit bedeutet das, zunächst einmal vom Selbst abzusehen und die Bewandtnisganzheit bzw. den Verweisungszusammenhang zu erschließen, innerhalb deren das betroffene Selbst steht. Das Dasein geht in der besorgten Welt auf; das Dasein ist nicht es selbst, sondern: Es ist das (uneigentliche) Man-selbst im Gegensatz zum eigentlichen, zum eigens ergriffenen Selbst. Die Bewandtnisganzheit verweist auf die Dinge, die begegnen. Sie begegnen »aus der Welt her«. Von dort aus werden dem Selbst Relevanzen auferlegt und Bewandtnisse zugemutet. Motive werden entwickelt. Alfred Schütz unterscheidet zwischen Um-zu- und Weil-Motiven, und zwar in Bezug auf ihre zeitliche Struktur. Das Um-zu-Motiv ist auf die Zukunft gerichtet. Blickt man auf dieses aus der Zukunft heraus, dann wird es zu einem Weil-Motiv. Hier ein Beispiel: *Um* einen leserlichen Text zustande *zu* bringen, spitze ich am Morgen vor der Arbeit meine Bleistifte an. Umgekehrt kann ich dann am Mittag sagen: Ich habe viel Zeit mit Bleistiftspitzen zugebracht, *weil* mir daran lag, einen leserlichen Text zustande zu bringen.

Die nächste Frage ist die, was die Relevanzen mit einem Selbst zu tun haben. Das gilt es in Kapitel III zu erkunden. Weltlichkeit ist nur *ein* konstitutives Moment der Strukturganzheit des In-der-Welt-seins. Das zweite Moment ist das Mit-Sein, beim dritten geht es um die Frage nach dem *Wer* des Daseins bzw. des In-der-Welt-seins. Dasein ist immer schon draußen in und bei einer »Welt«. Die anderen begegnen stets aus der Umwelt, zum Beispiel sind das aus der »Werk«-Welt des Handwerkers diejenigen anderen, für die das »Werk« bestimmt ist (also die Kunden). Dinge, die begegnen, begegnen aus der Welt her, in der sie *für* die anderen vorhanden sind, also aus dem Bewandtniszusammenhang der Welt. Für die Genogrammarbeit bedeutet das, einen jeweiligen Bewandtniszusammenhang der Welt anhand weniger, einschlägiger Daten zu skizzieren, die das infrage stehende Leben verstehend zugänglich machen. Zum Beispiel: Das Haus des Henkers liegt am Ortsrand, keine Wege, nur Fußpfade führen dorthin. Der Henker hat keine Nachbarschaft, er ist – aufgrund seines Berufes – sozial isoliert (vgl. Foto in Rittlinger, 1968, gegenüber S. 64). Binswanger (1993) zieht folgendes Fazit:

»Wir müssen also den phänomenalen Tatbestand des *umweltlichen* Begegnens der anderen, ihres Begegnens aus der *Welt* her, festhalten, ein Tatbestand, der so weit geht, dass selbst das *eigene* Dasein von ihm selbst zunächst ›vorfindlich‹ wird nicht im ›Sehen‹ von Erlebnissen eines ›Aktzentrums‹, sondern in dem, was es betreibt, braucht, erwartet, verhütet, d. h. in dem zunächst *besorgten* Zuhandenen. Ja selbst wenn das Dasein sich selbst ausdrücklich anspricht als Ich-hier, muss die örtliche Personbestimmung aus der existenzialen Räumlichkeit des Daseins verstanden werden, d. h. nicht im Sinne eines ausgezeichneten Punktes eines Ich-Dings, sondern als In-Sein aus dem Dort der zuhandenen Welt, dabei Dasein als *Besorgen* sich aufhält« (S. 57).

Und weiter: »Wenn nun aber das eigene Dasein wie das Mitdasein Anderer zunächst und zumeist aus der umweltlich besorgten Mitwelt begegnet, das Dasein also im Aufgehen in der besorgten Welt, d. h. zugleich im Mitsein mit den anderen, *nicht es selbst ist*, so erhebt sich die Frage, wer denn eigentlich das Sein des *alltäglichen* ›Miteinanderseins‹ übernommen hat. Die Antwort auf diese Frage lautete: das (uneigentliche) *Man-selbst*, als Gegensatz zum eigentlichen, das heißt eigens ergriffenen Selbst« (S. 58 f.).

Eine Abhandlung des In-der-Welt-seins ist allerdings erst vollständig, wenn man das Thema Leib abgehandelt hat. Denn der Leib ist die Verbindung zwischen Selbst und Welt, er ist der Nullpunkt der Orientierung, worauf ich noch eingehen werde.

5   In-der-Welt-sein und Relevanz

Die Klärung des Bezugs der beiden Konzepte des In-der-Welt-seins und der Relevanz ist aus Sicht der Genogrammarbeit von wesentlicher Bedeutung. Die folgenden Überlegungen mögen dem an philosophischen Grundsatzfragen nicht interessierten Leser müßig erscheinen. Weil aber bei mir das handelnde Individuum im Zentrum steht, kann ich auf diese Fragen nicht verzichten. Dazu kommt die nicht zwingend sich aufdrängende Gelegenheit, die Soziologie von Alfred Schütz zur Philosophie von Martin Heidegger in einen Bezug zu setzen. Wen das alles nicht interessiert, kann dieses Unterkapitel überschlagen. Obendrein ist die kühne These auf den Prüfstand zu stellen, dass »Relevanz« (Schütz) ein anderer Name für »Sorge« (Heidegger) ist.

Vom In-der-Welt-sein war bisher ausführlich die Rede, nun muss ich mich um das Problem der Relevanz kümmern (Schütz, 1971b). Dass es erforderlich ist, sich mit dem Problem der Relevanz zu befassen, zeigt sich, wenn ich mir die Wahl zwischen Handlungsentwürfen vornehme. Darum wird es erst im nächsten Kapitel III über das Selbst gehen. Ein Selbst entsteht in der sukzessiven Realisierung von Handlungsentwürfen im Kontext von Möglichkeiten, so viel sei vorab gesagt.

Der Zusammenhang dieser Ausführungen mit der Genogrammarbeit ist der folgende: Ausgangspunkt ist das In-der-Welt-sein, welches den Rahmen für die Entwicklung von Identität bildet. Diese kann gelungen oder misslungen ausfallen. Im extremen Fall kann das Misslingen dazu führen, dass das Selbst in eine Handlungsblockade gerät, die Autonomie seiner Lebenspraxis bedroht ist, weshalb es unter Umständen behandlungsbedürftig wird. Weil der Gegenstand der Genogrammarbeit im therapeutischen Prozess darin besteht, das In-der-Welt-sein des Patienten mit seinen Möglichkeiten für Wahlen, also die Bedingungen für seine Identitätsbildung, zu rekonstruieren, gilt es, diesen Rahmen, das In-der-Welt-sein, zu rekonstruieren, um die Perspektive des Patienten einnehmen zu können.

Schütz' Ausarbeitungen einer Theorie der Relevanz haben das Niveau des Versuchs nicht überschritten. Es handelt sich um Arbeiten aus dem Nachlass. Thomas Luckmann, der Herausgeber des darauf bezogenen Buchs, schreibt:»Sie sollten den ersten Teil einer Studie bilden, die den Arbeitstitel ›Die als selbstverständlich hingenommene Welt: Zu einer Phänomenologie der natürlichen Einstellung‹ trug. Diesen ersten Teil nannte er ›Vorläufige Bemerkungen zum Problem der Relevanz‹« (Schütz, 1971b, S. 22).

Alfred Schütz beginnt seine Studie über das Problem der Relevanz eben so, wie Heidegger seinen Aufsatz »Schöpferische Landschaft (1983) beginnt: Schütz (1971b) beschreibt sich an einem Schreibtisch, skizziert seine aktuelle Lebenssituation, die die eines Gelehrten in den Ferien in Colorado ist. Heidegger (1983) beginnt mit dem äußeren Horizont, der Landschaft des südlichen Schwarzwaldes, und gelangt dann zu seiner Tätigkeit, der Arbeit eines Philosophen, die er mit der des Jungbauern, der Holz transportiert, vergleicht. Wie Heidegger beginnt Schütz mit der Frage des Horizonts, aus welchem sich ein bedeutsames (relevantes) Thema ausdifferenziert. Jedoch beginnt Heidegger mit dem äußeren Horizont, der Gegend, und gelangt dann zu den unmittelbar im Umfeld sich befindenden Gegebenheiten, während Schütz quasi mit dem inneren Horizont, dem Tisch, dem Schreibzeug, dem Garten etc. beginnt. Also: *Für Schütz ist das Ego der Nullpunkt der Orientierung, bei Heidegger ist das Ego in die Landschaft eingelassen.* Darin sehe ich die fundamentale Differenz zwischen Schütz und Heidegger.[7]

---

7 Bevor man weiterliest, sollte man, wenn möglich, sich über Bewusstseinstheorien kundig machen, die vom intentionalen Bewusstsein (Bewusstsein ist immer Bewusstsein-von) und von der Differenzierung von Thema und Horizont im Wahrnehmungsprozess ausgehen (Aaron Gurwitsch, 1929, 1975; William James, 1892/1961). Denn für meinen Argumentationsgang im weiteren Verlauf dieses Unterkapitels setze ich die Kenntnis dieser Theorien, deren Darstellung den Rahmen dieses Buches übersteigen würde, voraus. Vgl. zur Debatte zwischen

Schütz und Heidegger haben außerdem einen unterschiedlichen Fokus: Schütz will etwas darüber erfahren, wie sich aus dem Wahrnehmungshorizont ein Thema als relevantes ausdifferenziert. Dass Schütz dabei das Ego ins Zentrum stellt, ist folgerichtig: Weil jedes Thema sich auf eine Reihe von Themen bezieht, die früher einmal im Bewusstseinsfeld lagen, muss das Ego bei dieser Frage den Ausgangspunkt bilden. Heidegger hat hingegen in seinem Aufsatz etwas anderes im Sinn: Ihm geht es um eine Gegenüberstellung des Betrachtenden einerseits mit dem Handelnden *in* einer Situation andererseits. *Hier Ego, dort Welt,* könnte man abkürzend sagen. Heißt das aber, dass für Schütz alles auf das Ego zuläuft, die Welt aus dem Ego heraus konstruiert ist? Eine Antwort auf diese Frage erhoffe ich mir von der Betrachtung der Relevanzen.

Bis Schütz jedoch dahin gelangt, handelt er erst einmal das Problem des Carneades (eines den Skeptikern zugerechneten griechischen Philosophen, der 214–129 v. Chr. gelebt hat) ab. Hierbei geht es darum, dass jede Wahrnehmung das Problem der Auswahl einschließt. Im Wahrnehmungsfeld tauchen Elemente auf, die sich thematisch ausdifferenzieren. Die Frage im vorliegenden Zusammenhang ist die, wie jemand im praktischen Handeln zu Gewissheiten gelangen kann. Das sind zunächst die einfachen, auf früherem Wissen basierenden Gewissheiten. Dem folgt die Verifikation. Hier tritt Carneades mit folgendem Beispiel auf den Plan (Schütz, 1971; vgl. Teil 1, Kapitel II, 5):

Ein Seemann betritt im Winter ein schwach erleuchtetes Zimmer und nimmt in der Ecke ein Seilknäuel wahr, das den Eindruck erweckt, es könne sich auch um eine Schlange handeln. Weil eine Schlange ein in seiner Gefährlichkeit einschätzungsbedürftiges Tier ist, reicht eine einfache Gewissheit nicht aus, will man die Nacht in diesem Zimmer überleben; der Sache muss nachgegangen werden, unter Umständen unter Zuhilfenahme eines Besenstils.

Zu Gewissheiten gelangt man durch methodische Operationen. Schütz sieht hier eine Nähe zu Husserls Konzept der *offenen* und der *problematischen* Möglichkeiten, zu denen ich in Kapitel III noch kommen werde, wenn es um die Wahl von Handlungsentwürfen geht. Dass der Seemann im Beispiel des Carneades in einer Situation der Sorge oder gar der Angst handelt und dass die Schlange

---

Gurwitsch und Schütz entlang dieses Themas: Briefwechsel Schütz und Gurwitsch (1985). Beide diskutieren ihr Leben lang den »egologischen Ansatz« (Schütz) gegen einen »nichtegologischen Ansatz« (Gurwitsch). In seinem Brief vom 03.10.1952 teilt Gurwitsch Schütz mit, dessen Besprechung von Husserls Ideen II (Schütz, 1971b, S. 49 ff.) gieße »große Mengen Wasser auf meine non-egologische Mühle« (Gurwitsch, 1929, S. 282).

als Kaltblüter im Winter möglicherweise eingeschränkt oder gar nicht angriffsfähig ist, bleibt bei Schütz außer Betracht.

Dem Beispiel des Carneades folgt bei Schütz eine Abhandlung der ersten Relevanz, der *thematischen* Relevanz. Die thematische Relevanz geht zurück auf eine Gliederung des Feldes (Wahrnehmungsfeldes) in Thema und Horizont. Wenn ein Gegenstand nicht mehr als vertraut erscheint, nicht mehr den Gewohnheiten eines Subjekts zugeordnet werden kann, erscheint die thematische Relevanz. Sie drängt sich auf (später kommt dann die *auferlegte* thematische Relevanz dazu). Die erwähnten Gewohnheiten sind Ablagerungen der persönlichen Geschichte des Subjekts, aber nicht nur das, sie können auch Funktion der aktuellen Umstände, der Situationsrahmen sein, worin sich diese Gewohnheiten gebildet haben. Eine unvertraute Erfahrung drängt sich gerade wegen ihrer Unvertrautheit auf – man trifft Schlangen, zumal im Winter, in Gästezimmern nicht gewohnheitsmäßig an, und wenn, dann ist das eine Sache für eine Zeitungsmeldung. »Thematische Relevanzen werden durch jede Veränderung oder Modifikation geschaffen, die uns nötigen, die Idealisierungen (vgl. Husserl, Erfahrung und Urteil, [1948,] §§ 51, 56, 58, 61) des ›und so weiter‹ und des ›immer wieder‹, welche unserer ganzen Erfahrung zugrunde liegen, zu unterbrechen« (Schütz, 1971b, S. 58 f.).

Der thematischen Relevanz folgt die *Auslegungsrelevanz*: Der Sache muss unter Rückgriff auf den gegenwärtigen, vorhandenen Wissensvorrat nachgegangen werden. Diesbezüglich behauptet Schütz, dass die Auslegung innerhalb der vorprädikativen Sphäre gründe (S. 75), und diese Feststellung scheint ihm so wichtig zu sein, dass er sie kursiv setzt. Aber bleiben wir bei der »Sache«: Eine Schlange in einem Zimmer, in dem man zu übernachten gedenkt, ist eine auferlegte Relevanz, welche gründliche Nachforschung nach sich zieht, auch wenn es Winter ist und die Schlange aufgrund ihrer Konstitution möglicherweise gar nicht in der Lage ist, Unfug anzurichten. Auf diese Hypothese wird es der Seemann nicht ankommen lassen wollen. Er wird also in einem reflexiven (prädikativen) und eben nicht vorprädikativen Zugriff auf den Sachverhalt eine Klärung herbeiführen wollen.

Jedenfalls zeigt das Beispiel, dass der Seemann sich *in einer Situation* befindet, die nicht in seinem Bewusstsein entstanden ist, sondern in seinem In-der-Welt-sein. Entsprechend gibt Schütz später an, dass alle Relevanzen »situational« bedingt seien und man lernen müsse, was für die Auslegung relevant sei (Schütz, 1971b, S. 76). Wofür das Beispiel des Seemanns mit Schlange ein instruktives ist: Der Seemann wird wohl kaum in der Seefahrtsschule gelernt haben, was zu tun ist, wenn man in einem schwach erleuchteten Zimmer im Winter eine Schlange antrifft. Kein Seefahrtshandbuch wird dafür die praktische Reaktion bereithalten. Hier gilt: *Man muss nicht nur die Regeln kennen, sondern auch das Leben.* Anders formuliert: Ein lebenspraktisches Urteil ist gefragt. »Es ist jedoch immer der Sinnzusammenhang des fraglos gegebenen Wissens, der erstens den Rahmen aller möglichen zukünftigen Fragen konstituiert und der zweitens dafür motivationsmäßig relevant wird, dass die bisher fraglos gegebene Situation als eine ungeklärte und fragwürdige betrachtet wird, die ergänzt und revidiert werden muss« (S. 205). Schütz verzichtet darauf, diese abschließende Setzung auf das Thema des Seemanns zu beziehen, sondern kommt mit einem neuen Beispiel. Gehe ich zurück zu dem Seemann, kann ich zunächst feststellen, dass es zum fraglos gegebenen Wissen gehört, dass Schlangen in Zimmern nichts zu suchen haben. Sind sie aber dennoch vorhanden, eröffnet sich ein Rahmen des Klärungsbedarfs sowie, je nach Ausgang der Klärung, einer Auswahl von Mitteln, um das Problem zu beseitigen.

Schütz' Manuskript über das Problem der Relevanz schließt mit dem Kapitel »Die biografische Situation« ab. Als Erstes ist an Schütz' Text die Frage zu stellen, weshalb nun die Biografie, wörtlich übersetzt: »die Beschreibung eines Lebens«, an dieser Stelle zu erwähnen ist, insbesondere deshalb, weil Schütz mit dieser Begriffswahl einen thematischen Zusammenhang heranzieht, der keinesfalls den Status von Universalität beanspruchen kann, sondern auf historische Variabilität verweist. Denn dass Biografien im gesellschaftlichen Wissensvorrat für interessant gehalten werden, ist ein Produkt der Neuzeit. Es waren insbesondere die im Pietismus aufgekommenen Leichenreden, welche Musterbiografien beinhalten, die dieses Format entstehen ließen. Ich führe das nicht weiter aus, sondern mache einen alternativen begrifflichen Vorschlag: »die *lebensgeschichtliche* Situation«.

Schütz beginnt mit der Feststellung, dass der Mensch zu jedem Zeitpunkt seines Lebens *in der Welt ist* – in der Natur und unter Mitmenschen, kurz: sich in einer Situation befindet (vgl. Husserl, 1962, S. 370). Dann wendet sich Schütz dem Zeitbezug menschlichen Lebens zu, verbunden mit einem Hinweis auf Kierkegaard und »das Sein zum Tode«. Es geht also um die Sorge.

Zieht man das Leben von seinem Ende her auf, dann stellt sich das Sein zum Tode als verdeckendes Ausweichen vor dem Tod dar. Vehikel dafür ist das »Gerede des Man«: Man stirbt auch einmal, wie die anderen, aber vorläufig noch nicht. Auf diese Weise trifft die Gewissheit des Todes, dem man nicht entgehen kann, weil das In-der-Welt-sein ein Sein mit anderen ist, die eben auch sterben, auf die Unbestimmtheit des Wann: Das Sein zum Tode ist gekennzeichnet durch seine Uneigentlichkeit: »Dem Dasein geht es auch in der durchschnittlichen Alltäglichkeit ständig um dieses eigenste, unbezügliche und unüberholbare Seinkönnen, wenn auch nur im Modus des Besorgens einer unbehelligten

Gleichgültigkeit gegen die äußerste Möglichkeit seiner Existenz« (Heidegger, 1927/1993b, S. 254).

Im Sinne von Schütz lässt sich der Bezug des Seins zum Tode folgendermaßen verdeutlichen: Mit dem Tod sind die Generalthesen des »Ich kann immer wieder« und des »und so weiter« aufgehoben. Enger an Heidegger (1927/1993b) angelehnt, verbinden sich diese Generalthesen mit dem Begriff der Sorge: Ein Strukturmoment der Sorge sei, dass im Dasein, das als kontinuierliches Entwurfshandeln charakterisiert sei, immer noch etwas ausstehe, was als Sein-Können noch nicht realisiert sei. Durch den Tod werde die Kette des Entwurfshandelns unterbrochen. Definiere man aber das Ende als Seinsart des Daseins, stelle sich die Sache wie folgt dar:
1. »Zum Dasein gehört, solange es ist, ein Noch-nicht, das es sein wird«. Es steht immer noch etwas aus.
2. »Das Zu-einem-Ende-kommen des je Noch-nicht-zu-Ende-seienden [...] hat den Charakter des Nichtmehrdaseins«.
3. »Das Zu-Ende-kommen beschließt in sich einen für das jeweilige Dasein schlechthin unvertretbaren Seinsmodus« (S. 242).

Eine Bemerkung am Rande, hart formuliert: Wenn Schütz das Sein zum Tode als eher peripheres Phänomen der Zeitlichkeit des menschlichen Daseins ausweist und dabei auf die hier referierten Ausführungen Heideggers verweist, dann hat er diesen entweder nur oberflächlich gelesen (was ich mir bei Schütz nicht vorstellen kann) oder er nimmt ihn nicht ernst. Oder wie ich es vorher bereits angedeutet habe: Schütz ist zum Zeitpunkt der Niederschrift dieser Überlegungen noch nicht bereit, sein Denken mit dem Denken von Martin Heidegger in einen Bezug zu bringen.

Abschließend noch einmal zu Heidegger: Es heißt bei ihm weiterhin zum Thema Sorge, dass diese strukturell im Sein zum Tode ihre ursprünglichste Konkretion habe (S. 251). Die Sorge beherrscht demzufolge das In-der-Welt-sein in seiner Gesamtheit, hat aber vermöge des Man die ständige Möglichkeit, dem Tod auszuweichen, was zur folgenden alltäglichen Konstruktion führt: Der Tod ist in jedem Augenblick möglich, der Zeitpunkt seines Eintretens ist jedoch unbestimmt. Bei Heidegger kommen in diesem Zusammenhang sehr wenige »Sachen« vor, wenn man einmal vom zu- oder abnehmenden Mond und von der reifenden Frucht absieht. Im Furor einer ontischen Betrachtung entgeht Heidegger völlig, dass die Erfahrung des Todes in Situationen der Krise, wie von Viktor von Weizsäcker (1950/1973, S. 251) beschrieben, ständig in das Leben einbrechen kann. Ein Phänomen, das ich an dieser Stelle am Rande erwähnen möchte, sind die in neuerer Zeit sehr gut beschriebenen Nahtoderfahrungen, speziell die Arbeiten von Hubert Knoblauch (1999), weil er sich dem Gegenstand aus phänomenologischer Perspektive unter Verzicht auf die Hirnforschung und andere sinneliminierende Verfahren nähert.

Zweck der vorherigen Ausführungen war, Schütz' Bestimmung des bei ihm von Kierkegaard sich herleitenden Konzepts des Älterwerdens im Rahmen der Zeitlichkeit des Ich und im Zusammenhang mit dem Sein-zum-Tod (Kierkegaard) nachzugehen. Im Detail wollte ich die Frage genauer verfolgen, welcher Zusammenhang zwischen dem Heidegger'schen Begriff der Sorge und dem der Relevanz bei Schütz besteht. Dabei hat der Verweis, den Schütz auf Heidegger in einer Fußnote gemacht hat, erheblich weitergeholfen, ungeachtet Adornos Häme zum »Jargon der Eigentlichkeit«, die es nicht weiter wert ist, verfolgt zu werden. Der Zusammenhang mit der Genogrammarbeit ist dadurch gegeben, dass die Sorge menschliches Entwurfshandeln, aus dem das Genogramm resultiert, bewegt. Ich detailliere im Folgenden das vor dem Exkurs zu Schütz und Heidegger abgehandelte Konzept des In-der-Welt-seins und nehme somit dessen Modalitäten in den Blick.

6 Modalitäten des In-der-Welt-seins

Dieses Kapitel schließt an die Stadt- und Gemeindesoziologie an. Abgehandelt werden also ontische, nicht ontologische Fragen[8]. Aus Sicht der Genogrammarbeit ist es unverzichtbar, sich eine Übersicht über die Siedlungsformen zu verschaffen, aus welchen ein Patient stammt. Region und Sozialisation sind untrennbar miteinander verbunden (Walter, 1981). Die Stadt- und Gemeindesoziologie umfasst sowohl das Leben im Dorf als auch in der Stadt, in weitem Sinne also das, was Ferdinand Tönnies in seiner Studie über »Gemeinschaft und Gesellschaft« (1887/1972) abhandelt. Es geht hier um den Modernisierungsprozess: Der dörflichen »Gemeinschaft«, in der angeblich jeder jedem hilft, wird die mörderische Anonymität der Großstadt, seinerzeit verkörpert in der Stadt Berlin, gegenübergestellt. Noch heute findet man in Niedersachsen das »Dorfgemeinschaftshaus«, während man es in Hessen immerhin zum »Bürgerhaus« gebracht hat. Von der oben erwähnten Gegenüberstellung kann nur jemand sprechen, der den eng umschriebenen Raum seines dörflichen Bierdeckels noch nicht überschritten hat oder nur selten überschreitet[9].

---

8 Ontisch: die phänomenale Ebene des Sinns, ontologisch: das Seiende, als solches verstanden.
9 Als ich im ländlich geprägten Landkreis Waldeck-Frankenberg in Nordhessen eine gemeindepsychiatrische Einrichtung gründete, stellte mir der Sozialdezernent dieses Landkreises die Frage, weshalb ich meine Aktivitäten nicht auf die Städte Marburg und Biedenkopf richte,

Allerdings tut sich nun eine Lücke auf: Weil der Einzugsbereich der psychiatrischen Klinik der Philipps-Universität Marburg ländlich strukturiert ist und ich das Fallkonvolut unseres dort in den 1980er Jahren durchgeführten Forschungsprojekts »Familiensituation und alltagsweltliche Orientierung« als Datenressource heranziehe, bildet das dörfliche In-der-Welt-sein in diesem Buch einen Schwerpunkt. Mit Urbanität kann ich nicht dienen. Bei genauer Betrachtung stellt sich dies nicht als Problem dar. Denn die Gegenüberstellung von Stadt und Land ist ein soziologisch untaugliches Konstrukt. Weiter führt eine Betrachtung von Prozessen: Vergemeinschaftung und Vergesellschaftung (Simmel, 1908). Diese lassen sich sowohl in dörflichen als auch in städtischen Lebenszusammenhängen beobachten, vor allem die damit verbundenen Bruchstellen. Sie werden deutlich an den Figuren des »Fremden« und des »Heimkehrers«. Auf sie werde ich ein besonderes Augenmerk richten.

In seinem Aufsatz »Schöpferische Landschaft: Warum bleiben wir in der Provinz?« (1953, S. 9–13) beschreibt Heidegger zunächst die geografische Lage seiner Hütte in Todtnauberg. Diese Beschreibung schließt er ab mit: »Das ist meine Arbeitswelt – gesehen mit den *betrachtenden* Augen des Gastes und des Sommerfrischlers. Ich selbst betrachte eigentlich die Landschaft gar nie. Ich erfahre ihren stündlichen, täglich-nächtlichen Wandel im großen Auf und Ab der Jahreszeiten. Die Schwere der Berge und die Härte ihres Urgesteins, das bedächtige Wachsen der Tannen, die leuchtende, schlichte Pracht der blühenden Matten, das Rauschen des Bergbaches in der weiten Herbstnacht, die strenge Einfachheit der tief verschneiten Flächen, all das zieht sich und drängt sich und schwingt durch das tägliche Dasein dort oben. Und das wiederum nicht in gewollten Augenblicken einer genießerischen Versenkung und künstlichen Einfühlung, sondern nur, wenn das eigene Dasein in seiner *Arbeit* steht. Die Arbeit *öffnet erst* den Raum für diese Bergwirklichkeit. Der Gang der Arbeit bleibt in das Geschehen der Landschaft eingesenkt« (1983, S. 9f.).

Worauf es dem Soziologen bei der Behandlung des In-der-Welt-seins primär ankommt, ist eine nähere Bestimmung von »Welt« und deren verschiedenen Modalitäten. Ist es die partikulare Welt des Dorfes oder die mehr universalistisch angelegte Welt der Stadt? Wo existiert das Eine im anderen? Ist diese Welt, die Heidegger auch einen Verweisungszusammenhang genannt hat, vertraut oder eher fremd? Wie ein In-der-Welt-sein beschaffen ist, welches zunächst einmal vertraut anmutet, zeigen ethnografische Studien wie jene von Charles O. Frake

---

denn dort seien die Leute krank, auf dem Land seien sie gesund (Hildenbrand, 2018a, S. 115). Dieser Irrglaube verlor sich, als er in unserer Einrichtung seine Nachbarin antraf, die bei uns Klientin war.

(1980), speziell die beiden Studien: »Wie betritt man ein Haus der Yakan?« und »Wie bestellt man ein Bier auf Subanum?«.

Keinem ist die menschliche Welt so fremd, dass sie unzugänglich ist, man muss nur feststellen, was dort los ist. Unzugänglichkeit wäre ein Grenzfall, der gedankenexperimentell erst einmal verfügbar gemacht werden müsste. Die *Conditio Humana* führt zu Begegnungsmodalitäten, die universell vertraut sind. Als erstes Merkmal von Vertrautheit ist der Gruß zu nennen. Darüber hinaus lachen Menschen und weinen in jeweils passenden oder unpassenden Situationen, sie lieben sich oder sie sind einander feindlich gesonnen, tauschen Waren oder stehlen sie.

Von dem vertrauten Boden heben sich Besonderheiten ab, die sich nur dem erschließen, der die vertrauten Verweisungszusammenhänge seiner Welt verlässt und sich in die Situation des Fremden begibt. Ein Beispiel wäre das Thema des Alfred Schütz. Er hatte sich selbst als Exilant in New York zu bewähren. Jedoch konnte er sich des Vorzugs erfreuen, dass er in einer Niederlassung der Bank arbeiten konnte, die ihm aus Wien vertraut war, und außerdem konnte er seine wissenschaftliche Tätigkeit an der *University in Exile* (Hildenbrand, 2018a, Kap. 2.2.2) aufnehmen, einer ihm nicht unvertrauten Welt. Das hat aber immer noch nicht dazu gereicht, sich als Einheimischer zu fühlen, denn die Alltagswelt geht nicht in der Berufswelt auf[10]. Zur Situation des Fremden äußert Alfred Schütz (1971a) sinngemäß Folgendes: Der Fremde ist jemand, der sich in die Lage versetzt sieht, sich in einer ihm bislang fremden Gruppe und ihrem Alltag zurechtfinden zu müssen. Eine Radikalisierung der Situation des Fremden ist die des Immigranten; aber jedermann gerät irgendwann im Verlauf seiner Biografie in die Situation des Fremden. Solche Fremde sind Jungen und Mädchen, die zusammenziehen; der Studienanfänger, der sich in einer fremden Stadt zurechtfinden muss, jedoch vom Dorf stammt, wo es üblich ist, dass jeder jeden grüßt, was in der Stadt eher Aufmerksamkeit erregt. Also grüßt er niemanden. Zwischenformen, zum Beispiel das städtische Konzept: »mit jemandem auf Grußfuß stehen«, muss er erst noch lernen. Wenn er aufmerksam beobachten kann, fällt ihm vielleicht auf, dass man in manchen Stadtteilen sich grüßt, in anderen aber nicht. Eine einfache Gegenüberstellung Stadt/Land entbehrt also

---

10 An dieser Stelle fällt mir auf, dass Alfred Schütz ausschließlich von seiner Position aus die Situation des Fremden thematisiert: Weder erfährt der Leser, wie Schütz' Frau diese Situation erfahren hat, noch, was die Situation seines Sohns in der Schule war. Schütz' Ausgangspunkt ist ein egologischer. Das sei ihm zugestanden, zu kritisieren gibt es an dieser Stelle nichts. Abwesenheiten von Perspektiven fallen allerdings auf. Als Gegenbeispiel wären Uwe Johnsons Bände »Jahrestage« (2013) zu erwähnen, in denen das Perspektivenarsenal deutlich differenzierter ist. Es geht dort um das New York der 1960er Jahre.

jeder Grundlage. Andere Fremde sind der Stadtmensch, der seine Wohnung auf das Land verlegt und erst mühsam lernen muss, dass von ihm erwartet wird, die Familiennamen seiner Nachbarn mühelos reproduzieren zu können, und er sollte auch die Verwandtschaftsbeziehungen im Dorf kennen lernen. Wie die Gemeindestudie von Ilien und Jeggle (1981) zeigt, ist es für den in einer Arbeiterwohngemeinde neu Zugezogenen von Vorteil, wenn er verheiratet ist, eine Herkunft aus einem der Verwandtschaftssysteme aus der Gemeinde sowie die Zugehörigkeit zu der für die Gemeinde typischen Religion vorweisen kann (1981, S. 13). Wenn es gut geht, dauert es drei Generationen, bis ein zugezogener Fremder auch in der Fremdwahrnehmung den Status des Einheimischen erlangt.

Jedoch werden Alltagshandelnde nicht nur durch biografisch bedeutsame Situationen in die Lage des Fremden versetzt. In einer durch institutionelle Differenzierung gekennzeichneten Welt bewegen sie sich alltäglich in Gruppen, in denen sie sich sicher fühlen, und in anderen Gruppen, in denen ihnen ihre Orientierung fragwürdig wird, in denen sie Fremde sind, aber sich gleichwohl zurechtfinden müssen. Im Verlauf des Prozesses des Zurechtfindens in der neuen Gruppe taucht nun eine Reihe von Problemen auf. Jede Gruppe hat ihren Alltag so organisiert, dass die praktischen Handlungen routinemäßig erledigt werden können. Das hierbei herangezogene und auf dem gesellschaftlichen Wissensvorrat basierende Wissen wird im Verlauf der Biografie einer Gruppe in spezifischer Weise aufgeschichtet. Es ist aus dieser Entwicklung heraus zu verstehen und wird durch sie legitimiert. Der Fremde hat an dieser Entwicklung nicht teilgenommen und kennt deshalb die Kontexte und Verweisungszusammenhänge von Situationen nicht, die mehr oder weniger fraglos bewältigt werden. Stattdessen bringt der Fremde das habituelle Wissen seiner Herkunftsgruppe mit, anhand dessen er sich von der neuen Gruppe mit ihrem eigenen Zeithorizont allenfalls eine abstrakte Vorstellung machen kann. Sie wird sich im Zug der gemeinsamen Erfahrung zunehmend konkretisieren. Die Vorstellungen von der neuen Gruppe, die aus der Perspektive der alten Gruppe abgeleitet sind, bewähren sich im Alltag des neuen Erfahrungsfeldes nicht durchgängig, sie werden der lebendigen Erfahrung in der neuen Gruppe mitunter nicht gerecht. Zum Teil sind es gemeinsam erlebte Erfahrungen, die es dem Fremden möglich machen, sich in dem neuen Erfahrungszusammenhang zu verorten, beispielsweise eine Situation, in welcher er mit den Einheimischen gemeinsam eine schwierige Situation zu bewältigen hatte. Das ist aber eine Beobachtung aus dem Langzeitverlauf.

Aus der Kurzzeitperspektive gesehen gilt: Der Fremde muss jede Situation in der neuen Gruppe, die von deren Angehörigen fraglos bewältigt wird, neu definieren. Er hat von ihr kein habituelles, sondern ein explizites Wissen, mit dem er sich im Alltag der neuen Gruppe zurechtzufinden versucht. Dabei stößt er auf Schwierigkeiten: Individuelles hält er für Typisches, Typisches für Individuelles, Rezeptwissen begegnet er mit Misstrauen, und er weiß nicht, wann Zurückhaltung und wann Engagement am Platz ist.

Weiter geht Schütz mit seinen Analysen nicht. Es entspricht seiner über weite Strecken egologischen Einstellung, dass er das Thema des Fremden nur von diesem aus betrachtet und nicht diejenigen in den Blick nimmt, auf die der Fremde trifft, wenn er in der Fremde erscheint. Erst mit einem Perspektivenwechsel vom Fremden zur fremden Gruppe ist das Thema des In-der-Welt-seins in der Modalität des Fremden zureichend erfasst.

Werfen wir einen Blick auf Ostdeutschland: Die zu Zeiten der DDR vorhandenen Fremden, vor allen Dingen Sowjetsoldaten und Vertragsarbeiter aus Afrika und Vietnam, lebten von der deutschen Bevölkerung getrennt in Kasernen bzw. betriebseigenen Wohnheimen und konnten in vielen Fällen außerhalb der Arbeit nicht am DDR-Alltag teilhaben. Im Übrigen pflegte die herrschende Partei einen ideologisch überhöhten Internationalismus ohne gelebte Substanz. Als daher in Ostdeutschland eine größere Anzahl von Fremden in der Gestalt von Geflüchteten auch in Gegenden erschien, in denen viele bis dato mit Fremden wenig zu tun hatten, zeigte sich Folgendes: Je weniger Vertrautheit mit dem Fremden bestand, desto größer wurde bei vielen die Furcht vor Fremden, die im Übrigen auch als Konkurrenten um knappe Ressourcen betrachtet wurden. Diese Furcht entlud sich unter anderem in Rostock-Lichtenhagen 1992 auf entsetzliche Weise. Mehrere hundert rechtsextreme Randalierer griffen eine zentrale Aufnahmestelle für Asylbewerber sowie ein Wohnheim an, bis zu 3.000 applaudierende Zuschauer behinderten den Einsatz von Polizei und Feuerwehr. Mehr als hundert Vietnamesen entkamen nur knapp dem Tod in den Flammen, der vom brüllenden Mob (»Abfackeln!«) billigend in Kauf genommen wurde. Ein anwesendes Fernsehteam konnte diese Zustände filmen und einer breiteren Öffentlichkeit bekannt machen.[11] – Im August 2018 kam es in Chemnitz zu rechtsextremen Ausschreitungen, (vermeintlich) Fremde wurden verfolgt, attackiert und bedroht. Man kann es als Versuch der Selbstheilung betrachten, wenn die Stadt sich nun (inzwischen erfolgreich) um den Titel »Kulturstadt Europas« bemüht (für Details vgl. Geipel, 2019).

Die Erörterungen von Schütz zur Situation des Fremden leben von der Gegenüberstellung des Einheimischen und des Fremden. An Prozesse der Ver-

---

11 Vergleichbare Beispiele für Westdeutschland habe ich nicht zur Hand. Zwar gab es auch in den »alten« Bundesländern seit Beginn der 1990er Jahre eine erhebliche Anzahl rechtsradikal motivierter Anschläge auf Wohngebäude von Ausländern, man denke an die Mordanschläge von Mölln und Solingen, allerdings ging hier ein kleiner Täterkreis heimlich vor.

ständigung, von denen weiter oben schon die Rede war, denkt er nicht. Das hat Konsequenzen: Eine Heimat, die absolut frei vom Fremden ist, wäre ein denkbarer, aber in der sozialen Wirklichkeit nicht anzutreffender Grenzfall[12] (auch wenn die dritten Fernsehprogramme gleichwohl versuchen, das heile Bild der »Dorfgemeinschaft« aufrechtzuerhalten. Kaum jemand mehr kann das Wort Dorf als solches aussprechen, es wird immer ergänzt um »Gemeinschaft«, so, wie man vor achtzig Jahren von »Volksgemeinschaft« sprach). Bernhard Waldenfels schließt seine Arbeit über den Fremden wie folgt ab: »Heimat gibt es nicht ohne einen Bodensatz an Unheimlichem und Unheimischem. Heimat ist, ›worin noch niemand war‹, ich füge hinzu: wo auch niemand sein wird; denn eine heimische Welt, die alle Fremdheit abstreifen würde, wäre keine Lebenswelt mehr, sondern ein Mausoleum« (1985, S. 210). Und umgekehrt, möchte ich hinzufügen: So überzeugend dieses Zitat ist, so sehr fällt auch auf, dass Waldenfels den Gedanken Simmels, immer das Prozesshafte mitzudenken (Beheimatung statt Heimat), nicht aufgreift.

Schütz' Beitrag über den Heimkehrer fällt erheblich differenzierter aus als der über den Fremden. Hier hat er nicht nur die Figur des Heimkehrenden, sondern ebenso die Gruppe, in die er heimgekehrt ist, im Blick. Prozesse des Ent-Fremdens wie auch des Wieder-heimisch-Werdens hat er in beiden Fällen nicht im Blick, das sei vorab bereits festgestellt.

Während der Fremde definiert ist als jemand, der Mitglied einer neuen Gruppe werden will, erwartet der Heimkehrer bei der Heimkehr, in eine fraglos vertraute Umwelt zurückzukehren. Odysseus gilt Schütz als der berühmteste Heimkehrer der Weltliteratur. Es handelt sich aus seiner Sicht demnach beim Heimkehrer um eine Sozialfigur, die Raum und Zeit enthoben ist und in allen Gesellschaften vorkommt, in denen Mobilität üblich oder vorhanden ist.

Gegenwärtig hat man es in den postsozialistischen Staaten mit einem neuen Typus von Heimkehrern zu tun: jenen, die nach dem Fall der Mauer und eisernen Vorhänge in den Westen aufgebrochen sind, wo sie, durch empirische Erfahrung kaum gestützt – da hat auch das Fernsehen nicht geholfen –, wunder was erwartet haben und wieder nach Hause zurückgekehrt sind (Kundera, 2000; Dürrschmidt, 2013). Nicht bei allen stellte sich diese Rückkehr als eine glückliche Entscheidung heraus, und es dauerte nicht lange, bis sie wieder in Richtung Westen aufbrachen. Mit den Deutungs- und Handlungsmustern des »Homo Sowjeticus« kamen sie nicht mehr zurecht.

---

12 Das ist dem Alltagsverstand nicht verborgen geblieben. Im Südwesten kursiert folgender Witz: Ein altes Mütterchen fährt in der Regionalbahn zwischen Radolfzell und Meersburg. Ihr gegenüber sitzt ein Mann dunkler Hautfarbe. Versonnen schaut sie ihn die ganze Strecke über an, und bevor sie aussteigt, stellt sie an ihn die Frage: »Gell, Sie sin nit vo doo?«

Der heimkehrende Veteran wird von Schütz als hervorragendes Beispiel herausgestellt. Das liegt insofern nahe, als Alfred Schütz mit diesem Thema als Teilnehmer am Ersten Weltkrieg auf der Seite Österreichs und als Bürger der USA im ausgehenden zweiten Weltkrieg vertraut ist. Schütz beansprucht, alle möglichen Variationen von Heimkehrern zu erfassen, fällt aber dann doch immer wieder auf den Veteranen zurück. Wie für alle anderen Heimkehrer auch, so gilt für den Veteranen, dass er freiwillig und im Fall der USA als Held nach Hause kommt (dass man als Soldat auch unehrenhaft entlassen werden kann, zieht Schütz nicht in Betracht). Auch der kriegsversehrt heimkehrende Veteran hätte eine gesonderte Betrachtung verdient, die allerdings hier nicht Gegenstand sein muss.[13]

Nun geht es darum, was unter »Heim« zu verstehen ist. Das »Heim« ist für Schütz ein universeller Bezugspunkt, der Ort, von dem man ausgeht und an den man zurückkehren möchte. Schütz könnte eine ungute Oppositionsstellung von »fort« und »da«[14] vermeiden, würde er seinen Blick auf Gruppen richten, die ihres Berufs- oder Lebensstils wegen unterwegs sind. Fernfahrer oder Landfahrer wären ein Beispiel dafür. Bei diesen könnte man in Anlehnung an Benita Luckmann (1970) von den »kleinen Heimaten« sprechen – bei den Fernfahrern wären das bestimmte Raststätten, bei den Landfahrern bestimmte Standplätze; einen Extremfall stellt das Nomadentum dar, das man an dieser Stelle mit behandeln könnte, wollte man diesen Exkurs wagen. Um nicht auszuufern, verzichte ich darauf.

---

13 Dass dieses Thema im 21. Jahrhundert noch aktuell ist, zeigt der 2017 erschienene Film »Mudbound«, Regie Dee Rees, basierend auf dem Roman von Hillary Jordon »The Last Thing He Wanted«. Gezeigt werden zwei Heimkehrer aus dem Zweiten Weltkrieg: Ein schwarzer Unteroffizier und Panzerkommandant, ein weißer Bomberpilot und Hauptmann, die nach ihren enttäuschenden Erfahrungen bei der Heimkehr über die Rassengrenzen hinweg Freundschaft schließen. Der Hauptmann kehrt als »Kriegszitterer« nach Hause zurück, der zum Alkoholiker wird, als er versucht, mit Alkohol seine Symptome zu dämpfen. Die Geschichte endet damit, dass beide nach dramatischen Ereignissen ihre Heimat verlassen: Der Pilot reist in den Westen, nach Kalifornien, um sich dort einem Kameraden anzuschließen, mit dem er in Europa Freundschaft geschlossen hat, der Unteroffizier kehrt zurück nach Europa, um dort mit seiner (weißen) Freundin und dem gemeinsamen Kind zusammenzuleben. Nachdem diese Verbindung in seiner Heimatstadt ruchbar und als »Rassenschande« öffentlich wurde, nahm dies der lokale Ku-Klux-Klan zum Anlass, den Unteroffizier zu foltern, eine Szene, der der Vater des Hauptmanns beiwohnte, ohne einzuschreiten.

14 Ich spiele bewusst auf das von Sigmund Freud und Françoise Dolto beschriebene, bei Säuglingen und ihren Eltern beobachtete, gleichnamige Spiel an, für welches im Übrigen typisch ist, dass selbst Eltern, die keine Zeile von Freud oder Dolto gelesen haben, gewissermaßen naturwüchsig dieses Spiel ins Werk setzen. Jedoch kann man die Prognose wagen: Würden sie dieses Spiel auf der Grundlage von Lektüre spielen, ginge das mit Sicherheit daneben. Wenn man so wollte, könnte man das Argument vertreten, dass das Fortgehen und das Heimkehren in der menschlichen Sozialisation schon früh verankert wird. Heute spricht man vom Etablieren von Objektkonstanz.

Des Weiteren bezeichnet Schütz »Heim« als einen bestimmten Lebensstil (ein Begriff, der eine Nähe zu dem des »In-der-Welt-seins« aufweist, wenn man die herangezogenen Beispiele in Betracht zieht): »Heim« ist etwas anderes für den, der niemals seine Heimat verlassen hat. Ich ergänze: Solche Menschen sind dadurch charakterisiert, dass sie dazu tendieren, mit ihren eigenen Deutungsmustern und Relevanzsystemen die gesamte Welt zu überziehen.[15] »Heim« ist auch etwas anderes für den, der weit weg wohnt. »Heim« ist darüber hinaus etwas anderes für den, der zurückkehrt. Um ihn geht es Schütz.

Zudem ist das Konzept des »Heims« mit Vertrautheit, Intimität, mit Routinen der Lösung von Alltagsproblemen und des Umgangs mit Neuem verbunden. Auch weisen die Relevanzsysteme in einer Primärgruppe ein hohes Maß an Konformität auf. Schütz behandelt vor allem die Implikationen des Lebens in einer Primärgruppe: In einer Primärgruppe leben heißt, mit anderen Raum und Zeit sowie die Dinge, die sich in Reichweite befinden, zu teilen. Wozu auch gehört, das Bewusstseinsleben der anderen in lebendiger Gegenwart zu erfassen. Am Rand dieser Überlegungen liegt das Thema Intimität, mit dem sich Schütz – aus welchen Gründen auch immer – an dieser Stelle nicht befassen will. Außerdem weisen Primärgruppen eine Rekursivität auf, und die Beziehungen sind institutionalisiert. Das führt dazu, dass unterbrochene Wir-Beziehungen immer wieder aufgenommen werden können. Damit ist das Thema Zeit tangiert. Schütz greift hier Husserls Idealisierungen des »Ich kann immer wieder« sowie des »Und so weiter« auf (Schütz, 1971a, S. 30; Husserl, 2013, §§ 111 ff.; vgl. Teil I, Kapitel 2.5). Jetzt bezieht er sich aber nicht auf das entwerfende Subjekt, sondern auf Subjekte in Primärgruppen, ohne dass dieser Perspektivenwechsel thematisiert wird. Für einen Essay wäre das auch zu viel verlangt.

Der erste Teil des Essays von Schütz (1971a) über den Heimkehrer schließt ab mit dem Fazit: »Das heimische Leben ist meistenteils ein Leben in aktuellen oder potentiellen primären Gruppen« (S. 76). Wie schon mehrfach erwähnt, wäre an dieser Stelle eine Differenzierung von Stadt und Land geboten, vor allem in Bezug auf die »Gesichtsfeldbeziehung« (Face-to-Face Relationship). Gelernte Stadtbewohner weisen Unerfahrene darauf hin, dass in der Stadt Augenkontakt möglichst zu vermeiden sei, dieser könnte als Aggression missverstanden werden (»Was guckst du denn?«). Auch Georg Simmels Essay über den Fremden (1908, S. 509 ff.), der von Schütz ignoriert wird, hätte hier weiterhelfen können – ganz zu schweigen von dem Aspekt der Prozesshaftigkeit.

---

15 Hier frage ich mich, unter welchen Bedingungen eine solche Welt zusammenbricht und die Grenzen der alltäglichen Handlungsorientierung erreicht sind. Wenn die Wissenssoziologen nichts Wichtigeres zu tun hätten, als ihre kulturwissenschaftlichen Pirouetten zu drehen, könnten sie die Aufklärung dieses Rätsels für wichtig halten.

Der Frage der Differenzierung von Stadt und Land werde ich mich jetzt widmen, weil ich der Auffassung bin, dass sie im Zusammenhang mit der Frage nach den Modalitäten des In-der-Welt-seins einige Aufmerksamkeit erfordert. Ich beziehe mich auf einen romanhaft dargestellten Zusammenprall einer städtisch globalisierten Welt (Oslo) mit einem norwegischen Dorf, das mit dieser Welt durch eine Fernstraße verbunden ist. In einer kleinen Szene, die ich im Folgenden wiedergebe, macht der Autor Mytting (2019) auf eine Kollision von Handlungs- und Orientierungsmustern in der Stadt auf der einen Seite und im Dorf auf der anderen Seite aufmerksam. Typisch für die Stadt sind universelle, »gesatzte« Regeln, zum Beispiel solche der Straßenverkehrsordnung. Auf dem Land werden diese zu partikularen, unausgesprochenen Regeln, die man nur durch Teilhabe lernt:

»›Hier hatte ich den Unfall‹, sagte Ellen.
›Hier haben Sie geglaubt, dass Sie Vorfahrt haben?‹
›Sehen Sie irgendein Schild? Dann ist doch klar, dass der, der von rechts kommt, Vorfahrt hat.‹
›Aber die Straße, auf die man kommt, ist doch viel breiter‹, sagte Erik.
›Das heißt doch nicht, dass man dann Vorfahrt hat!‹
›Man muss auf Vorfahrt achten, wenn man auf eine wichtigere Straße kommt, also eine mit mehr …‹
›Stopp! Stopp! Anhalten!‹, schrie Ellen Lysaker und zog die Knie an.
›Was ist los?‹, fragte Erik, ohne zu bremsen.
›Mein Gott! Der Graue da hatte doch Vorfahrt! Das war knapp!‹
›Hier kann ich einfach Gas geben. Haben Sie nicht gesehen, dass da ein Kiesweg war, aus dem der da gekommen ist? Die Straße, auf der wir sind, ist asphaltiert.‹
›Das geht doch nicht so.‹
›Jetzt gebrauchen Sie doch mal Ihren gesunden Menschenverstand. Wenn Ihnen was Großes in die Quere kommt, sagen wir ein Trecker mit Anhänger, ein Lastwagen oder ein Schulbus, dann hat der sowieso Vorfahrt. Egal, auf welcher Straße.‹
›Und wenn die Straßen und die Autos gleich groß sind?‹, fragte Ellen Lysaker.
›Dann kommt es darauf an. Zum Beispiel, sehen Sie die Straße da drüben. Die vom Bürgerzentrum runterkommt; die hat Vorfahrt. Die ist im Winter so glatt, dass da keiner halten kann. Inzwischen haben sich alle an diese Vorfahrtsregelung gewöhnt, sodass die jetzt auch im Sommer Vorfahrt hat«« (S. 235 f.).

Wie ich an anderer Stelle mit Verweis auf Heidegger schon erwähnt habe, geht es hier nicht um die schlichte Gegenüberstellung von Stadt und Land, die Stadt als das Fremde, Anonyme, als ein nicht lebenswerter Ort gegenüber dem Dorf oder die dörfliche Landschaft als der Ort des Aufgehobenseins. Es geht hier um die Beschreibung von Lebenswelten, die einen unterschiedlichen Akzent haben und ansonsten in einem kontinuierlichen Prozess von Vergemeinschaftung oder Vergesellschaftung stehen, von woher spezielle Modalitäten des In-der-Welt-seins rühren. Im Verlauf einer Genogrammarbeit kann es sehr gut vorkommen, dass, ohne einige Elemente von gemeindesoziologischer Betrachtung einzuführen, das Verständnis des Falls nicht erlangt werden kann. Nun soll es daher um die Frage gehen, was gemeindesoziologische Studien mit der Genogrammarbeit zu tun haben.

Zunächst folgen wir weiter Schütz (1971a) in Bezug auf das Heimkehrerthema, nun aber in Verbindung mit »Sachen« (vgl. oben, S. 8 ff.): Das bisher Ausgeführte, bezogen auf die Frage des Verhältnisses von Universalismus (Gesellschaft) und Partikularismus (Gemeinschaft), ändert sich für den, der die Heimat verlassen hat. Er muss mit einem Wechsel im Relevanzsystem und im Grad der Intimität rechnen. Aus Sicht des Heimkehrers kann sich das System im Ganzen verändert haben, ebenso die Ziele und Mittel. Auch, in der damaligen Zeit kein unwichtiges Thema, die Beziehung zur Liebsten kann sich verändert haben. Kaum ein Kriegsfilm, in welchem nicht ein Soldat einen Brief aus der Heimat mit der Mitteilung erhält, dass seine Partnerin sich von ihm trennt. In den Jahren, in denen der Heimkehrende abwesend war, können sich die Regeln im Dorf, wie weiter oben beschrieben, geändert haben. Der Heimkehrer, der diese Regeländerungen, die zudem nicht explizit ausgesprochen, sondern implizit sind, nicht kennt, agiert dann wie ein Fremder.

Hinzu kommt: Während der Abwesende den Vorzug hat, den Lebensstil seiner Primärgruppe, aus der er stammt, zu kennen, haben die zu Hause Gebliebenen vom Leben des Soldaten im Feindesland oder bei Heimkehrern vom Leben im fernen Land nur eine – medial und durch Erzählungen vermittelte – Erfahrung von Stereotypen, mit einer Tendenz, diese Erfahrungen für die Wirklichkeit zu halten und damit den Heimkehrer zu konfrontieren. Wozu das führt, ist insbesondere auch eine Frage der Fähigkeit zur Reziprozität von Perspektiven, also der Fähigkeit, die Perspektive des anderen einzunehmen. Schütz hält die Diskrepanz von Primärerfahrung und vermittelter Erfahrung für eines der stärksten Hindernisse für die Wiederherstellung der unterbrochenen Wir-Beziehungen auf beiden Seiten: Husserls Idealisierungen greifen nicht mehr. Als Beleg verweist Schütz darauf, dass »ein Bericht des Verteidigungsministeriums von 1944 zeigte, dass 40 % der entlassenen Veteranen, die in das zivile Leben zurückkehrten, ihren alten Beruf nicht mehr ausüben und auch nicht mehr in ihre alten Gemeinden zurückkehren wollten« (1971, S. 82). Er macht keine Angaben darüber, ob es sich um eine Aussage handelt, die Annahmen über die Rückkehr *bevor* derselben betrifft, oder um solche, die Tatsachen *nach* der Rückkehr beschreiben. Die Formulierung »wollten« deutet auf Ersteres.

Die Probleme mit dem Auseinanderfallen von Primärerfahrung und vermittelter Erfahrung seien, so Schütz, eine Frage der Zeit. Im Anschluss an die Beobachtung, dass Vergangenes nicht mehr zurückgeholt werden kann, die Zeit auch nicht umkehrbar ist, entgehen beiden Seiten die im Lauf der Zeit stattgefundenen Perspektivenwechsel: Was früher im Horizont lag, steht jetzt im Zentrum oder ist ganz verschwunden; was früher außerhalb des Bereichs der Möglichkeiten lag, liegt nun innerhalb oder ist jetzt möglich geworden. Im Ganzen führt das dazu, dass die früheren Erfahrungen nun einen anderen Sinn annehmen. Beide Seiten, der Heimkehrer und die Zurückgebliebenen, haben sich verändert, schließt Schütz, der in diesem Essay mit »Sachen« sparsam umgeht. Hier eine solche »Sache«, die sowohl für die USA als auch für Europa gelten dürfte: Während die Männer an der Front oder in Gefangenschaft waren, haben zu Hause die Frauen den Alltag aufrechterhalten. Mit dem damit verbundenen Autonomiezuwachs der Frauen mussten die Rückkehrer erst einmal zurechtkommen. Legendär sind auch die Geschichten über den zurückkehrenden Vater (Hildenbrand, 2012).

Im letzten Abschnitt leitet Schütz (1971a) einen Perspektivenwechsel auf den Heimkehrer ein: Jeder Heimkehrer hat die »magische Frucht der Fremdheit genossen, sei sie süß oder bitter« (S. 82). Des Heimkehrers Hauptproblem sei, dass militärische Handlungsmuster von Befehl und Gehorsam in einer zivilen Welt nicht fraglos greifen bzw. unerwünscht sind. Folgendes Fallbeispiel aus meiner Praxis soll den Zusammenhang veranschaulichen:

In einer Supervision lernte ich den Fall eines Piloten in der Passagierluftfahrt kennen, der, wenn er von einem Langstreckenflug, also nach einer mehrtätigen Abwesenheit von der Familie nach Hause heimkehrte, von dem für Piloten überlebenswichtigen Kontrollmodus immer noch beherrscht war. In dieser unübersichtlichen Situation entschloss sich die Ehefrau des Piloten, um eine Beratung nachzusuchen. Der Supervisandin gegenüber habe ich diesen Zusammenprall von Kulturen bzw. Handlungsmustern zum Thema gemacht, ohne den zugrunde liegenden Widerspruch zu vernachlässigen.

Was den militärischen Heimkehrer betrifft, lässt sich feststellen: Schließlich verliert der siegreich zurückkehrende Soldat ohne Uniform und Rangabzeichen das Ansehen in der Öffentlichkeit (es sei denn, er kommt aus dem Krieg mit einer äußerlich sichtbaren Verletzung zurück. Das wird ihn lebenslang als Kriegsteilnehmer ausweisen). Der Ansehensverlust mache den heimkehrenden Veteranen »hilflos wie ein mutterloses Kind«, schreibt Schütz (S. 83; auf intermediäre

Instanzen wie Veteranenhospitäler geht er nicht ein). Viele der Veteranen sterben – speziell nach dem Vietnam-Krieg – an Drogen. Fuß fassen können die meisten ungeachtet ihrer ethnischen Herkunft nicht mehr. Beachtenswert in diesem Zusammenhang ist »The Ballad of Ira Hayes« des amerikanischen Songwriters und Folksängers Peter La Farge aus dem Jahr 1962. Diese Ballade wurde u. a. von Bob Dylan und Townes van Zandt vorgetragen. Sie tangiert den letzten Teil von Schütz' Essay über heimkehrende Veteranen. Ira Hayes, der als Soldat im Zweiten Weltkrieg vor der Schlacht von Iwojima mit sechs anderen beim Flaggenaufstellen fotografiert wurde, überlebte als einer von drei der sechs durch das Foto nach der Schlacht berühmt gewordenen Soldaten. Er starb an Alkoholsucht (vgl. Wikipedia, 2020d).

Schütz' Essay schließt wie folgt: »Zu Anfang ist es nicht nur die Heimat, die dem Heimkehrer einen ungewöhnlichen Anblick bietet. Der Heimkehrer erscheint auch allen, die ihn erwarten, in gleicher Weise fremd, und der Nebel verbirgt ihn zunächst. Wer nach Hause kommt und wer ihn dort willkommen heißt, beide brauchen die Hilfe des weisen Mentors« (S. 84). Schütz setzt sich nicht mit der Frage auseinander, was er sich unter *dem* weisen Mentor vorstellt. Optionen hätte es gegeben: Bereits 1931 entwickelte Louis Wirth das Konzept einer Klinischen Soziologie. Zu vermuten ist allerdings, dass Schütz damals eine ähnliche Position wie später sein Schüler Thomas Luckmann bezogen hatte, der 1983 im Vorwort zu meiner Dissertation schrieb:

»Menschliche Wirklichkeiten zu beschreiben heißt ja auch schon, dass man sie einigermaßen versteht. Dazu gehört, dass man den jeweiligen Zustand klar sieht, aber auch, dass man ihn in seiner Entstehung erfasst und in seine Zukunftshorizonte rückt. Bei Vertrautem sowohl als bei Fremdem ist das gar nicht so leicht. Beschreiben und verstehen! Mit dem Erklären und erst recht mit den Vorschriften für die Praxis wollen wir hingegen vorsichtig verfahren. Vielleicht verscherzen wir uns auf diese Weise nicht ganz die Möglichkeit, die Praxis vernünftig zu beeinflussen« (Hildenbrand, 1983, S. 13).

Unklar ist, weshalb Schütz den Essay über den Heimkehrer verfasst hat: War es rein aus soziologischem Interesse, war es im Sinne eines bürgerschaftlichen Engagements? Ein Klinischer Soziologe hätte der Beschreibung und dem Verstehen eine mäeutische Haltung unterlegt: Es wäre um die Erkundung möglicher Möglichkeiten gegangen (dass man den Zustand »in seine Zukunftshorizonte rückt«!, S. 13). Dafür hätte er jedoch einen gesellschaftlichen Auftrag benötigt. Im Fall von Ira Hayes allerdings hätte auch der beste Klinische Soziologe nichts ausrichten können: Es geht hier nicht um Primärgruppen, auch nicht um den Heimkehrer, sondern das Problem liegt in ungelösten Problemen einer gesamten Nation in Sachen ethnischer Differenzierung.

In diesem Kapitel habe ich mich mit Modalitäten des In-der-Welt-seins auseinandergesetzt. Im Vordergrund standen, angeregt durch Schütz' Konzept des Heimkehrers, Modalitäten, wie sie von der Primärgruppe geprägt werden. Will man diese Einseitigkeit vermeiden, geht es um ein Kontinuum von partikularistisch und universalistisch geprägten Lebenswelten, wobei ich auch das Konzept der »kleinen Lebenswelten« (Luckmann, 1970) erwähnt habe, das zentral ist, wenn es darum geht, die Gemeinschaft der Gesellschaft gegenüberzustellen, ohne den Anschein von Dichotomie zu erwecken: »Diese kleinen (Lebens-) Welten bilden kein Ganzes, sondern sind partiell; sie halten nicht das ganze Leben, sondern nur eine Zeit lang; sie sind weniger ›naturgegeben‹ als ›intentional gewählt‹, es gibt nicht eine einzige kleine (Lebens-)Welt als vielmehr viele von ihnen« (S. 596, übers. v. A. u. B. Hildenbrand). Dieses Konzept hat Benita Luckmann im Rahmen einer Gemeindestudie in den 1950er Jahren entwickelt. Bretten hatte damals wie heute um 28.000 Einwohner, insofern kann man von diesem Konzept aus Schlüsse auf die soziale Differenzierung von Städten im Modernisierungsprozess ziehen.[16]

Modalitäten des In-der-Welt-seins haben entsprechend den vorherigen Ausführungen zwei zentrale Quellen: Die eine bezieht sich auf das Kontinuum Gemeinschaft/Gesellschaft. Ebenso wie Cooley und Heidegger die Gesellschaft ignorieren und die Primärgruppen nicht weiter in Familie, Verwandtschaft etc. differenzieren, wäre es unangemessen, die Primärgruppe auf Familie oder Verwandtschaft zu reduzieren oder diese gar zu totalisieren. Daraus resultiert die Notwendigkeit, die Frage nach dem In-der-Welt-sein im Einzelfall in Bezug auf seine Einbettung in dieses Kontinuum zu konkretisieren. Eine weitere Modalität wird durch die Einbeziehung des Kontinuums Fremder/Einheimischer eingeführt. Ich schließe an dieser Stelle die Liste der Modalitäten des In-der-Welt-seins. Ob sie damit erschöpft ist, wird sich im weiteren Verlauf dieses Buches noch zeigen. Kandidaten dafür sind die allgemeinen Zeitverhältnisse, in die ein Akteur hineingestellt ist, sowie dessen Generationenlage (Mannheim, 1928/1978).

---

16 Auch Arbeitswelten können unter dem Aspekt kleiner Lebenswelten betrachtet werden, für ein hervorragendes Beispiel vgl. Linhart (1980, S. 166 ff.).

7 Der Leib als Fokus des In-der-Welt-seins

Man kann das Thema des In-der-Welt-seins nicht abhandeln, ohne den Leib an erster Stelle zu berücksichtigen. Denn der Mensch ist vermittelst seines Leibs in der Welt: Er existiert nur auf einer schmalen Bandbreite der umgebenden Temperatur, und gerät er auf eine Höhe oberhalb der 8.000er-Marke, benötigt er unter Umständen Hilfsmittel.

Zudem manifestiert man sich in der Außenwelt über den Leib. Über seinen Ausdruck nimmt das Gegenüber jemanden als Person wahr. Der Leib ist der Nullpunkt meines Koordinatensystems (rechts/links/oben/unten), und schließlich ist er als gelebter Raum das offene Feld meiner möglichen Ortsbewegungen. Soweit die Bestimmung des Leibes, wie sie Alfred Schütz unter Verweis auf die »ausgezeichneten« Analysen von Sartre und Merleau-Ponty in seinem Buch »Das Problem der Relevanz« (Schütz, 1971b, S. 213 ff.) darlegt. Er betont hier, dass ich mein Leib *bin*, sein Schüler Maurice Natanson wird dies später um die Dualität Leib sein/Leib haben ergänzen. Mit *Leib haben* meint er die reflexive Zuwendung zur eigenen Leiblichkeit, mit *Leib sein* den gelebten Leib. Das sind jedoch jeweils Setzungen, denen die Sachen fehlen.

Corbin und Strauss (2004) erwähnen in ihrem Buch über die Bewältigung chronischer Krankheiten einen an chronischem Durchfall (Morbus Crohn) leidenden Patienten, den sein Leib dazu nötigt, sein In-der-Welt-sein (nicht der Ausdruck dieser Autoren) neu zu definieren. Angewiesen auf ein WC zu Zeitpunkten, die nicht vorhersehbar sind, und an Orten, die nicht planbar sind, gestaltet sich für ihn die Stadt als ein Ort, der sich auf das Angebot einer öffentlichen Toilette reduziert. Mit der Zeit verfügt der Patient über eine geistige Landkarte, in welcher alle entsprechenden Möglichkeiten enthalten sind, jedoch nur in Bezug auf jene Stadtviertel, in denen er sich gewohnheitsmäßig bewegt. Wenn er in eine neue Stadt kommt, gerät er regelmäßig in Schwierigkeiten, aber nur solange, bis er das unvertraute Terrain erkundet hat. Prägnant gesprochen, könnte man sagen, dass die gelebte Welt dieses Patienten sich auf Toiletten als Fixpunkte seiner Orientierung reduziert.

Der Blick auf die Leiblichkeit ist für die Genogrammarbeit schon deshalb von Bedeutung, weil der Akteur nicht auf Kopf und Reflexion reduziert werden kann. Er ist auch in seine Umgebung und ihre jeweilige natürliche Beschaffenheit leiblich eingelassen. Man vergleiche einen Bewohner einer Agrarwüste im Flachland mit dem einer kleinteiligen Gebirgslandschaft.

III Das Selbst

8 Ein Blick in die jüngere Vergangenheit

Unter dem Diktat des Behaviorismus stellte das Selbst keine relevante Kategorie dar. Inzwischen ist die darauf beruhende Verhaltenstherapie von ihrer strengen Observanz abgegangen. Sie versteckt sich jetzt hinter der Kognition (KBT: Kognitive behaviorale Therapie). Auf der anderen Seite blühte in Marburg neben der Verhaltenstherapie die kritische Psychologie eines Holzkamp auf streng marxistischer Grundlage. Es ging wie ein Lauffeuer durch die Stadt, als auf einem Kongress der »Kritischen Psychologie« um 1980 der »subjektive Faktor« ausgerufen wurde, in nichtpsychologischen Kreisen rasch verballhornt zum »subjektiven Traktor«. Damit ist im Wesentlichen die Marburger Psychologie der 1980er Jahre umrissen. Sie spielt hier nur insofern eine Rolle, als seit 1979 die Marburger Klinik für Psychiatrie der Universität durch einen Vertreter der anthropologischen Psychiatrie, Wolfgang Blankenburg, übernommen wurde (Rauh u. Topp, 2019). Als dessen Mitarbeiter kam ich unvermeidlich mit dieser Fachrichtung in Berührung. Ich erwähne dies, weil dadurch deutlich wird, dass man im therapeutischen Feld immer wieder auf Psychologen trifft, die fachlich überrascht sind, wenn man das Konzept eines Selbst erwähnt. Im Studium sind sie darauf nicht vorbereitet worden, und sie erleben ihren Praxisschock, wenn sie in psychiatrischen Einrichtungen echte Menschen (Selbste) antreffen. Bis zur Aufnahme einer Weiterbildung in Psychotherapie müssen sie sich mit ihren Alltagskonstrukten behelfen, die nicht notwendig die Arbeit mit Patienten erleichtern.

Über den geschilderten Hintergrund muss man sich im Klaren sein, wenn man mit einem Konzept der Genogrammarbeit im therapeutischen Feld herumräubert. Nicht selten bin ich in der Weiterbildung auf teilnehmende Psychologen gestoßen, die mir mit offener Ablehnung begegnet sind, denn derlei Konzepte vom Selbst hatten sie noch nicht vernommen, während die anwesenden Mediziner immerhin höflich genug waren, das Unvertraute ohne aggressiv getönte Abwehr zur Kenntnis zu nehmen. Das ist schon lange her. Ob sich heute die Situation geändert hat, wage ich zu bezweifeln. Keiner der Psychologen, soweit ich sie im akademischen Raum kennen gelernt habe, bringt den Mut auf, sich gegen die dort herrschenden *Selbstverständlichkeiten* zu stellen (vgl. das oben erwähnte Kolloquium). Es fehlt auch am dafür erforderlichen Wissen.

9 Nichtcartesianische Konzeptionen eines Selbst

Der Aufbau der sozialen Welt ist nicht in isolierten Akten eines erkennenden Egos zu suchen, sondern in Akten wechselseitiger Bezogenheit: »Der Aufbau der sozialen Welt nimmt eine polyzentrische Gestalt an« (Waldenfels, 1980, S. 212). Waldenfels hält weiter fest, dass Verständigung als Gegenstand wechselseitiger Bezogenheit in zwei Formen auftreten kann: Zum einen in *expliziten* Verständigungsakten, wie zum Beispiel in der Beratung (Hildenbrand, 1991), zum anderen *implizit* in abgestimmter Kooperation. Danach kommt Waldenfels darauf zu sprechen, dass Verständigungsakte eine dreistellige Relation aufweisen: *Ich* verständige mich *mit* jemandem *über* etwas. Oder in den Worten Heideggers: »Dasein versteht sich zunächst und zumeist aus seiner Welt, und das Mitdasein der Anderen begegnet vielfach aus dem innerweltlich Zuhandenen her« (Heidegger, 1993, S. 120). Bezogen auf die Genogrammarbeit heißt das, dass das Genogramm als Substrat von Interaktionen ein soziales Produkt ist, wie auch das Selbst.

Verstehensakte sind gebunden an Situationen. Wäre das Verstehen in einem Ich fundiert, müsste man Sinn wesentlich subjektiv sehen und an die Selbstauslegung durch den Verstehenden binden. Das würde bedeuten, dass Verstehensakte als isolierte Akte außerhalb jeder sozialen Interaktion aufzufassen seien. Heidegger stellt eine andere Position dagegen: Das Selbst ist von der Situation her zu bestimmen. Dort macht es nicht Erfahrungen, sondern es *ist* diese Erfahrungen. Erfahrungen macht das Selbst in situationalen Zusammenhängen, zusammen mit anderen. Heidegger selbst charakterisiert diese Situationen von ihrem Typus her nicht. Nach meiner Auffassung geht es, will man das Selbst verstehen, darum, die Grundsituationen aufzudecken, in denen sich das individuelle Leben interaktiv entwickelt. Solche Grundsituationen der interaktiven Entwicklung des Selbst sind lebensgeschichtliche Übergänge, wie zum Beispiel die Ablösung von der Familie. Im Buch »Sein und Zeit« von Heidegger (1927/1993b) gilt das Selbst als eine »existenzielle Modifikation des Man, welches wesenhaft Existenzial ist« (S. 130). In meiner Interpretation wäre das der Hinweis auf ein »habitualisiertes Selbst«, welches sich selbst gegenüber genauso wenig reflexiv offenbar wie das Handeln im Modus des »Man« wird.

Das »Man« als Existenzial hat die Tendenz, »dass das Miteinandersein als solches die Durchschnittlichkeit besorgt«. Und weiter schreibt Heidegger: »Jeder

Vorrang wird geräuschlos niedergehalten. Alles Ursprüngliche ist über Nacht als längst bekannt geglättet. Alles Erkämpfte wird handlich. Jedes Geheimnis verliert seine Kraft. Die Sorge der Durchschnittlichkeit enthüllt wieder eine wesenhafte Tendenz des Daseins, die wir die *Einebnung* aller Seinsmöglichkeiten nennen« (S. 127). Diese Seinsweisen konstituieren die Öffentlichkeit. Das »Man« ist überall dabei, wo das Dasein auf Entscheidung drängt und dabei dem Entscheidenden alle Verantwortlichkeit abnimmt. Und schließlich: Das *Man* zeichnet »die nächste Auslegung der Welt und des In-der-Welt-seins« (S. 129) vor.[17] Ich fasse zusammen: Jemand entdeckt sich nicht als Selbst, in dem er sich in seine »Innerlichkeit« versetzt, sondern dadurch, dass er sich dem, was ihn besorgt, zuwendet (vgl. Teil 1, Kapitel II, 4). Man könnte diese Analyse des »Man« als eine Kritik an der Massenkultur und ihrer Oberflächlichkeit und Beliebigkeit lesen. Als Existenzial ist es jedoch eine Möglichkeit des Menschseins und somit der daseinsanalytischen Kritik entzogen.

Es ist also ein gewöhnliches, nicht abzuweisendes Denken, wenn man die Identität aus der Interaktion mit anderen heraus bestimmt. Warum später dann die Innerlichkeit die Oberhand gewonnen hat, ist mir ein Rätsel. Man kann dafür alle möglichen Instanzen verantwortlich machen: den Besitzindividualismus, den Protestantismus im Allgemeinen, den Pietismus im Speziellen etc. Die Konsequenz dessen ist, dass man sich heute gegen den wissenschaftlichen »Sensus Communis« den Mund »fusselig reden« muss, um deutlich zu machen, dass das Selbst erst dann in Richtung Innerlichkeit verstehbar wird, wenn man dessen In-der-Welt-sein rekonstruiert hat, wenn man also zum Beispiel eine Genogrammarbeit durchgeführt hat. Hier ein Beispiel für eine Situation, wie Heidegger sie sich im Anschluss an die französischen Existenzialisten vermutlich vorstellt. Damit komme ich erneut »zu den Sachen selbst«:

Später Abend im ICE, Bordbistro, kurz vor Basel, auf dem Weg nach Zürich: Der Bistrokellner ist gerade mit den zolltechnischen Vorbereitungen für den Grenzübertritt befasst. Der Geschäftsgang ist unterbrochen. Da bittet ihn ein Fahrgast im dunklen Anzug, ein Geschäftsmann wohl, Mitte fünfzig ungefähr, ausgesucht höflich um ein Bier, das er außer der Reihe auch erhält. Während er behaglich und ohne Eile sein Bier genießt, erhält er einen Anruf. Es scheint darum zu gehen, dass dem Angerufenen mitgeteilt wird, dass er an einer beantragten Weiterbildung nicht wird teilnehmen können. Das zieht ihm augenscheinlich den Boden unter den Füßen weg. Noch während er am Telefon seinem Unverständnis über diese Entscheidung lebhaft Ausdruck verleiht, treten drei Uniformierte auf (der Zug ist mittlerweile am

---

17 Vgl. den Film »Zelig« von Woody Allen (1983).

Gleisdreieck in Olten angelangt, Zürich ist nicht mehr weit) und verlangen den Ausweis. Der Angerufene nimmt das obenhin zur Kenntnis und scheucht die Vertreter der Obrigkeit mit einer lässigen Geste weg. Diese aber lassen sich nicht vertreiben. Der kleinste unter ihnen, offenbar ihr Anführer, baut sich vor dem telefonierenden Mann auf, der schließlich beiläufig seinen Ausweis aus dem Portemonnaie herauskramt und ihm lässig hinwirft. Der Anführer nimmt das Dokument an sich und lässt verlauten: »Den Ausweis nehme ich jetzt mit, Sie können ihn nach Mitternacht zurückhaben, in unserem Büro am Bahnhof Zürich, falls wir Zeit für Sie haben«.

Will man verstehen, weshalb dem Angerufenen des Beispiels die Mitteilung den Boden unter den Füßen hinwegzieht, müsste man eine Genogrammarbeit machen oder ihn fragen. Ich stelle mir Folgendes vor: Es handelt sich um einen Aufsteiger der ersten Generation, der sein Selbstverständnis vollständig aus dieser Tatsache bezieht. Im Anruf wird diesem Selbstverständnis der Boden entzogen. Im Beispiel ist der Fahrgast gleich zweimal auf sich selbst zurückgeworfen, und das jeweils im Modus der Krise: erstens dadurch, dass ein für fraglos gehaltener Anspruch zurückgewiesen wird, zweitens dadurch, dass sein ignorantes Auftreten der Obrigkeit gegenüber nicht einfach hingenommen, sondern subtil mit einer Retourkutsche beantwortet wird. Im ersten Fall der Krise steht sein Selbstverständnis, im zweiten Fall sein Nachtschlaf auf dem Spiel, und für die wichtige Sitzung morgen muss er ausgeschlafen sein. Im Sinne einer Einfühlung kann man sich ungefähr vorstellen, wie dieser Mann, auf einer harten Holzbank in der Polizeidienststelle wartend, über sich sinniert. Vielleicht schreibt er die Verantwortung für seine aktuelle Misere auch nur den anderen, der Grenzpolizei in diesem Fall, zu. Das wäre dann Ausdruck eines Typus, der es gewohnt ist, Verantwortung anderen zuzuschreiben, statt sie selbst zu übernehmen. Dass Psychologen derlei »externe Kausalattribuierung« nennen, ist nicht weiter von Belang, weil dieser Begriff nichts erklärt.

Mir ist nicht bekannt, ob der Mann die beschriebene Situation so wahrgenommen hat wie ich als Beobachter. Es wurde auch nicht nach einer Verständigung darüber gesucht. Ich weiß ebenso wenig, ob der Fahrgast, sollte er die beiden Zurückweisungen persönlich genommen haben (der im Telefonat zum Ausdruck gekommene Affekt deutet darauf hin), daraus Schlüsse für künftiges Verhalten zieht. Die Chance dafür steigt, wenn er diese Geschichte Kollegen erzählt und registriert, wie sie darauf reagieren, indem sie erläutern, wie sie beispielsweise gehandelt hätten. Möglicherweise könnte eine Reaktion darin bestehen, dass er sein zur Schau getragenes Selbstbild, das aktuell bedroht ist, überprüft und entsprechend verändert. Er könnte diese Krise zum Anlass nehmen, der von ihm erlebten Vernichtung seiner beruflichen Existenz und der

Infragestellung seines Selbst als unangreifbarer Macher einen Selbst-Zweifel entgegenzustellen. Denn: »In der Krise ist der Mensch zugleich alles und nichts« (Viktor von Weizsäcker, 1950/1973). Dazu gleich mehr.

Das Beispiel soll zeigen, von welcher Art die Situationen sind, in denen die Lebenswelt sich außerhalb von Situationen des verborgenen Selbst bekundet, welches beispielsweise dann aktiv ist, wenn der Bahnreisende in aller Zufriedenheit sein Bier trinkt. Es sind Situationen der Krise, ein Phänomen, das Heidegger beharrlich ignoriert, von dem Viktor von Weizsäcker (1950/1973) schreibt: »Das in der Krise befindliche Wesen ist aktuell nichts und potentiell alles« (S. 269), und man sollte sich nicht wundern, »wenn es in der Krise zu verschwinden droht« (S. 254). Viktor von Weizsäcker schreibt hier von Krisen, die sich in Form von Übergängen im Lebensablauf zeigen, während mein Beispiel sich auf die kleinen Krisen im Alltag beschränkt, die möglicherweise auch Vorboten späterer Krisen sein können. Im konkreten Fall des oben vorgestellten Mannes betrifft das unter Umständen dessen Position im Unternehmen und in der Familie/Verwandtschaft und die daraus erforderlich werdenden Verhaltensänderungen. Auf die lebenslaufspezifischen Krisen werde ich an anderer Stelle eingehen.

Bisher habe ich das Selbst als Ausdifferenzierung des »Man« charakterisiert, als stillschweigendes Selbst, als habitualisiertes Selbst, als Genese des Selbst in Spiegelungsprozessen, als situatives Ereignis in Krisen. Was noch fehlt, ist die Frage nach der Kontinuität des Selbst, welche von Merleau-Ponty (1946/1966) als fragil angedeutet wird, wenn er vom »*gleitenden Anhalt des Selbst an der Welt*« (S. 459) schreibt. Anders formuliert, ist das Selbst ein reisendes (Natanson, 1970), nicht festzustellendes, und das aufgrund der schieren Tatsache, dass sich die Welt und damit das In-der-Welt-sein ständig ändern. Und sollte es jemand systematisch auf Persönlichkeitswandel angelegt haben, dann kann er diesen Wunsch problemlos dadurch zufrieden stellen, dass er seine Bezugsgruppen ändert (Strauss, 1968). Beispielsweise könnte der oben vorgestellte Bahnreisende in seiner Firma kündigen und eine verantwortliche Position in einer Sozialeinrichtung übernehmen.

Nun kann ich das Thema der Innerlichkeit, dem ich weiter oben skeptisch begegnet bin, nicht vollständig auf die Seite schieben, denn in Bezug auf sein In-der-Welt-sein verfügt das Selbst über einen privilegierten Zugriff auf die Situationen, die für das Selbst von formativer Bedeutung waren, und kann sie mit einem holistischen Blick erfassen. Allerdings entgeht man auch hier den anderen nicht: Einige von ihnen konnten das Selbst beobachten, wie es in kritischen Situationen reagiert hat, und werden es mit diesen Beobachtungen konfrontieren, wenn die Gelegenheit dafür gekommen ist. Die Schlüsse, die ein Selbst im Rückblick auf seine Identitätsbildung zieht, können jederzeit von anderen, die bei dieser Entwicklung dabei waren oder von ihr gehört haben oder die ihren Verlauf anhand von »objektiven Daten« kennen (Hildenbrand, 2012), in Zweifel gezogen werden. Hierzu ein Beispiel: Didier Eribon (2016) nimmt für sich in Anspruch, er sei ein Arbeiterkind, und saugt daraus seinen opfermäßigen Honig. Schaut man aber genauer hin, war sein Vater Werkmeister in einer Fabrik, also bereits in die Mittelschicht aufgestiegen (vgl. Fußnote 16); in dem bereits erwähnten Buch von Linhart (1980) wird die Herrschaft von Werkmeistern beschrieben, die dem Arbeitermilieu gegenüberüberstehen.

Differenzierter als Heideggers und Merleau-Pontys Konzeptionen über das Selbst in Bezug auf das In-der-Welt-sein fallen jene des amerikanischen Pragmatismus aus. Dort wird die Herausbildung des Selbst immer schon über den anderen definiert. Zunächst sind das Spiegelungsprozesse (Looking Glass Self, s. Charles Horton Cooley, 1964, Kap. V – nicht identisch mit dem Spiegel-Selbst von Jacques Lacan), dann geht es um die Reziprozität der Perspektiven (Austauschbarkeit der Standpunkte, s. Mead, 1932/1969; Schütz, 1971a, S. 364). Danach wird die »Präsentation des Selbst im Alltagsleben« (Goffman, »The Presentation of Self in Everyday Life«, 1969[18]) populär.

10 Über die Phänomenologie und den Pragmatismus hinaus: Elemente einer integrierten Theorie des Selbst

Ich bin mit der Frage nach der Herausbildung des Selbst noch nicht fertig. Aus dem Heidelberger Umfeld ist hier die Philosophie der Existenz von Karl Jaspers zu erwähnen: »Wissend sehe ich einen Raum des mir Möglichen. Unter mehreren Möglichkeiten, die ich weiß, kann ich wählen. Wo mir mehreres möglich ist, ist meine Willkür Grund dessen, was geschieht« (Jaspers, 1932, S. 177). Das Selbst ist ein entworfenes, lese ich aus diesem Satz, der am Beginn eines Kapitels über »Erhellung existenzieller Freiheit« steht. Das Wählen zwischen Handlungsentwürfen führt irgendwann einmal, wenn es gut geht, zu einem *Entschluss*. »Entschluss und Selbstsein sind eins« (S. 181), und »im Entschluss erfahre ich die Freiheit« (S. 182). Der »Entschluss als solcher ist erst im Sprunge« (S. 181).

Man stelle sich das bildlich vor: Jemand steht im Schwimmbad auf dem 10m-Brett. Er hat sich endlich dazu entschlossen zu springen, aber es fehlt noch das letzte Quäntchen zum Entschluss, er zaudert. Aber nicht zu lange, denn von hinten drängen die bereits zum Sprung Entschlossenen nach. Man kann sich auch

---

18 Ich zitiere die englische Ausgabe, die Übersetzungen ins Deutsche sind nicht akzeptabel. Die Ersetzung des englischen Titels durch »Wir alle spielen Theater« ist grob irreführend.

jemanden vorstellen, der Tag um Tag verstreichen ließ und in Gedanken Möglichkeiten erwog, Für und Wider gegeneinander ausspielte und dennoch nicht zu einer Entscheidung kam. Als er dann zur Entscheidung schreitet, bricht er die Sache ab. Er kann aber auch zum *Sprung* angesetzt haben und gelandet sein, und hadert schließlich immer noch damit, dass er dann doch gesprungen ist. Einen solchen Fall – den ich weiter oben bereits erwähnt habe – will ich jetzt vorstellen. Ich habe ihn kennen gelernt, als er Patient von Wolfgang Blankenburg war. Er wurde von ihm an unsere gemeindepsychiatrische Einrichtung überwiesen, da Blankenburg, seinen Worten zufolge, sich nicht sicher war, ob es sich bei der Problematik dieses Patienten um eine lebensgeschichtlich begründbare oder um eine endomorphe (das war Blankenburg Ausdruck für endogen) Depression handle:

Paul Aust, zum Zeitpunkt des Erstgesprächs ca. fünfzig Jahre alt, wurde in die Familie eines ländlichen selbstständigen Metzgermeisters hineingeboren. Vom Vater wurde er genötigt, den elterlichen Betrieb zu übernehmen, das heißt, das Handwerk eines Metzgers zu erlernen, obwohl ihn vor diesem Gewerbe ekelte. Dieses Programm erfüllte er im Sinn von Goethe (1808, S. 50, Faust I): »Was du ererbt von deinen Vätern hast, erwirb es, um es zu besitzen«. Nach dem Tod des Vaters erweiterte er die Vertriebskette und richtete eine Schnellgaststätte an der zu Ferienzeiten hochfrequentierten Bundesstraße ein. Mit der Zeit scheint er sich aber mit der Erfüllung dieses elterlichen Auftrags übernommen zu haben. Die Folgen zeigten sich in einer ganz speziellen Weise: Von Frau, Sohn und Tochter schon lange emotional gelöst, entwickelte er zunehmend ein Eigenleben, arbeitete in der Firma am Tag und geisterte des Nachts im Haus herum (es wird dieser Umstand gewesen sein, der die Diagnose einer endogenen Depression aufkommen ließ, die daseinsanalytisch als »Erkrankung am Erwachsensein« interpretiert wird). Jedoch: Mit der Zeit fand er für sein Nachtleben eine Beschäftigung: Er beschaffte sich die erforderlichen Informationen und begann damit, sein Unternehmen energetisch zu optimieren. Mahlzeiten bereitete er sich in der Nacht zu, am Tag schlief er. In dieser Praxis war er kompromisslos festgefahren: Vorschläge, das Geschäft zu verkaufen oder zu verpachten oder für sich eine andere Position im Unternehmen zu suchen, ignorierte er beharrlich.

Das Fallbeispiel von Paul Aust wirft auch ein Licht auf realisierte oder mögliche, wenn auch vermiedene Übergänge im Erwachsenenalter. Zu einem Zeitpunkt, an dem Paul Aust es geschafft hatte, ein angesehener Bürger in der Gemeinde zu sein, eröffneten sich neue Möglichkeiten, die insofern nicht neu waren, als sie auf routinemäßig begangene Wege verwiesen: Er hätte in einem Berufsverband Verantwortung übernehmen und die Position eines Vorsitzenden dort einnehmen oder im Dorf für das Amt des Bürgermeisters kandidieren können. Er hätte sich auch innerhalb des eigenen Berufs weiter entwickeln können: hätte zum Koch werden, wie mancher Metzger es tut, oder im benachbarten internationalen Wintersportort eine Filiale eröffnen können, in der er sich als »Fleischsommelier« präsentiert hätte. Das wäre bei den Feriengästen gut angekommen, und die Mieter in den zahlreichen Ferienwohnungen hätten es ihm gedankt. Vor dem Hintergrund seiner Persönlichkeitsstruktur könnte ihm das auch als »unecht« erscheinen, als Widerspruch zu seiner prekären Grundüberzeugung seinem Beruf gegenüber. So blieb er, wie im Fallbeispiel beschrieben, allen Vorschlägen gegenüber ignorant. Zu einer wesentlichen Transformation kam es in dieser Familie erst in der nachfolgenden Generation. Der Sohn von Paul Aust wurde Installateur und leitet heute das Kühlhaus einer bäuerlichen Vertriebsgenossenschaft.

Eine daseinsanalytische Einschätzung, eine Einschätzung des In-der-Weltseins von Paul Aust ergibt Folgendes: Das Lebensmotto des Paul Aust ist es, »den Stier bei den Hörnern zu packen«. Damit ist er aber mit einer weiteren anthropologischen Proportion, dem rechten Maß zwischen Überforderung und Unterforderung, zu dem im nächsten Kapitel mehr gesagt wird, ins »Gehege« geraten, sodass er bis ins mittlere Erwachsenenalter in einer Situation der Überforderung lebte. Die ärztliche Diagnose »Depression« hatte ihm eine sozial akzeptierte Möglichkeit verschafft, sich als »krank« definiert aus dem Alltagsbetrieb zurückzuziehen, in eine Nische, in welcher er sein bis dato ungelebtes Leben leben konnte. Er ist gesprungen, aber schlecht gelandet. Als er dann im Sinne einer paradoxen Intervention gesundgeschrieben wurde, verlor er seine Krankenversicherung, schaffte es aber, sein Leben im alten Stil weiterzuführen.

Aus heutiger Sicht, über dreißig Jahre später, hätte dieser Fall möglicherweise einen ganz anderen Verlauf nehmen können. Man hätte diese Depression nicht als Depression etikettiert, sondern als »Burnout«. Damit wäre eine Spur zur beruflichen Situation des Patienten gelegt worden. Man hätte ihn an ein Berufsförderungswerk überweisen können, dort hätte eine Arbeitserprobung in verschiedenen Berufszweigen stattgefunden, und wäre er dann auf einen aufmerksamen Pädagogen gestoßen, hätte dieser Austs Interesse für alles, was mit Elektronik zusammenhängt, entdecken können. In einem solchen berufsorientierten Kontext wäre es möglicherweise einfacher gewesen, den Patienten für einen neuen Kurs seiner Lebensorganisation zu gewinnen[19]. Hätte, wenn

---

19 Im Anschluss an einen Vortrag am Berufsförderungswerk Stuttgart habe ich einen solchen Fall beschrieben (s. Hildenbrand, 2018c). Dies ist ein Fall, der als exemplarisch für Alfred Kraus' geniale Entdeckung eingesetzt werden kann, die Identitätstheorie von George Herbert Mead heranzuziehen für das Verständnis manisch-depressiver Erkrankungen (Kraus, 1977). Mead

und aber ... Jaspers (1932) rekurriert zwar auf das Konzept der Möglichkeiten, geht dem aber nicht weiter nach. Bei Husserl hätte er weitere Differenzierungen gefunden.

Wenn das Selbst sich, im Zustand des In-der-Welt-seins, besser noch: des Zur-Welt-seins, in eine Zukunft hinein entwirft, treten in seinen Wahrnehmungshorizont Möglichkeiten (falsche Formulierung: Sie treten nicht, der Wählende tritt auf sie zu, oder: die Möglichkeiten kommen auf ihn zu), und zwar solche, ich lehne mich an Alfred Schütz (1971a, S. 93 ff.) an, *für die* etwas spricht. Das sind bei Husserl die *problematischen Möglichkeiten* (1948, S. 103 f.) oder solche, *für die nichts* spricht, die somit *offenen Möglichkeiten*. Hierzu das Fallbeispiel vom Bergmann Dralle, das ich der Erinnerung an ein Interview entnehme, das Ulrich Oevermann und Frank Roethe 1970 mit einem Bergmann im Ruhrgebiet geführt haben.

Der Bergmann Dralle war im Zuge der Bergbaukrise in den 1960er Jahren zum Lokomotivführer umgeschult worden und konnte sich nicht dazu verstehen, seine Zugfahrten streng an einem vorgegebenen Buch und den dort enthaltenen Kilometerangaben zu orientieren. Stattdessen ersetzte er die Zahlen durch Landmarken. So erwählte er als Bremspunkt zur Einfahrt in den Bahnhof Hagen einen Fischteich am Rand der Strecke. Als allerdings dieser Fischteich eines Tages zugefroren und von Schnee bedeckt war – ein Sachverhalt, der in dieser Gegend nicht oft vorkommt –, verpasste Dralle den Bremspunkt und hatte große Mühe, den Zug im Bahnhof Hagen zum Stehen zu bringen.

Oevermann fand für das im Fallbeispiel beschriebene Verhalten eine phänomenologische Erklärung. Demnach ist ein Bergmann in völlig anderer Weise *zur Welt* als ein Lokführer. Der Bergmann begegnet im Bergwerk ständig neuen Sachverhalten und Umständen, beispielsweise Gefahren wie Wetterschlag oder Einbruch des Flöz durch ungenügende Sicherung (Emile Zola hat das in seinem Roman »Germinal« 1885 eindrücklich beschrieben). Mit zahlenförmigen Vorschriften und Handbüchern kann der Bergmann also wenig anfangen. Der von Anfang an gelernte Lokführer allerdings wächst in seinen Beruf hinein in

---

beschreibt Identität als dynamisches Kompositum von Me (den organisierten gesellschaftlichen Erwartungen) und dem I (das sind die jeweils spontanen, unvorhersehbaren Reaktionen vom Ego auf diese gesellschaftlichen Erwartungen). Bei der endogenen Depression überwiegt das Me und das I ist im Extremfall auf Null reduziert. Bei der Manie ist es umgekehrt. So einfach ist es natürlich nicht, man muss fallweise auch die gesellschaftlichen Reaktionen in Betracht ziehen (Krappmann, 1969).

einer Weise des Zur-Welt-seins[20], die man als bürokratisch bezeichnen könnte: Die Zahlen, die er in seinem Buch findet, das neben dem Bremshebel liegt, finden sich wieder in den Zahlen, die die Strecke durch Tafeln im Abstand von 100 Metern begleiten. Gleicht er diese mit den Zahlen in seinem Buch und der vorgeschriebenen Geschwindigkeit ab, ist alles in Ordnung. Der Fehler, der Bergmann Dralle beinahe den Job gekostet hätte, war also der Konflikt zwischen zwei unterschiedlichen Weisen des Zur-Welt-seins.

Jetzt könnte man dieses Beispiel in die Frage hinein ausbauen, was denn der geeignete Ort zur Umschulung dieses Bergmanns hätte sein können. Es drängt sich der Beruf des Binnenschiffers auf. Auch dieser findet am Flussufer alle 500 Meter eine Kilometrierung, kann aber die Zahlenvorgaben in einem Buch dazu nicht benutzen, erstens, weil es dieses nicht gibt, und zweitens, weil der Fluss sich ständig verändert und immer neu gelesen werden muss. Mark-Twain-Leser (1900) wissen das: Ein Windriff kann man leicht mit einem realen Riff verwechseln. Beide voneinander zu unterscheiden ist eine Frage der Erfahrung. Beispielsweise muss der Binnenschiffer auf dem Rhein beim Passieren der Flachstelle in der Nähe von Ingelheim darauf gefasst sein, dass ihm ein entgegenkommendes Schiff das Wasser unter dem Kiel wegzieht. Die hier erforderliche Erfahrung ist wesentlich differenzierter als die eines konventionell ausgebildeten Lokführers und hängt ab von der unmittelbar gelebten Erfahrung, nicht von der Bürokratie. Eine Bemerkung am Rande: Damals war die Binnenschifffahrt in der Krise. Durch Abwrackprämien sollte sie abgemildert werden. Die Umschulung zum Binnenschiffer wäre demnach eine offene Möglichkeit gewesen, das heißt keine, für die etwas gesprochen hätte.

Beim Bergmann Dralle war die Umschulung zum Lokführer eine Möglichkeit, *für die etwas sprach,* eine problematische also, weil Bedarf an Lokführern vorhanden war, an Bergleuten aber nicht, Mittel für die Umschulung zur Verfügung standen, die Einrichtung für die Umschulung in der Nähe lag etc. Eine offene Möglichkeit, also eine solche, *für die nichts sprach,* wäre gewesen, ihn zum Piloten umzuschulen. Erstens hätte es an der erforderlichen Vorbildung gefehlt, zweitens am Geld. Schütz (1971a) schließt die Erörterung der Möglichkeiten ab wie folgt:

»Die als selbstverständlich hingenommene Welt ist der allgemeine Rahmen offener Möglichkeiten, von denen keine ein ausgezeichnetes Gewicht hat, von denen keine mit anderen im Widerstreit liegt, solange sie als fraglos hin-

---

20 Am Beispiel des Carneades (vgl. Teil 1, Kapitel II, 5) kann man sich den Unterschied zwischen dem In-der-Welt-sein und dem Zur-Welt-Sein plastisch vorstellbar machen. Während Ersteres das ungefragte Dahinleben im Alltag meint, bricht dieses bei Letzterem zusammen, und ein reflexiver Zugriff, eben das Zur-Welt-Sein, wird erforderlich.

genommen werden. Von allen wird bis auf weiteres, bis zur Feststellung des Gegenteils angenommen, dass sie in empirischer oder mutmaßlicher Gewissheit gegeben sind. Das Individuum in seiner biografisch bestimmten Situation verwandelt eine gegebene Gruppe dieser offenen Möglichkeiten in problematische Möglichkeiten, indem es zwischen den als selbstverständlich hingenommenen Dingen auswählt. Die problematischen Möglichkeiten stehen von nun an zur Wahl: jede hat ihr Gewicht und verlangt eine angemessene Probe, jede zeigt die widerstreitenden Tendenzen« (S. 95).

Nun könnte man die Sache mit den Möglichkeiten noch etwas differenzieren, indem erneut Heideggers (1927/1993b) Konzept des »Man« herangezogen wird. Das »Man« ist »die Seinsart der Alltäglichkeit und insofern der Durchschnittlichkeit« (§ 27). In meiner Lesart beschreibt das »Man« den minimalsten Anspruch, sich in eine Zukunft hinein zu entwerfen, um sie zur *eigenen* Zukunft zu machen. Jemand macht, was ohnehin alle machen: Das Mädchen beispielsweise will Model werden oder »was mit Medien machen«.

Mit Möglichkeiten ist man alltäglich und ständig konfrontiert (gehe ich in Jeans oder im Anzug zum Vortrag bzw. zum Geburtstag meiner Mutter?). Nur wenige Wahlen erreichen das Niveau des Krisenhaften, wie die Wahlen, die in der Adoleszenz auf der Tagesordnung stehen. Mich interessieren im Weiteren nur die biografisch konstitutiven Wahlen. Jedoch stellt sich natürlich diesbezüglich die Frage: Woher will man im Vorhinein wissen, welche Möglichkeit sich als biografisch relevant herausstellen wird und welche nicht? Es sind nicht nur jene, für welche aus Sicht der Alltagspragmatik nichts spricht, also die offenen, die man in seine Reichweite bringen kann (ich entscheide mich, nicht im Anzug, sondern in kurzen Hosen zum Vortrag zu gehen. Dort treffe ich einen Personaler, der schon immer einen unkonventionellen Mitarbeiter suchte, und er bietet mir einen Job an).

Ich fasse die bisherigen Überlegungen zum Selbst zusammen. Mit Jaspers verstehe ich das Selbst als Ereignis eines Entwurfshandelns im Dienst der Gewinnung existenzieller Freiheit. Anlässe dieses Entwurfshandelns können sein: alltägliche, aber auch außeralltägliche, krisenhafte, die um Übergänge im Lebensablauf herum angesiedelt sind. Das ist der Bereich, in welchem sich die Entwicklung existenzieller Freiheit abspielt. Dabei kommen in Anlehnung an Edmund Husserl offene und problematische Möglichkeiten ins Spiel, also solche, die in der Reichweite des Handelnden, des Selbst im Zuge des Entwurfs liegen, und solche, die außerhalb dieser Reichweite liegen und, ziehen wir Schütz heran, mit Motiven und Relevanzen in Verbindung stehen.

Ein in Dauerreflexion sich befindendes Selbst wird es in Sachen Autonomie der Lebenspraxis schwer haben, ihm vorgelagert ist das *situative* Selbst (Heidegger) oder das Selbst, das an der Welt nur einen *gleitenden Anhalt* hat (Merleau-Ponty). Zum Gegenstand der Reflexion wird das Selbst in Situationen der Krise und im Rückblick. Das entnehme ich Kierkegaards Diktum: »Das Leben wird nach vorne gelebt und nach rückwärts verstanden« (1923, S. 203). Näheres dazu in Teil 1, Kapitel IV, 15 über die Geschichtlichkeit des menschlichen Daseins.

11 Zwischenbilanz zu den Kapiteln 1–10

Ich habe mich in den vorangegangenen Kapiteln mit dem Ziel befasst, die begrifflichen Werkzeuge für eine gut gegründete Genogrammarbeit zurechtzulegen. Das leitende Konzept ist das *In-der-Welt-sein*. Das ist das Schlüsselkonzept für eine Position, in der nicht das Individuum cartesianisch seiner Welt gegenübergestellt, sondern als eines behandelt wird, das situativ *in* der Welt und *zur* Welt ist. Wesentlich dafür ist die Intentionalität des Bewusstseins. Im Entwurfshandeln, in der Realisierung von problematischen oder offenen Möglichkeiten, wird seine personale Identität, das Selbst, realisiert. Dieses Selbst ändert sich in der Interaktion oder bleibt sich gleich. Das Genogramm ist Resultat solchen Entwurfshandelns, und dass man dafür drei Generationen oder mehr benötigt, wird weiter unten begründet werden. Vorgreifend: Das Genogramm als solches sagt nichts aus. Es füllt sich erst dann mit Sinn, wenn es Schritt für Schritt (sequenziell) unter Erwägung der zuhandenen Möglichkeiten erschlossen wird. Eine theoretische Begründung für die Sequenzanalyse spare ich mir, der Vollzug im Fallbeispiel wird zeigen, worum es geht.

IV Die Psychiatrie als Feld therapeutischen Handelns

12 Rückblick auf Vorhandenes

Die erste Fallstudie eines Psychiatriepatienten, die ich durchführte, fand am psychiatrischen Landeskrankenhaus Reichenau (heute Zentrum für Psychiatrie Reichenau) in den Jahren 1974 bis 1978 im Projekt »Soziale Relevanz und biografische Struktur« statt. Dieses Projekt war lokalisiert am sozialwissenschaftlichen Archiv der Universität Konstanz und wurde gefördert von der Fritz-Thyssen-Stiftung. Ein Teilprojekt befasste sich mit der sozialen Organisation psychischer Krankheit.

Jörg Bergmann untersuchte, wie bei der Aufnahme eines Patienten in dieses Krankenhaus dieser zum »psychisch Kranken« organisiert wird, während ich meine Aufgabe darin sah, den Vorlauf einer solchen Aufnahme in der Familie ethnografisch in Augenschein zu nehmen (Hildenbrand, 1983). In Orientierung an Wolfgang Blankenburgs Schrift »Der Verlust der natürlichen Selbstverständlichkeit« (1971) sollte der zu untersuchende Patient die Diagnose »Schizophrenia Simplex« haben, darin sah ich einen vorzüglichen Ansatz zur Annäherung an eine Soziologie des Alltags. Denn dem so Diagnostizierten wird psychiatrisch bescheinigt, dass der Kernpunkt seiner Störung im Alltäglichen liegt (vgl. Ciompi, 2021, S. 103). In den Arbeiten von Ludwig Binswanger wird diese Diagnose ganz selbstverständlich verwendet, wenn es um Schizophrenie geht. Nicht so im Landeskrankenhaus Reichenau, wo nach ICD (International Classification of Diseases; DIMDI, 2014) diagnostiziert wurde, in welchem diese Diagnose zwar noch enthalten war, von deren Gebrauch jedoch abgeraten wurde. Daher empfahl mir der stellvertretende Klinikdirektor, Dr. Faulstich, einen Patienten, der frisch aufgenommen worden war, zu sprechen. Dessen Aufnahmediagnose lautete »Hebephrenie«. Dass diese Diagnose ungewöhnlich war, weil sie erst nach einem sechsmonatigen Verlauf gestellt werden kann, fand ich später heraus. 1993, nach dem Tod des Patienten, rekonstruierte ich anhand eines Bergs von Akten, der knapp die Höhe von einem Meter erreichte, die Diagnosen, die dieser Patient, geboren 1950, im Verlauf seines Lebens erhalten hatte. Ich fand heraus, dass er Diagnosen aus jeder Ziffer des ICD-10 (DIMDI, 2014) erhalten hatte. Zuletzt wurde er unter der Diagnose »schwere Persönlichkeitsstörung« behandelt, was zunächst einen Hoffnung verheißenden Wechsel in der Behandlung mit sich gebracht hatte. Davon konnte der Patient jedoch nicht mehr profitieren, denn er starb an einer Überdosis Alkohol, die sein geschwächter Körper nicht verkraften konnte. Von einem Suizid war nicht die Rede, jedoch vermutete der behandelnde Arzt, dass der Patient den Alkohol benötigte, um die andrängenden Stimmen still zu halten.

Das Ergebnis meiner Fallstudie von 1983 war die Beschreibung eines Patienten, von mir Alfred A. genannt, im Ablöseprozess, der durch ein erhebliches Maß an Ambivalenz geprägt war: »Es ist komisch, wenn ich zu Hause bin, will ich weg, und wenn ich weg bin, will ich nach Hause«. Dieser Satz hat es dann ohne mein Zutun auf die erste Umschlagseite meiner publizierten Dissertation gebracht (Hildenbrand, 1983). Über Möglichkeiten zur Bewältigung dieser Ambivalenz verfügte Alfred A. nicht. Die Ablöseproblematik war das Dauerproblem seines Lebens.

Als ich 1979 an die von Wolfgang Blankenburg geleitete psychiatrische Klinik der Philipps-Universität in Marburg wechselte, beantragte ich mit ihm bei der Deutschen Forschungsgemeinschaft ein Forschungsprojekt mit dem Titel »Familiensituation und alltagsweltliche Orientierung Schizophrener«. Dort stellte sich alsbald eine Grenzproblematik bei den Herkunftsfamilien der Patienten heraus, die wir folgendermaßen in Konzepte fassten:

- *Nach innen zentrierte Familien,* das sind Familien mit strikt ins Werk gesetzten Grenzen, die für die Kinder aus solchen Familien nur schwer zu überschreiten sind.
- *Veröffentlichte Familien,* das sind Familien mit einer minimalen Ausprägung von Grenzen. Mit Veröffentlichung hat dieser Begriff nichts zu tun, insofern gibt er zu Missverständnissen Anlass.
- *Familien mit einer widersprüchlichen Innen-Außen-Orientierung.*

Wir ließen es bei den aufgeführten drei Konzepten nicht bewenden, sondern bemühten uns um Untersuchungen kontrastierender Familien, wobei zunächst die Kontrastfolie die Abwesenheit einer psychiatrischen Diagnose war. Im landläufigen Sinne waren das »normale« Familien. Ein Beispiel: Das Konzept der »veröffentlichten Familie« entwickelten wir an einer Hoteliersfamilie, bei der die Eltern anlässlich der Erstmanifestation einer dramatisch verlaufenden schizophrenen Psychose (der jüngste Sohn halluzinierte optisch und drang gewaltsam bei einer Nachbarsfamilie ein) mit Ausgrenzung reagierte. Mit Unterstützung des Ortspolizisten, mit dem der Vater des Patienten befreundet war, wurde dieser zur Aufnahme im nächstgelegenen psychiatrischen Landeskrankenhaus gebracht. Zu dieser Familie suchten wir eine Vergleichsfamilie, eine Hoteliersfamilie, bei der ebenfalls ein Kind krank geworden war. Diese Familie fand sich in einem Nachbarort. Für die Auflösung der Frage »Wer soll bemerken, dass unser Kind krank wird?« (Hildenbrand, 1987) fand diese Vergleichsfamilie eine ganz andere Antwort als die Familie, deren Sohn akute Phänomene einer schizophrenen Psychose aufwies. In dieser Familie sollte der Koch, mit dem der Patient ein Zimmer teilte, *merken*, dass der Sohn der Familie psychotische Symptome zeigte. In der Vergleichsfamilie, deren Tochter an einer Gürtelrose erkrankte, stellte man deren Bett in die Hotelküche, um kontinuierlichen Kontakt zwischen Eltern und Kind zu gewährleisten.

Schließlich fanden wir auch eine Familie, anhand deren Studie wir das erwähnte Konzept einer »widersprüchlichen Innen-Außen-Orientierung« entwickelten. Ich werde diese Familie weiter unten zum Fall machen, aber so viel sei vorab gesagt: Es handelt sich um eine Familie, die sich einerseits gegenüber ihrer unmittelbaren sozialen Umwelt abgrenzt, dafür aber an weit entlegenen Umwelten orientiert ist, von denen sie jedoch nur einen unklaren Begriff hat. Im Ablöseprozess ihres Sohnes wird sich diese Ambivalenz als verheerend erweisen.

Als ich einem Kollegen aus der Soziologie berichtete, ich würde im Zusammenhang mit der aktuellen Arbeit der Untersuchung kontrastierender Familien einen Fall wieder zum Thema machen, den ich bereits in der ersten Hälfte der 1980er Jahre bearbeitet habe, reagierte er mit Unverständnis. Kurz davor hatte er mir angetragen, ein Konvolut von 4.000 Fällen, das ihm vorliege, soziologisch auszuwerten, was ich mit vergleichbarem Unverständnis abgelehnt hatte. Was ist da los? Weshalb soll man einen vor vierzig Jahren untersuchten Fall nicht reanalysieren? Anlass für eine Reanalyse können die folgenden Punkte sein:
1. Gehen wir davon aus, dass ein Fall eine eigene Strukturgesetzlichkeit ausbildet, dann kann es sein, dass dieser Fall im Laufe der Jahre seine Strukturgesetzlichkeit nicht nur reproduziert, sondern auch transformiert hat, was es zu erschließen gilt.
2. Wenn alles gut gegangen ist, hat der Interpret in den fraglichen vierzig Jahren sich weiterentwickelt, vielleicht neue Perspektiven auf Fälle erschlossen. Eine Reanalyse bestünde demnach darin, die eigenen Vorstellungen in Bezug auf Fragen der Fallrekonstruktion im Bereich von Familien psychisch Kranker zu überprüfen. Man nennt das heute reflexive Fallrekonstruktion.
3. Ein weiterer Anlass kann sein, dass man seine Arbeit vor vierzig Jahren methodisch überprüfen will.
4. Oder es geht darum, ein Konzept weiter auszuarbeiten, welches in Bezug auf die vorhandene Literatur den Charakter einer Novität hat.

Beim Einwurf des Kollegen spielt die bekannte Thematik des Anfertigens von Biografien eine Rolle: Eine Fallrekonstruktion ist nur wenig unterschieden von einer Biografie, wenn man diese wörtlich als Beschreibung eines Lebens versteht. Soziologisch ist eine Fallanalyse jedoch weit entfernt von der Beschreibung eines Lebens, es geht um Rekonstruktion, genauer gesagt um die Gestaltung von Fakten. Die Perspektive des Autors hat daran einen erheblichen Anteil. Diese laufend zu kontrollieren ist der Generalbass, der jede Fallrekonstruktion begleitet. Einem Soziologen, der sich im Geist der Physik des 19. Jahrhunderts gebildet hat, kann derlei nicht gefallen. Vom Unterschied zwischen Nomothetik und Idiografik (Blankenburg, 1981) hat er keine Ahnung. Eine solche Ahnung muss er auch nicht haben, denn der soziologische Mainstream, in welchem sich der Kollege behaglich bettet, verlangt ihm solches nicht ab. Mich hat bei dieser Reanalyse einfach interessiert, was im Abstand von vierzig Jahren aus diesem Fall geworden ist.

Zurück zu den bis dahin geleisteten Vorarbeiten: Nach der Konzeptbildung ergänzten wir unser Vergleichstableau von Familien Schizophrener um Familien mit chronischem Alkoholismus. Das Thema der Hoteliersfamilie wurde ausgeweitet auf (landwirtschaftliche) Familienbetriebe. Der Vergleich erbrachte Folgendes: Während landwirtschaftliche Familienbetriebe ohne Präsenz einer psychischen Erkrankung sowie Familienbetriebe mit chronischem Alkoholismus sich strukturell kaum unterscheiden, Erstere in ihrer Normalität noch radikal von Letzteren übertroffen werden, imponieren die »schizopräsenten« Familienbetriebe durch *erhebliche Strukturverwerfungen* (Bohler u. Hildenbrand, 1997; Hildenbrand, 2014).

Das Thema Schizophrenie auf die Ablösung zuzuspitzen heißt, den Blick auf Familiengrenzen und auf Entwicklungsaufgaben der sich ablösenden Kinder zu richten. Zur Ablösung gibt es keine Alternative, denn mit der menschheitsgeschichtlichen Entwicklung des Inzest-Tabus (Lévi-Strauss, 1981, Kap. IV) wird die Familie zu einer sich selbst auflösenden Gruppe (Funcke u. Hildenbrand, 2018, Kap. 9).

Zu den soziologisch-kulturanthropologischen Ablösungsvorstellungen treten solche der Psychologie. Es wird von einem Kind erwartet, selbstständig »gegenüber der äußeren Realität« zu werden sowie »eine eigene Position gegenüber der inneren Realität« zu gewinnen, und es gilt, »die Sexualität zu integrieren«, was »die wohl krisenprächtigste Klippe« sei (Blankenburg, 1983, S. 40 f.). Eine offene Frage sieht Blankenburg darin, dass sich bei manchen Patienten »fast ausschließlich das prädikative, bei anderen in erster Linie das vorprädikative Weltverhältnis verändert« (S. 40). Die aus soziologischer Sicht herauszustellenden Entwicklungsaufgaben (ein Verhältnis zu Beruf, Partnerschaft, Gemeinwesen gewinnen) spielen bei Blankenburg keine Rolle. Zu soziologischem Denken fähige Psychologen definieren die Aufgabe von Familien gegenüber ihren zur Ablösung anstehenden Kindern dahingehend, ihnen Erklärungsmuster zu liefern hinsichtlich der Welt, in die hinein sie sich ablösen werden (Reiss, 1981).

Schließlich sichtet Blankenburg in seinem Aufsatz »Schizophrene Psychosen in der Adoleszenz« (1983) die Forschungslage. Genetische Deutungen im Stil Bleulers lehnt Blankenburg ab. Soziogenetische Faktoren weist er ebenfalls zurück[21]. Der später beliebten Double-Bind-Hypothese (Bateson et al., 1970) war kein Bestand beschieden. Blankenburg erwähnt sie mit Zurückhaltung. Heute hat sich die Auffassung durchgesetzt, dass Double-Bind-Kommunikation sich allenthalben im Alltag von Familien fände, es jedoch auf den Kontext und die spezifischen Bewältigungsmuster ankomme, die darüber entscheiden würden, ob sich diese Form von Kommunikation als desaströs auswirke. Zusammenfassend kann ich feststellen, dass alle Versuche, das Phänomen der Schizophrenie gesellschaftskritisch zu funktionalisieren, gescheitert sind, weshalb man in der Soziologie auch das Interesse daran verloren hat. Opfer werden jetzt andernorts gesucht.

Luc Ciompis »Affektlogik« (1982) erschien zeitgleich mit Blankenburgs Aufsatz, konnte dort aber nicht mehr berücksichtigt werden. Jedoch schätzte Blankenburg Ciompis Arbeit sehr hoch ein. Ciompi legt in seinem Buch eine Theorie zur Genese von Schizophrenie vor (S. 328), die ich nach wie vor für unübertroffen halte: Ausgangslage seien genetische, somatische und psychosoziale Einflüsse. Sie führten zu »labil, unklar strukturierte[n] internationalisierte[n] Bezugssysteme[en], verletzlich-ichschwache[r] prämorbide[r] Persönlichkeit, Störung der Informationsverarbeitung«. Komme es dann zu einer »Überforderung durch unspezifischen Stress«, träten die »akutpsychotische[n] Dekompensation[en]« ein, während über den weiteren Verlauf »psychosoziale Einflüsse« entscheiden würden.

---

21 Nach dieser Veröffentlichung von Faris und Dunham (1939) wurde der Drift-Hypothese gegenüber der sozialen Verursachungshypothese von Hollingshead und Redlich (1975) der Vorzug gegeben. Die von Letzteren vertretene These, dass sich Schizophrene aufgrund der dort herrschenden Lebensumstände insbesondere in Städten fänden, wurde wegen der Ergebnisse von Ersteren verworfen, denen zufolge es eine Drift von Schizophrenen vom Land in die Stadt gäbe, weil dort der Umgang mit abweichendem Verhalten permissiver sei.

13 Die anthropologische Proportion (Binswanger) – Formen missglückten Daseins

In meinen bisherigen Arbeiten habe ich das Werk Ludwig Binswangers nicht in dem Maß berücksichtigt, wie es ihm zukommt. Bestandteile davon sind durch frühe Begegnungen mit einem seiner Schüler (Roland Kuhn) am psychiatrischen Krankenhaus Münsterlingen sowie durch die Arbeit mit Wolfgang Blankenburg implizit in meine Arbeit eingeflossen. Jetzt möchte ich aber mehr und direkter ins Detail gehen: In seinem Aufsatz über »›Grundsätzliches zur Konzeption einer ›anthropologischen Proportion‹‹« aus dem Jahr 1974 bezieht sich Blankenburg auf Ludwig Binswanger, der, so Blankenburg, »in erster Linie das Verhältnis zwischen ›Höhe‹ und ›Weite‹ im menschlichen Dasein« (1974/2007, S. 123) bearbeitet. Anhand der »Verstiegenheit« werde deutlich, wie dieses Verhältnis verschoben sein könne. Nun zu Binswanger (1956/1992) im Original: »In der Verstiegenheit steigt einer höher, als es seiner Umsicht und Weitsicht entspricht« (S. 243). In »drei Formen missglückten Daseins« veranschaulicht Binswanger diesen Sachverhalt in Bezug auf Ibsens Baumeister Solneß:

»Wie deutlich *Ibsen sah* (sehen ist sein Wort für dichten!), was das Verhältnis von Höhe und Weite für das Missglücken und Glücken des menschlichen Daseins bedeutet, zeigt die Tatsache, dass er dem Baumeister Solneß in Klein-Eyolf eine Figur gegenüber gestellt hat, die nicht höher hinaus, nicht ›höher bauen‹ will, als sie tatsächlich steigen kann, den Wegebauer Bergheim, der, wie sein Beruf zeigt, nicht wie der Baumeister Solneß in den Himmel ragende Türme baut, auf deren ›schwindelnder Höhe‹ ihn der Schwindel überfällt, bis er eines Tages zerschmettert am Boden liegt, sondern hübsch auf der Erde baut; der keinem unerreichbaren ›Glück‹ nachjagt, nicht *mehr* will als er kann [gelernt hat], dafür aber auch alles erreicht, was er will und dabei zusehends *wächst*« (S. 243, Fußnote 10).

Einen Bezug zu Heidegger sieht Blankenburg in dessen Begriff der »Verfallenheit«. Das ist ein Begriff aus »Sein und Zeit« (Heidegger, 1927/1993b). Dort heißt es (zit. nach Feick, 1991): »Das Dasein ist von ihm [dem Menschen] selbst als eigentlichem Selbstseinkönnen zunächst immer schon abgefallen und an die Welt verfallen« (S. 175), und weiter: »Das Nicht-es-selbst-sein fungiert als *positive* Möglichkeit des Seienden, das wesenhaft besorgend in einer Welt aufgeht« (S. 176). Und schließlich: »die Verfallenheit an die ›Welt‹ meint das Aufgehen im Miteinandersein, sofern dieses durch Gerede, Neugier und Zweideutigkeit geführt wird« (S. 175). Dieses Zitat schließt an meine Behandlung des Selbst im vorigen Kapitel an, es unterstreicht Heideggers Begriff des »situativen Selbst«, man könnte dem sogar entnehmen, dass es aus Sicht von Hei-

degger auch eine Reihe von Situationen gibt, vor allem solche im Modus des »Man«, in denen ein Selbst überhaupt nicht aktiv ist. Wenn es um die Frage der Verwirklichung eines Selbst geht, arbeitet Binswanger mit zwei Begriffen:
1. mit der *Vertikalität* des menschlichen Daseins (er will hoch hinaus),
2. und der *Horizontalität* als Dimension der innerweltlichen Realisierung (jemand verzettelt sich).

Die Horizontalität bezieht sich auf das In-der-Welt-sein mit Fokus auf Welt, während die Vertikalität das Übersteigen der Vorgaben durch das spezifische In-der-Welt-sein meint, das den Rahmen der Vertikalität setzt. Folgendes Beispiel über den jungen Schopenhauer beinhaltet einen möglichen, anderen Zugang zu dieser Begrifflichkeit: Der 14-jährige Arthur Schopenhauer fand einen großen Gefallen daran, hohe Berge zu besteigen und von dort aus den weiten Blick zu genießen: »man ist noch im Licht, während weiter unten noch Dunkelheit herrscht«, schreibt er in sein Reisetagebuch (Safranski, 1988, S. 83). Zur selben Zeit ist er seiner Mutter eine Last, unter ihren Fittichen will er sich häuslich einrichten. Mit deutlichen Worten weiß die Mutter sich von ihrem Sohn abzugrenzen. Insofern entsprach Schopenhauer dem, was Charles Baudelaire über den Albatros in der letzten Zeile seines gleichnamigen Gedichts schrieb: »Seine riesigen Flügel [der Blick von den hohen Bergen; B. H.] hindern ihn daran zu gehen« (Ses ailes de géant l'empêchent de marcher), das heißt, die Mühen des Alltags zu bewältigen.

Und Nietzsche (1889/1990, S. 515) dichtet:

Weltklugheit
Bleib' nicht auf ebnem Feld!
Steig' nicht zu hoch hinaus!
Am schönsten sieht die Welt
Von halber Höhe aus.

Blankenburg (1974/2007) richtet kritisch an Binswangers Konzepte die Frage, ob nicht »noch andere anthropologische Proportionen außer derjenigen zwischen Höhe und Weite denkbar seien« (S. 128). Dazu macht er folgenden Vorschlag: »Über entwicklungsgeschichtliche Gedankengänge stößt man sodann auf Proportionen, die unmittelbar nichts mehr mit Raum- und Zeitverhältnissen zu tun haben: etwa auf das Verhältnis zwischen Instinktgebundenheit und Instinktfreiheit, zwischen Verankerung in einer Umwelt und Weltoffenheit. Es wäre weiter an das Verhältnis zwischen Angepasstheit und Eigenständigkeit zu denken oder das andere zwischen Homöostase und der Heterostase (Memminger) in der menschlichen Lebensentfaltung« (S. 129).

Im weiteren Argumentationsgang kommt Blankenburg zum Schluss einer »verwirrenden Mannigfaltigkeit von ›anthropologischen Proportionen‹« (S. 130). Gegen dieses Streben nach Vollständigkeit könnte man Blankenburg entgegenhalten, dass die Reduktion auf Höhe und Weite, wie sie sich bei Binswanger in Anschluss an Heidegger findet, immerhin eine Handhabe für eine mögliche Reduktion von Komplexität gibt und einen möglichen Anfang eröffnet. Auch muss man nicht unbedingt Blankenburg folgen und jeden Gedanken auf seine Vollständigkeit hin überprüfen. Das führt letztlich zu einer Verzettelung, die mich hier nicht weiterbringt, vom Fall wegführt und womöglich in der Unübersichtlichkeit endet.

Und schließlich, so Blankenburg (1974/2007) weiter, »gründe die Erkenntnis anthropologischer Proportionen in der ›raison du cœur‹ (Pascal)« (S. 132). Angezielt wird hier wohl Pascals aphoristischer Satz: »La cœur a ses raisons que la raison ne connaît point«, dessen Raffinesse in einer sich ans Wörtliche haltenden deutschen Übersetzung untergeht: »Das Herz hat seine Gründe (raisons), die die Vernunft (raison) nicht kennt«. Insofern könnte man Blankenburgs Hinweis als die Notwendigkeit des Blicks auf eine Proportion von Herz und Verstand deuten, analog der Proportion von Höhe und Weite des Daseins. Der als unbedingt aufgefassten Rationalität der Moderne wird hier die Grenze aufgezeigt.

Ich werde nun ausführlicher, als Blankenburg das in seinem Aufsatz über »die anthropologische Proportion« berücksichtigt hat, auf den Originaltext Binswangers eingehen, und zwar aus zwei Gründen:
1. weil mir scheint, dass Blankenburg den vorliegenden Text Binswangers nicht in der erforderlichen Breite darstellen konnte (oder wollte), was zu einem Defizit führt,
2. weil der weiter unten darzustellende Fall an Interpretationsbreite gewinnt, wenn man die Kategorie der *Verstiegenheit* näher in Augenschein nimmt.

Im Vorwort zu der 1956 erschienenen und Martin Heidegger »in Dankbarkeit« zugeeigneten Abhandlung (»Drei Formen des missglückten Daseins«) verweist Binswanger zunächst auf das auf Martin Heidegger zurückgehende *In-der-Welt-sein* sowie auf das *Verfallensein*. Dann folgt eine kondensierte Darstellung des Gegenstands der Abhandlung:

»Zur Erleichterung des Verständnisses sei von vornherein bemerkt, dass wir als wesentlich für die *Verstiegenheit* die Disproportion zwischen der ›Weite der Er-Fahrung‹ und der ›Höhe der Problematik‹ des menschlichen Daseins herausgehoben haben oder, um mit Ibsen zu sprechen, das Missverhältnis zwischen der Höhe des *Bauen*könnens und des eigenen *Steigen*könnens; für die *Verschrobenheit* aber das Missverhältnis der weltlichen Verweisungszusammenhänge im Sinne der ›Quere‹. Als wesentlich für die *Manieriertheit* wiederum erwies sich uns das angsterfüllte, verzweifelte Nicht-Selbstseinkönnen, in eins mit der Haltsuche an einem Vor-Bild aus der Öffentlichkeit des *Man* und der Überbetonung dieses Vorbildes zur Verdeckung der Heimatlosigkeit, Weltunsicherheit und Bedrohtheit der Existenz« (1956/1992, S. 239).

Als Erstes handelt Binswanger die Kategorie der *Verstiegenheit* ab und hebt ein »bestimmtes Missverhältnis von Steigen in die Höhe und Schreiten in die Weite« (S. 241) hervor. Die zentralen Fragen zielen darauf ab, wo das Steigen in Verstiegenheit umgeschlagen sei und wo sich das Dasein in einer bestimmten ›Er-Fahrung‹ festgefahren habe. Ferner gehöre zur »Bedingung der Möglichkeit der Verstiegenheit«, dass das Dasein höher steige, als es seiner Weite, seinem Erfahrungs- und Verstehenshorizont entspreche, anders ausgedrückt: dass Weite und Höhe nicht in einem angemessenen Verhältnis zueinander stünden.

Anhand seines bereits wiedergegebenen Verweises auf Baumeister Solneß macht Binswanger deutlich, dass daseinsanalytisch betrachtet die Verstiegenheit keine Charaktereigenschaft und kein Symptom ist, sondern eine »aus der gesamten Struktur des menschlichen Daseins verstehbare *anthropologische* Seinsmöglichkeit« (S. 243). Damit wird die Verstiegenheit aus dem Pathologischen hervorgeholt und als Teil des alltäglichen Daseins behandelt. Diesbezüglich möchte ich einige Begriffe, die bei Binswanger hinsichtlich der Verstiegenheit eine Rolle spielen, näher beleuchten:

- *Weite*: »Der Zug in die Weite entspricht in der horizontalen Bewegungsrichtung mehr der ›Diskursivität‹, dem Er-Fahren, Durchwandern und Besitz ergreifen von ›Welt‹, der Erweiterung des Gesichtskreises, der Erweiterung der Einsicht, Übersicht und Umsicht hinsichtlich des ›Getriebes‹ der äußeren und inneren ›Welt‹« (S. 244).
- *Höhe*: Demgegenüber entspricht der »Zug in die Höhe mehr der Lebenswelt nach Überwindung der ›Erdenschwere‹, nach Erhebung über den Druck und die ›Angst des Irdischen‹, zugleich aber auch nach der Gewinnung einer höheren Sicht«, »von wo aus der Mensch das ›Erfahrene‹ zu gestalten, zu bändigen, […] sich anzueignen vermag« (S. 244).
- *sich aneignen*: Das *Sich-Entscheiden* für eine einzelne Handlung oder für das ganze Leben setzt ein Steigen oder Sich-Erheben über die jeweilige weltliche Situation oder über den Umkreis des Erfahrenen und Gesichteten voraus. Es geht hier um die Breite der Wahl von Möglichkeiten im Entwurfshandeln.
- *Steigung in die Höhe*: Das »stellungsnehmende« Sich-Entscheiden im Sinne der *Selbstverwirklichung* oder *Reifung*.
- *Disproportion von Weite und Höhe*: Die Disproportion findet ihren Ausdruck in der *Verstiegenheit*, also »darin, dass anstelle des Schreitens in die

Weite ein Springen und Überspringen ›ins Endlose‹ tritt, der Horizont oder Gesichtskreis sich also ›endlos erweitert‹, das Steigen in die Höhe aber ein bloßer ›vol imaginaire‹ [vorgestellter Flug; B. H.] bleibt, das Empor*getragen*werden auf den Flügeln bloßer Wünsche und ›Einbildungen‹, so daß es *weder* zu einer *Übersicht* im Sinne der Erfahrung noch zu einer Vertiefung in die Problematik der jeweiligen Situation [...] und damit zu einer eigentlichen stellungnehmenden Entscheidung zu kommen vermag« (S. 245).

Stellt man sich die Frage, wo die Verstiegenheit in die Schizophrenie, also in das Krankhafte, die Autonomie der Lebenspraxis Einengende umschlägt, bekommt man von Binswanger zur Antwort: Beim Schizophrenen besteht die Disproportion von Weite und Höhe im »unverhältnismäßigen Überwiegen der Höhe der Entscheidung über die Weite der ›Erfahrung‹«. »Einsam und ohne Rücksicht auf die Erfahrung erklimmen sie eine *bestimmte* Sprosse der ›Leiter der menschlichen Problematik‹ und bleiben auf derselben stehen« (S. 246). Die Höhe dieses Emporklimmens stehe in keinem Verhältnis zur Enge und Unbeweglichkeit des Erfahrungshorizontes mit dem Resultat eines »Eingeklemmtseins oder Festgebanntseins auf einer *bestimmten* Höhenstufe oder Sprosse menschlicher Problematik (S. 246).

Verstiegenheit bedeutet »Verabsolutierung einer einzelnen *Entscheidung*«. Das ist dort möglich, »wo das Dasein sich verzweifelt aus Heimat und Ewigkeit der Liebe und Freundschaft verbannt hat, wo es also nichts mehr weiß oder ahnt von der ›Relativität‹ alles Unten und Oben auf dem Hintergrund des fraglosen *Vertrauens* zum Sein, der *unproblematischen* Seinssicherheit, wo es überdies sich isoliert hat aus dem Umgang oder Verkehr mit den anderen und der nur in ihm möglichen dauernden Förderung und Belehrung, und wo es sich zurückgezogen hat auf den bloßen Umgang oder Verkehr mit sich selbst, bis auch dieser sich ›totläuft‹ im bloßen Hinstarren auf das zum Medusenhaupt, zum Wahn erstarrte Problem, Ideal oder ›Nichts der Angst‹« (S. 246). Die Verstiegenheit beruht immer auf einem Mangel an Einsicht, Übersicht oder Umsicht auf dem Gebiet der Bewandtnisgesamtheit oder »Weltregion«, *in* der das Dasein sich versteigt (S. 247).

Verstiegenheit kann nicht nur aus ihrem subjektiven Akzent, der Höhe des Daseins heraus verstanden werden, sondern die Weite des Daseins, das In-der-Welt-sein des Kranken muss in die Betrachtung mit einbezogen werden. Folglich heißt es bei Binswanger weiter zur Psychotherapie bei Verstiegenheit, dass es darum gehe, zu sehen, »wie die Gesamtstruktur des menschlichen Daseins oder In-der-Welt-seins beschaffen ist, und an welchem Punkt derselben er sich verstiegen hat. Das heißt ihn zurückholen aus der Verstiegenheit ›auf die Erde‹, von wo aus allein ein neuer Aufbruch und ein neuer Aufstieg möglich ist« (S. 247). Das Thema der Verstiegenheit abschließend, weist Binswanger darauf hin, dass man sich nicht auf die räumliche Interpretation beschränken solle, die im Grunde die noch wichtigere temporale Integration aus dem Hintergrund heraustreten lasse. Denn die räumlichen Schemata seien nur *eine* Zeitigungsrichtung des Daseins, weswegen diese sich nur in der Idee trennen lasse.

In meinen Worten wird es also darum gehen, *erstens* zu fragen, an welcher Stelle in der Lebensgeschichte eine Situation der Verstiegenheit eingetreten ist, und *zweitens*, wie sich diese im weiteren Lebensverlauf entwickelt hat. Das setzt voraus, dass man den Patienten nicht nur in der Akutsituation seiner psychotischen Krise kennt, sondern auch den gesamten Verlauf beobachtet hat. In der folgenden Geschichte der Familie Wellke ist das der Fall.

Ich beende an dieser Stelle das Referat über eine Form des missglückten Daseins, die Verstiegenheit, und präzisiere die beiden anderen Formen, die Verschrobenheit und die Manieriertheit. *Das In-der-Welt-sein von Menschen, die sich verstiegen haben,* beschreibt Binswanger zusammenfassend wie folgt: »Hier beruht die anthropologische Disproportion nicht mehr auf einem unverhältnismäßigen Überwiegen der Weite (des ›Springens‹) und der Höhe des bloßen ›vol imaginaire‹ über die *(eigentliche)* Höhe der ›Entscheidung‹, sondern auf einem unverhältnismäßigen Überwiegen der Höhe der Entscheidung über die Weite der ›Erfahrung‹. Im Gegensatz zum Manischen versteigen sich der schizoide Psychopath und der Schizophrene (wir lassen hier wesentliche Unterschiede zwischen beiden außer Betracht) insofern, als sie sich gerade nicht in die ›luftige Höhe‹ des Stimmungsoptimums empor*tragen* lassen, sondern einsam und ohne Rücksicht auf die ›Erfahrung‹ eine bestimmte Sprosse der ›Leiter der menschlichen Problematik‹ *erklimmen* und auf derselben *stehen bleiben*. Die Höhe dieses Emporklimmens steht hier in keinem Verhältnis zu Enge und Unbeweglichkeit des Erfahrungshorizontes« (S. 246).

Das In-der-Welt-sein von Menschen, die verschroben sind, besteht darin: »Sie stehen nicht in ihrer Welt, sondern wie *neben* ihrer Welt, *ohne Halt zu finden* an den unpersönlichen Gebilden, die Tradition, Vorfahren, Brauchtum, Stand geschaffen haben und in denen sie herangewachsen sind«, wodurch es »zu keiner ›Selbstgestaltung‹ oder ›Entfaltung‹ der Person in der Lebensgeschichte, sondern nur zu so etwas wie an einem ›Treten am Ort‹« (S. 261) kommt.

Für Binswanger hat sich die *Manieriertheit* als ein Missglücken des Daseins durch künstlich-technische (= »absichtliche«) *Emporschraubung* im Sinne des Boden-gewinnen-Wollens *in* der Bodenlosigkeit des »Man« erwiesen. Diese Bodenlosigkeit entsteht durch Übernahme eines der Öffentlichkeit des »Man« schielend »abgeguckten Mans« oder im Gegensatz einer dazu entworfenen, also durchaus »Man«-haften »Selbst-Maske«. Hier handelt es sich also um ein Festgefahrensein der geschichtlichen Bewegtheit des Daseins im Sinne der *Vorspiegelung* eines Selbst und somit des *Selbst-Betrugs*, und daraus entsteht die Bodenlosigkeit.

14 Grundbegriffe der daseinsanalytischen Ordnung: Der Fokus Schizophrenie

In diesem Kapitel vollziehe ich mit Ludwig Binswanger eine Wende zur Pathologie. Binswanger stellt als Grundbegriffe der daseinsanalytischen Ordnung die Resultate seiner klinischen Erfahrungen im Themenbereich der Schizophrenie vor. Er zieht für seine vier, hier von mir präsentierten Grundzüge der Schizophrenieerfahrung zwei seiner Fälle heran: Ellen West und Jürg Zünd.

1. Das erste Resultat und damit der erste Grundbegriff, den ich vorstelle, heißt *Inkonsequenz der Erfahrung:*

Grundlage und Ausgangspunkt ist die »natürliche Erfahrung«, in der sich die alltägliche Erfahrung gleichermaßen unreflektiert, unproblematisch und unauffällig bewegt. Man erinnere sich an das Problem des Carneades (s. Teil 1, Kapitel II, 5) sowie an den Ausgangspunkt einer phänomenologisch orientierten Soziologie (Schütz u. Luckmann, 1984), zugleich auch an Wolfgang Blankenburg (»natürliche Selbstverständlichkeit«). Der jeweilige Bezug ist das unbefragte Dahinleben in der Alltagswelt.

Bei Binswanger (1957) heißt es, Heidegger zitierend: »Natürlich kann daher der Folgezusammenhang der Erfahrung nur sein als *sachlich* konsequenter, d. h. als unmittelbares Sein von uns selbst mit und bei den Sachen und Sachverhalten, insofern aber auch im Sinn des Seins mit den, uns im Umgang mit den Sachen oder Dingen begegnenden, Andern und mit uns selbst, in einem Wort, im Sinne unseres *Aufenthaltes* (Heidegger). Die Unmittelbarkeit dieses unseres Aufenthaltes bei den ›Dingen‹ oder ›Sachen‹ zeigt sich darin, dass wir das Seiende, alles Seiende, *sein lassen,* wie es an sich selbst ist« (S. 13). Blankenburg (1971) macht aus dem von Binswanger Vorgetragenen die »natürliche Selbstverständlichkeit und den Verlust derselben«; der Soziologe bezieht daraus einen Gewinn für sein soziologisches Interesse an der Alltagswelt und deren Strukturierung im alltäglichen Handeln. Daher ist es nicht weiter erstaunlich, dass an dieser Stelle Soziologie und Psychiatrie sich begegnen, und diese Begegnung ist umso folgenreicher, wenn ich von der Perspektive einer »Klinischen Soziologie« (s. Hildenbrand, 2018a) ausgehe.

Für das Verständnis als schizophren bezeichneter Daseinsverläufe gilt Binswanger, dass die Konsequenz der natürlichen Erfahrung auseinanderbricht und folglich inkonsequent wird. Fallbeispiele dafür gibt es bei Blankenburg (1971) reichlich; ich bringe hier das Fallbeispiel des, wie bereits weiter oben erwähnt, unzutreffend als hebephren diagnostizierten Alfred A. aus Hildenbrand (1983):

Alfred A. beabsichtigt im Vorfeld seiner ersten psychiatrischen Hospitalisierung als stellvertretender Leiter eines Lebensmittelgeschäfts über der Straße einen Einkauf zu erledigen. Seine Kollegin bittet ihn, ihr etwas mitzubringen und gibt ihm dafür Geld mit. Es ist knapp zu viel Geld, bei der Übergabe des Mitgebrachten will Alfred dieses überschüssige (Münz-)Geld zurückgeben. Seine Kollegin will es nicht annehmen. Im Unklaren darüber, was in einer solchen Situation, einer der natürlichen Selbstverständlichkeit, zu tun ist, wirft Alfred das Geld weg. Er hat kein Handlungsmuster dafür, wie man die Kategorie »Trinkgeld« in einer Situation unter Kollegen zu handhaben hat – seine Kollegin hat es ebenfalls nicht. Alfred weiß auch nicht, wie man mit einem Scherz oder einer sonstigen Stellungnahme die Situation bereinigen könnte. Ich präsentiere dafür einen Vorschlag aus dem Reich der natürlichen Selbstverständlichkeit: »Ja, wenn das so ist, bringe ich dir wieder einmal etwas mit, so kann ich mein Gehalt aufbessern.« Damit wäre das »Trinkgeld« in einen anderen Sinnbereich verschoben und auf diese Weise neutralisiert.

Binswanger (1957) trägt an dieser Stelle Beispiele von in seinem Buch über Schizophrenie enthaltenen Fällen bei. Zunächst geht es mit dem Fall von Ellen West um die »Unmöglichkeit eines ungestörten Aufenthalts bei den Sachen«: In der Konsequenz sind »die Dinge nicht so, wie wir sie haben möchten«, und es entstehen »Lücken in der Erfahrung, nirgends kann sie [Ellen West] sich zur Ruhe setzen oder frei entfalten«. Die Qual, an der solchermaßen Erkrankte litten, bestehe darin, »dass sie sich mit der Inkonsequenz der Erfahrung nicht abzufinden vermögen, sondern dauernd nach *Auswegen* suchen, um die gestörte Ordnung wiederherzustellen«. Daraus resultiere eine Ausweglosigkeit der Erfahrung, die in einem Suizid oder in einem Rückzug aus dem tätigen Leben bestehen könne (S. 14).

2. Das *Aufspalten der Inkonsequenz der Erfahrung in eine Alternative, in ein Entweder-oder* ist das zweite grundlegende Resultat für das Verständnis der Schizophrenie:

In der Unordnung der Erfahrung wird ein vermeintlicher Halt durch das Schaffen einer vermeintlichen Ordnung gesucht. Das allerdings führt zu einer *verstiegenen Idealbildung*. Jedoch findet das Dasein im pathologischen Fall seinen Weg aus der Verstiegenheit nicht zurück, sondern verfängt sich in ihr. Binswanger nimmt hierbei seine »Formen missglückten Daseins« wieder auf. Im weiteren Gang der Darstellung wird er nicht nur auf die Verstiegenheit, sondern auch auf die Manieriertheit zurückkommen. Zur Verdeutlichung hier ein aus dem Leben gegriffenes Beispiel: Ziel der DDR war es, ein Paradies der Arbeiterklasse zu schaffen. Jedoch war die Lebenserwartung in der DDR zu Wendezeiten deutlich geringer als die im Westen (Stein, 2001). Ein paar Jahre nach der Wende begannen die Zahlen sich anzugleichen. Spricht man einen Funktionär der SED-Erben (aktuell nennt man sich »die Linke«) auf diesen oder auf andere Sachverhalte an, reagiert er in der Regel ungnädig. Unbeirrt von der Realität fährt er damit fort, die DDR zu idealisieren oder zu negieren und die Bundesrepublik Deutschland zu dämonisieren. Das ist ein Verhalten, das Binswanger konzeptuell als typisch für Schizophrene gefasst hat. Heißt das, dass die Mitglieder und Funktionäre der Linkspartei Schizophrene oder auf dem Weg dorthin sind? Nein. Dieses Beispiel zeigt nur, dass ein solches Verhalten eine menschliche *Möglichkeit* ist. Sie dient der Vermeidung kognitiver Dissonanzen, die auszuhalten eine gewisse Stärke erfordert. Sie werden sich nicht in der Verstiegenheit verfangen, weil sie realitätsresistent sind.

Folgen wir nun weiter Binswangers Grundbegriff des Entweder-oder in Bezug auf die Schizophrenie bedeutet das: Im Kampf zwischen den beiden Alternativen reibt das Dasein sich auf. Diesen Kampf aufzugeben resultiert in *Angst*. Im Fall von Jürg Zünd, den Binswanger in diesem Zusammenhang anführt, ist eine Aufspaltung des Lebens in die Alternative Leben oder Tod zu beobachten. Die Alternative »nehmen oder genommen werden« führt zu Verstiegenheit. Beide der bisher aufgezählten Grundzüge schizophrener Erfahrung, die Inkonsequenz und das Entweder-oder führen zu einer Existenz im *Modus der Defizienz*.

3. Der dritte Grundzug schizophrener Erfahrung ist die *Deckung:*
Mit Deckung ist der Versuch gemeint, die abgewertete, unerträgliche Seite der Alternative zu verdecken, um die Herrschaft des verstiegenen Ideals zu sichern. Bei Binswangers Fallbeispiel Jürg Zünd resultiert das in Manieriertheit, das heißt in einem vorgespiegelten, abgeguckten Selbst. Eine Folge der Deckung ist ein Aufgeriebenwerden des Daseins, das uns zum vierten Resultat der Schizophrenie führt.

4. Das *Kulminieren der antinomischen Spannungen* benennt
   den vierten Grundzug, der die schizophrene Erfahrung kennzeichnet:
Das Kulminieren der antinomischen Spannungen bezieht sich auf die folgenden vier Phänomene:
– nicht mehr aus und ein können,
– resignieren,

- überhaupt auf die antinomische Problematik verzichten, und zwar in Form des Rückzugs aus dem Daseinsvollzug,
- sich auf unfreiwillige Weise in den Wahn zurückziehen, was für Binswanger (1957) bedeutet: »Auf das Leben als eigenständiges oder eigenmächtiges Selbst« zu verzichten, sich also selbst an selbstfremde Daseinsmächte auszuliefern (S. 20).

Bei Binswangers Fallbeispielen kulminieren die antinomischen Spannungen entsprechend den Phänomenen dieses vierten Grundzugs im Rückzug aus dem Daseinvollzug: Ellen West macht der Ratlosigkeit der Erfahrung ein Ende durch Suizid. Jürg Zünd legt sein eigenes Dasein ad acta und lässt sich für immer in einer Anstalt »versorgen«.

Binswanger bleibt bei dieser Aufzählung von vier Grundbegriffen auf der defizitorientierten Seite. Er hätte auch davon ausgehen können, dass diese vier Begriffe schizophrener Erfahrung jeweils auf mehr oder weniger disponible Handlungs*optionen oder -möglichkeiten* verweisen, auf Anzeichen für Resilienz (Hildenbrand u. Welter-Enderlin, 2006), für die es jeweils fallspezifische Rahmenbedingungen gibt. Und schließlich könnte auch Blankenburgs (2007a) Futur-II-Perspektive (die damals – 1974 – bei ihm noch nicht im Gespräch war) mit der Frage: »Wozu wird diese Krankheit einmal gut gewesen sein?«, in Betracht gezogen werden. Diese beiden Punkte, die Frage nach der auf den Fall bezogenen Resilienz und die Futur-II-Perspektive, stellen gegenüber dem Denken Binswangers einen Fortschritt dar.

15 Geschichtlichkeit des menschlichen Daseins

Das Thema dieses Kapitels ist der Schlussstein im Gewölbe von Überlegungen zur anthropologischen Psychiatrie, die als Grundlage für eine soziologisch inspirierte Genogrammarbeit dienen. Dabei kann ich auf eine Fülle geistesgeschichtlicher Bestände zurückgreifen. Ich beginne mit dem hier zugrunde liegenden Menschenbild, demzufolge der Mensch als sich in seine eigene Zukunft hinein Entwerfender angesehen wird. Dafür findet sich ein Anhaltspunkt bei Friedrich Schiller (1795/1975): »Die Natur fängt mit dem Menschen nicht besser an als mit ihren übrigen Werken: Sie handelt für ihn, wo er als freie Intelligenz noch nicht selbst handeln kann, aber eben das macht ihn zum Menschen, dass er bei dem nicht stille steht, was die bloße Natur aus ihm machte, *sondern die Fähigkeit besitzt, die Schritte, welche jene mit ihm antizipierte, durch Vernunft wieder rückwärts zu tun, das Werk der Not in ein Werk seiner freien Wahl umzu-*

schaffen« (S. 7 f.; Herv. B. H.). Später werden weitere menschliche Fähigkeiten beigebracht: Die »Fähigkeit, […] das Werk der Not in ein Werk seiner freien Wahl umzuschaffen, »der Wille« und das »Vermögen, zu spielen«. Erst auf der Grundlage dieser Fähigkeiten sei der Mensch ein Mensch (S. 7 f.). Mit diesen Zitaten aus Friedrich Schillers »Über die ästhetische Erziehung des Menschen« sind die wesentlichen Punkte angesprochen, die zur Beantwortung der Frage »Was ist der Mensch?« zu klären sind. Es ist der Wille, der ihn über das *Vorgegebene* hinaushebt und das zum *Aufgegebenen* macht, was ihm in der Natur als *Möglichkeiten* angeboten wird, was es wahrzunehmen und zu ergreifen gilt. Wenn er die Möglichkeiten spielerisch und nicht schematisch aufgreift, also Freiheitsgrade nutzt, wird er zu dem Menschen, der da vor mir steht, um einen Gedanken Blankenburgs (1985, S. 29) aufzugreifen.

Vorstellungen zu den Wahlmöglichkeiten von Natur und Mensch bzw. Künstler haben auch Eingang in das Denken des Malers Hans Hartung (1904–1989) gefunden. In einem Film des Senders »arte« von Romain Goupil (»Malen so schnell wie der Blitz«, gesendet am 17.11.2019) wird er gefragt, ob die Natur eine Künstlerin sei. Hartung überlegt eine Weile und sagt dann: »Das ist zu einfach ausgedrückt. Denn die Natur hat keine Wahl«. Ein Denken in Termini von Geschichtlichkeit findet sich auch bei Goethe (1961), hier im Zusammenhang mit der Generationenlage, wenn er in Dichtung und Wahrheit schreibt:

»Denn dieses scheint die Hauptaufgabe der Biografie zu sein, den Menschen in seinen Zeitverhältnissen darzustellen und zu zeigen, inwiefern ihm das Ganze widerstrebt, inwiefern es ihn begünstigt, wie er sich eine Welt- und Menschenansicht herausgebildet und wie er sie, wenn er Künstler, Dichter, Schriftsteller ist, wieder nach außen abgespiegelt. Hierzu wird aber ein kaum Erreichbares gefordert, dass nämlich das Individuum sich und sein Jahrhundert kenne, sich, inwiefern es unter allen Umständen dasselbe geblieben, das Jahrhundert, als welches sowohl den Willigen als Unwilligen mit sich fortreißt, bestimmt und bildet, dergestalt dass man wohl sagen kann, *ein jeder, nur zehn Jahre früher oder später geboren, dürfte, was seine eigene Bildung und die Wirkung nach außen betrifft, ein ganz anderer geworden sein*« (S. 8 f.; Herv. B. H.).

Man beachte die unterschiedlichen Perspektiven der Zitate: Schiller geht vom wählenden Menschen aus, Goethe von den Zeitverhältnissen. Beide Perspektiven sind für die Genogrammarbeit in meinem Verständnis essenziell. Selbstverständlich wird man in der Geistesgeschichte Konzepte der Geschichtlichkeit des menschlichen Daseins sowohl von Schiller als auch von Goethe finden, aber darum geht es hier nicht. Deshalb sei mein nächster Schritt der zu Søren Kierkegaard (1923). Dessen Diktum, welches in den Zusammenhängen dieses Buches, wie im Ansatz bereits erwähnt, zum Schlüssel meiner Überlegungen werden soll, lautet: »Es ist ganz wahr, dass das Leben *rückwärts verstanden* werden muss. Aber darüber vergisst man den anderen Satz, dass es *vorwärts gelebt* werden muss« (S. 203). In der vereinfachten, alltagstauglichen Version wird dieser Satz für gewöhnlich verkürzt auf: Das Leben wird vorwärts gelebt und rückwärts verstanden. Vorwärts wird das Leben gelebt, weil man auf der Stufe des Menschlichen gar nicht darum herumkommt, denn Handlungsentwürfe müssen erwogen, Entscheidungen müssen getroffen werden, dafür sorgen schon die anderen.

Es ist noch nicht lange her, dass lokale Gemeinschaften über ein Arsenal von gelungenen Lebensläufen verfügten. Im schweizerischen, katholischen Wallis beispielsweise kann man in der Lokalzeitung »Walliser Bote« regelmäßig Lebensläufe Verstorbener zur Kenntnis nehmen, in denen es im Wesentlichen darum geht, zu zeigen, was ein gelungenes Leben ist. Das schließt an eine lange Tradition von Leichenreden an. Insoweit erschließt sich der Satz von Kierkegaard, das Leben nach vorwärts betreffend, einfach. Weniger einfach ist es mit dem zweiten Satzteil »nach rückwärts verstanden«. Denn es gibt keine gesellschaftliche Instanz in der Moderne, welche verlangt, man habe sein Leben nach rückwärts zu verstehen, allenfalls im Duktus protestantischen Denkens (»Rechenschaft ablegen«). Jedoch gibt es Situationen, in denen man um ein rückwärtiges Verstehen überhaupt nicht herumkommt. Die Frage, wer Stiller ist, bleibt unbeantwortet (Frisch, 1973). Das sind Situationen der *Krise*. Im vorliegenden Zusammenhang taucht die Krise gleich zweifach auf: in Situationen des Vorwärtslebens (typisch die Adoleszenzkrise mit den drei Entwicklungsaufgaben) sowie im Rückblick, wenn jemand meint, er habe sein Leben nicht gelebt.

Was bedeutet es für jemanden, wenn er sein Leben nach vorwärts lebt und nach rückwärts versteht, aber im Prozess des Rückwärtsverstehens feststellt, dass es zwischen den aus dem nach Vorwärtsleben entstandenen Tatsachen und dem Rückwärtsverstehen einen Bruch gibt? Als Beispiel dafür habe ich weiter oben den französischen, in Deutschland breit rezipierten Soziologen Didier Eribon (2016) erwähnt. Er macht aus seinem Leben eine Leidensgeschichte, obwohl es auch als Erfolgsgeschichte erzählt werden könnte. Anders und besser gelöst hat diese Aufgabe die ehemalige Lehrerin Annie Ernaux (2017), wenn sie auch in späteren Publikationen die Opferspur eingeschlagen hat.

Werden Entscheidungen des Nach-vorne-Lebens nicht als krisenhafte Entscheidungen empfunden, könnte es gut sein, dass die sich entscheidende (oder eben nicht entscheidende) Person durch ihr Leben mehr oder weniger planlos hindurch stolpert, nach dem Vorbild des Peer Gynt. Bei Situationen des »nach vorne gelebt« geht es nicht um einen einsam auf dem Feldherrnhügel stehenden Akteur, der die Lage voll überblickt, sondern um einen Akteur, der sich situationsbedingt mit seinem In-der-Welt-sein sinnhaft auseinandersetzt und dabei Mittel verwendet, die er eben dieser Welt entlehnt oder die ihm von dort nahegelegt werden. In diesem Austausch entsteht das Selbst in dem Maße, wie es sich unabhängig von dem ihm Vorgegebenen weiß. Vor allem geht es dann darum, die Sequenz von *Entscheidungen* (gewählten und verworfenen) in ihrer Abfolge, dokumentiert in einem Lebenslauf, zu rekonstruieren. Als Soziologe halte ich dafür, dass es sich dabei um Entscheidungen handelt, die sich objektiviert haben (der Beruf in einer Urkunde), während Dilthey auf *Erlebnisse* abhebt. Man denke hier auch an den existenzialistischen Begriff des »*in Situation sein*«. Mit Dilthey (2013) bin ich nun zu einem anderen Zeugen der Betrachtung der Geschichtlichkeit des menschlichen Daseins gekommen. Er schreibt: »Diese [die Erlebnisse; B. H.] stehen nun aber, wie ich hier früher nachzuweisen versucht habe, in einem Zusammenhang, der im ganzen Lebensverlauf inmitten aller Veränderungen permanent beharrt; auf seiner Grundlage entsteht das, was ich als den erworbenen Zusammenhang des Seelenlebens früher beschrieben habe; er umfasst unsere Vorstellungen, Wertbestimmungen und Zwecke, und er steht als eine Verbindung dieser Glieder« (S. 6). Als Soziologe ziehe ich es vor, nicht auf das Seelenleben zu rekurrieren, sondern auf die Erlebnisse, wie sie sich in objektiven Daten niedergeschlagen haben.

Im Feld der anthropologischen Psychiatrie betritt man ebenfalls kein Neuland, wenn man die Geschichtlichkeit des menschlichen Daseins anspricht. Die für mich maßgeblichen Namen sind in diesem Zusammenhang Karl Jaspers, Viktor von Weizsäcker und Wolfgang Blankenburg. Das dritte Kapitel in Karl Jaspers' »Allgemeiner Psychopathologie« (1946) heißt: »Der Lebenslauf (Biographik)«. Jaspers beginnt mit den Thesen: »Jedes Seelenleben ist ein Ganzes als Zeitgestalt« und »Jede rechte Krankengeschichte führt zur Biografie. Seelische Krankheit wurzelt im Ganzen des Lebens und ist für das Begreifen nicht aus ihm herauszulösen« (S. 36). Von einer Abgeschlossenheit oder Unvollständigkeit eines menschlichen Lebens könne nicht die Rede sein, denn »kein Leben hat alle seine Möglichkeiten verwirklicht« (S. 564). Die beiden Thesen beleuchten zugleich die Schwierigkeit, »eine Biografie im Ganzen zur Kenntnis zu bringen«, denn sie würde einem Leben nicht gerecht werden.

Sodann grenzt Jaspers die mit der Metaphysik in Verbindung stehende »innere Lebensgeschichte« von der »empirischen Lebensgeschichte« ab und schreibt folgende, für die Genogrammarbeit zentrale Passage:

»Eine empirische Biografie, die über den Menschen Bescheid zu wissen meinte und gleichsam die Summe zöge, würde den Menschen einfangen in doch immer partikulare biografische Kategorien, die irrigerweise als erschöpfend gelten. Wir müssen als Erkennende in einer offenen Biografie bleiben, welche im Ganzen noch freilässt, was wirklich und wesentlich ist, nämlich die nicht mehr psychologisch zu erkennende, sondern philosophisch oder dichterisch zu erhellende Tiefe des Menschseins. Das Äußerste gelingt in der Biografie der dem Einmaligen entsprechenden Erzählung. Denn was nicht gewusst werden kann, kann vielleicht durch Erzählung fühlbar werden« (S. 565).

Im weiteren Verlauf befasst sich Jaspers mit den Gegebenheiten in den verschiedenen Lebensaltern, vom Kind bis zum Greis, führt eine Fülle von biologischen Gesichtspunkten an, überlässt es jedoch dem Leser, daraus seine Erkenntnismöglichkeiten im je konkreten Leben und therapeutische Schlüsse zu ziehen (vgl. auch Blankenburg, 1986).

Der als Nächstes zu nennende Theoretiker der Geschichtlichkeit des menschlichen Daseins ist Viktor von Weizsäcker, insbesondere aufgrund seiner Schrift über »Krankengeschichte« (1987/1999). Sein Denken greift über die Medizin hinaus und gelangt zu der Forderung: »die Grenze der Medizin soll so verlegt werden, dass sie auch noch das Gebiet der eigentlichen Krankengeschichte umfasst. Es soll kein Leiden, keine Not geben, welche sie nicht umfasse, sie soll sich an diesem ungeheuren Umfang wenigstens im Geiste erziehen und ihr Auge üben an der Totalität all dessen, was Hilfe fordert« (S. 179). Damit ist zwar noch nicht gesagt, was das Wesen einer Krankengeschichte sei, ich werde mich jedoch hüten, hier davon eine dünne Paraphrase zu bieten. Stattdessen empfehle ich dem Leser, sich mit dem Original und dem dort gegebenen Beispiel zu befassen. Jedenfalls befindet man sich in großer Nähe zu Karl Jaspers, wenn man liest: »Welches ist nun der Weg zur eigentlichen Erfahrung zu gelangen? Ein solcher Weg ist die Weggenossenschaft von Arzt und Kranken, und in ihrer Monographie enthüllt sich, was man niemals objektiv darstellen kann, was vielmehr Werden bleibt« (S. 177). Ich lese dies als ein Plädoyer für die Hausarztmedizin, und zugleich wird deutlich, dass mit jedem praktischen Arzt, der seine Hausarztpraxis aufgibt, ein konkretes, in Erfahrung erworbenes Fallwissen stirbt, das nicht kommunizierbar ist. Vielleicht sollte man auch nicht so pessimistisch denken und nach Möglichkeiten suchen, dieses Wissen weiterzugeben. Das gilt auch für den Sozialarbeiter, der nach jahrzehntelanger Tätigkeit in einem gemeindepsychiatrischen Dienst in Rente geht.

Dieses Kapitel und mit ihm den ersten Buchteil abschließend soll nun ein letzter Heidelberger zu Wort kommen: 1983 hielt Wolfgang Blankenburg vor der »Internationalen Mediziner Arbeitsgemeinschaft« einen Vortrag zum Thema »Biografie und Krankheit«. Dieser Text erschien als damals so genannte »graue Literatur« und im Selbstverlag (1984). Der Titel war mit dem Titel des Vortrags gleichlautend, Blankenburg blieb bei der schwachen Konjunktion zweier Nomen, die er im weiteren Verlauf problematisierte. Auf jeden Fall sollten kausale Zusammenhänge vermieden werden, wie auch schon in seinem weiter oben erwähnten Aufsatz »Schizophrene Psychosen in der Adoleszenz«. Blankenburg beginnt seine Abhandlung, wie es seinem Stil entspricht, mit einer wissenschaftlichen Verortung seines Themas. Er schreibt:

»Das ›Leben‹, um das es in der ›Biografie‹ geht, ist demnach nicht das, was das Wachsen einer Pflanze vom Kristall›wachstum‹ unterscheidet, auch nicht das, was das Zurückschrecken eines Tieres von der Quasi-Reaktion einer Mimose unterscheidet, sondern Leben als Erleben und Handeln, was man beides – unter Betonung der dabei ins Spiel kommenden Reflexivität – als Sich-Darleben zusammenfassen kann. So hat W. Dilthey ›Leben‹ verstanden: nicht allein als eine Gegenständlichkeit, sondern in eins damit auch als eine Zuständigkeit; darüber hinaus als etwas Aufgegebenes, dessen Realisierung wir zu verantworten haben. Leben (in diesem anthropo-logischen Sinn) bedeutet danach Sich-Darleben, unter Berücksichtigung der Tatsache, dass uns dieses zu einem wesentlichen Teil nicht vorgegeben, sondern aufgegeben ist« (S. 45).

Das Zitat enthält einen Grundgedanken, der im weiteren Verlauf des Textes von Blankenburg nicht mehr aufgegriffen wird, aber – bei genauerer Betrachtung – manches Problem im Zusammenhang von Biografie und Krankheit zu lösen vermag: Ich meine die Formulierung, der zufolge das Leben zu einem wesentlichen Teil nicht *vor*gegeben, sondern *auf*gegeben ist (vgl. S. 82). In dieser Trennung von Vorgegebenem und Aufgegebenem unter Berücksichtigung dessen, dass der Mensch als Akteur betrachtet wird, sehe ich einen wesentlichen Zugewinn an Erkenntnis, den Blankenburg uns da beschert. Folgendes Beispiel verdeutlicht dies: Soziologen und andere Wissenschaftler suchen gern nach monokausalen Zusammenhängen unter einer Opferperspektive. Wenn ihnen also das Thema Schizophrenie begegnet, fällt ihnen als Erstes die Frage nach dem Schuldigen ein, und das kann nach Maßgabe weit verbreiteten soziologischen Denkens nur »das System«, das kapitalistische zumal, sein. In der Medizin kann man das Gleiche beobachten: Seit ich zum ersten Mal mit dem Thema Schizophrenie in Berührung gekommen bin, das war um 1974 im Rahmen des weiter oben erwähnten Forschungsprojekts, bekam ich des Öfteren von Medizinern die Hoffnung zu hören, dass in den nächsten fünf Jahren die körperlichen Ursachen (und somit »Schuldigen«) dieser Erkrankung gefunden seien. Diese Hoffnung ist enttäuscht worden, heute kommen die Versprechungen von der Hirnforschung oder der Genetik.

In den 1990er Jahren wurde wiederum die Familie als Ort des Entstehens von Krankheiten (körperlichen und seelischen) entdeckt. Schon einige Zeit davor hat ein südafrikanischer Psychiater den Tod der Familie ausgerufen (Cooper, 1971) – eine offenkundige Fehldiagnose, wie die Besucherströme in Krankenhäusern zu Besuchszeiten zeigen. Auch das Begehren gleichgeschlechtlicher Paare, eine

Familie zu gründen und dafür öffentlich anerkannt zu werden, spricht gegen die Diagnose vom Tod der Familie. Ungeachtet dessen sei die Verantwortung der Familie für das Entstehen seelischer und körperlicher Krankheiten ausgemacht, schrieben Laing und Esterson (1964).

Auf der Grundlage der Differenzierung von Vorgegebenen und Aufgegebenen hätte man bei dieser monokausalen Verantwortungszuschreibung bleiben können. Der Irrweg hätte sich bald als solcher herausgestellt. Er wurde von Luc Ciompi (1982, s. oben, auch Ciompi, 2021, vgl. dort die Beiträge zum Thema Schizophrenie im Kapitel »Wissenschaftliches«) korrigiert. Jedoch ging es bei dieser Debatte um ganz anderes: Als die aggressive Schrift eines Zürchers unter dem Pseudonym Fritz Zorn erschien, in welcher dieser seiner Familie die Schuld an seiner Krebserkrankung zuschrieb, jubelten die üblichen Verdächtigen unter den Intellektuellen (Adolf Muschg, Walter Jens) diesem Autor zu. Auch die Soziologen, die nie fehlen dürfen, wenn es darum geht, mit dem Finger auf andere zu zeigen und die lebenslange Behandlung eigener Adoleszenzthemen als wissenschaftliche Leistung auszugeben, stimmten in den Chor ein. Im Furor der 1968er Jahre kam auch ansonsten klugen Menschen der Verstand abhanden. Es ging nicht um die Kranken, sondern es ging um jene, die ihre eigene Mühe mit dem Ablöseprozess hatten. Das war allerdings eine Mode, die bald vorüberging. Heute wird eine solche Schuldzuschreibung in Organisationen wie Fridays for Future neu belebt, wo Halbwüchsige unter dem Verweis auf den ihnen zustehenden moralischen Zugewinn auf die Sünden der Erwachsenen verweisen, die ihnen die Zukunft stehlen. Damit haben sie sicher auch Recht, allerdings verwechseln sie kontinuierlich Wissenschaft mit Politik.[22] Zustimmung finden sie bei Älteren, die damit gern demonstrieren, dass sie jung geblieben sind.

Die auf die Schizophrenie bezogene Double-Bind-Hypothese wurde bereits erwähnt. Was davon geblieben ist, ist eine Familientherapie, die in den USA ohne Schuldzuweisung und mit viel pragmatischem Verstand auskommt, sich aber in Deutschland durch eigentümliche Vorlieben für wissenschaftliche Moden (»radikaler Konstruktivismus«) bei sonst großer Distanz zu allem wissenschaft-

---

22 Man kann den Teenagern und Jugendlichen, die sich beständig auf »die Wissenschaft« berufen, ja auch nicht vorhalten, dass sie den einschlägigen Aufsatz von Max Weber (1919/1988) »Wissenschaft als Beruf«, gehalten vor Studenten in kritischer Zeit, nicht kennen. Ihre Lehrer kennen ihn vermutlich auch nicht. In Webers Aufsatz geht es darum, dass die Umsetzung einer wissenschaftlichen Erkenntnis in praktisches politisches Handeln die Kategorie wechselt: von der Allgemeinheit des Wissens, worauf der Wissenschaftler zielt, zum Wertezusammenhang eines Gemeinwesens, welcher der Fokus eines Politikers ist. Die Lehrer der jungen Menschen hätten wohl kaum den Mut, sollten sie Webers Text kennen, ihn im Unterricht einzuführen. Man könnte ihnen vorwerfen, sie seien Gegner der Befunde vom Klimawandel und hielten diese für eine chinesische Erfindung. So viel zur Aufklärung in diesen Tagen.

lichen Denken depotenziert. Darüber wird die Zeit hinweg gehen; in einigen Jahrzehnten wird niemand mehr davon sprechen.

Zurück zu Blankenburgs Text zu »Biografie und Krankheit« (1984): Nach seinem fulminanten Einstieg in das Thema kommt er auf die »Geschichtlichkeit des menschlichen Daseins« zu sprechen, auf Heidegger also. Wichtig für mein Thema der Genogrammarbeit ist folgender Satz: »Die objektiven Daten eines Lebensablaufs gilt es zusammenzusehen mit dem zugleich subjektiven und objektiven Geschehen der Selbstexplikation eines menschlichen Daseins. Ebenso sehr zusammenzusehen ist das Verallgemeinerungsfähige mit dem Einmalig-Ereignishaften in diesem Geschehen« (S. 46). Das ist die Präambel zu Erörterungen des Themas Identität. Als Kronzeugen werden Wilhelm von Humboldt sowie Georg Wilhelm Friedrich Hegel aufgerufen, dazwischen erfolgt ein Seitenblick auf Jaspers und dessen Biografiekapitel in der »Allgemeinen Psychopathologie«: »Es ist ein grundverschiedener Sinn, ob ich einen Kranken schildere als Fall eines Allgemeinen oder als ihn selbst in seiner Einmaligkeit [...] Kasuistik ist auf eine allgemeine Erkenntnis bezogen, Biographik auf dieses Individuum (Allgemeine Psychopathologie, 566)« (zit. nach Blankenburg, S. 49 f.).

Ich schließe damit das Referat von Blankenburgs Vortrag ab. Es gilt jedoch, noch auf ein Desiderat zu sprechen zu kommen, auch um den Preis der Wiederholung, auf das Vorgegebene und seinen Bezug zum Aufgegebenen. Den Zusammenhang von *Vorgegebenem* und *Aufgegebenem* sehe ich wie folgt: Jeder wird mit einer Spezifik von Physis, Erbanlagen, Konstitution etc. geboren. Er wird in bestimmte Zeitverhältnisse (vgl. Goethe-Zitat, S. 76 f.), in Klassenlagen, Familienverhältnisse, Verwandtschaftssysteme, Region, Religion etc. hineingeboren. Im Fall eines missglückten Daseins kann er sich auf dieses Vorgegebene nicht hinausreden. Der durch das Vorgegebene gesetzte Rahmen ist nicht zwingend biografieprägend, ihn zu überschreiten ist ein Akt der Kreativität auf dem Kontinuum vom »Man« zum Genie. Um diese Kreativität herauszufordern, kann es genügen, die eigene soziale Umgebung zu wechseln. Dafür können, wie der Fall von J. D. Vance (2016) zeigt, minimale Verschiebungen ausreichend sein:

J. D. Vance, der in den von Scheidung, Arbeitslosigkeit und Drogenkonsum geprägten Verhältnissen einer Arbeiterfamilie aufwuchs, schloss die High School ab, verpflichtete sich bei den Marines und erwarb sich dort genügend Durchsetzungsvermögen, um ein Jurastudium in Harvard zu bewältigen. Wem es unplausibel vorkommt, dass er dies alles durch eigene Leistung geschafft haben soll, kann immer noch im Stil der Resilienzforschung nach den Agenten fragen, die ihm diese Entwicklung ermöglicht haben. Ausweislich der Ergebnisse von Emmy Werner hat dabei das Militär nicht den geringsten Anteil, nicht zu sprechen von den Leistungen der Großeltern.

Die Frage allerdings bleibt offen, wie Entwicklungen verlaufen können, bei denen Resilienz-»Faktoren«[23] nicht dingfest gemacht werden können. An der Frage nach den Bedingungen des Entstehens von Neuem sind schon andere gescheitert, nach wie vor halte ich den Satz von G. H. Mead (1932/1969) für unübertroffen: »Das Neue folgt – wenn es in Erscheinung tritt – immer aus der Vergangenheit, doch bevor es auftritt, folgt es per definitionem nicht aus der Vergangenheit. Es ist unsinnig, auf universellen oder ewigen Eigenschaften zu insistieren, mit deren Hilfe sich ohne Rücksicht auf das, was neu entsteht, vergangene Ereignisse identifizieren ließen, denn entweder können wir über sie keine Aussagen machen, oder sie werden derart leer, dass sie für die Identifikation unbrauchbar sind« (S. 230). Womit wir wieder bei der Genogrammarbeit wären.

Es ist kein Wunder, dass in dem für Deutschland typischen politischen Klima die Devise »Jeder ist seines Glückes Schmied« als »neoliberal« verrufen ist. Meine an Blankenburg angelehnte Beschreibung des Verhältnisses von Vorgegebenem und Aufgegebenem ist der Todesstoß für alle Opfertheoretiker, von den Genetikern bis hin zu den Soziologen.

---

23 Schon der Gebrauch des Begriffs »Faktoren« ist in diesem Zusammenhang unangemessen, weil Faktoren Isolate aus Sinnzusammenhängen sind.

Zweiter Teil

I Die Sozialpsychiatrie und der Fall – Das Erfahren des Fremden

Der Umgang mit dem Fall markiert heute (aus meiner Sicht) die Grenze zwischen der allgemeinen Psychiatrie und der Sozialpsychiatrie.[24] In seiner Monografie über die Schizophrenie stellt Binswanger (1957) fünf auf den ersten Blick unzusammenhängende Falldarstellungen vor. Den Zusammenhang liefert er in der Einleitung. Dort geht es um die Auswahl der Krankengeschichten und um die Grundbegriffe der Forschung über das Verständnis der Schizophrenie, gefolgt von einem Quervergleich durch die vorgestellten Fälle. Wenn es später um die Formen missglückten Daseins geht, greift er auf diese Fälle zurück.

Ich erkläre mir Binswangers Vorgehensweise so, dass zur damaligen Zeit ausgearbeitete Kasuistiken, die in der daseinsanalytischen Literatur einen Kernbestand darstellen, nur einen geringen wissenschaftlichen Stellenwert hatten. Die später eingeführten Usancen, Fälle in ihrer Einheit aufzulösen und als »Fallvignetten« dem Leser anzubieten, zieht Binswanger nicht in Betracht. Die Gründe dafür sehe ich darin, dass für das Auflösen des Falls in mundgerechte Bestandteile ein hoher Preis zu zahlen ist. Dieser besteht darin, dass die Gesamtgestalt der Falldarstellung aufgegeben werden muss. Für jeden, der in Zusammenhängen denkt, ist das keine Option. Auf den Zusammenhang kommt es Binswanger an, die Verfasser von Fallvignetten ignorieren ihn.

Heute, im 21. Jahrhundert, ist die Kunst der Falldarstellung – es handelt sich tatsächlich um eine Kunst, bei der literarische Fertigkeiten aufzubringen sind – in der Medizin nicht wesentlich weiterentwickelt worden. Unter dem Diktat des Positivismus gilt immer noch dogmatisch: »Ein Fall ist kein Fall.« Nur notorische Nonkonformisten in der Medizin können vom Fall nicht lassen (Ciompi, 1999; Ostermann und Matthiesen, 2003; Hildenbrand, 2012).

In den interpretativ, also hermeneutisch angelegten Sozialwissenschaften geht man heute anders vor als Binswanger (1957). Dieser hat einen für die damalige Zeit mutigen und eigenständigen Ansatz verfolgt. Im verstehenden Zugang drängen sich ihm im Fallvergleich Konzepte auf, die er Grundbegriffe (vgl. Teil 1, Kapitel IV, 13 über die »anthropologische Proportion«) nennt. Diese Grundbegriffe

---

24 Diese Bemerkung ist mit Vorsicht zu genießen. In der Autobiografie von Erich Wulff (2001), einem Sozialpsychiater der ersten Stunde, kommt nur ein einziger Fall vor, und das ist er selbst.

stammen zum Teil aus der Daseinsanalyse unter Bezug auf Martin Heidegger, zum anderen Teil aus der klinischen Erfahrung. Dabei stellt sich ihm die Aufgabe, das Unterordnen empirischer Phänomene unter ein theoretisches Konzept zu vermeiden und Theorien aus dem Material, also aus dem Fall heraus zu entwickeln. Diesen Weg sind wir im oben erwähnten Forschungsprojekt gegangen, und wer sich für Fragen der Wissenschaftstheorie nicht interessiert, kann das Folgende überschlagen und gleich zum Fall und seiner Darstellung übergehen.

In meinen Familienstudien (Hildenbrand, 1983, 1991; ich greife zurück auf Teil 1, Kapitel IV, 12) haben sich folgende Vorgehensweisen bewährt: Wir beginnen mit einer Familienstudie mit dem Ziel, dazu eine Fallstrukturhypothese zu formulieren. Auf deren Grundlage gehen wir im Stil des »theoretical sampling« vor, das einerseits der Grounded Theory entlehnt ist – das ist eine sozialwissenschaftliche Methodik, die in hohem Maße kompatibel mit einer phänomenologisch grundierten Soziologie ist, aber auch mit einem strukturalen Vorgehen (vgl. Strauss, 1994, Hildenbrand, 2004). Sie wird in meinem Vorgehen zum »*theoretical sampling von Fall zu Fall*« (Hildenbrand, 2005b) modifiziert. Das heißt: Wir entwerfen für jeden Fall, nachdem er zu einer etwa dreißig Seiten umfassenden Fallmonografie ausgearbeitet ist, schrittweise gedankenexperimentell einen nächsten Fall, der mutmaßlich zum gerade vorliegenden Fall maximal kontrastiert. Dann wählen wir diesen aus, entwickeln eine Fallstrukturhypothese und prüfen diese im Hinblick auf den vermuteten Kontrast. *Aus dem Vergleich zwischen dem vermuteten und eingetretenen Kontrast* entwickeln wir die Auswahlkriterien für einen nächsten Fall etc. Dieses Vorgehen ermöglicht es, mit einer vergleichsweise geringen Fallzahl ein breites Spektrum eines Merkmalraums abzudecken. Je nach Forschungsprojekt und Fragestellung kommt man bei ungefähr sieben Fällen zu der erforderlichen Sättigung der sich entwickelnden Theorie.

Zum Projekt »Familiensituation und alltagsweltliche Orientierung Schizophrener«: Dort entwickelten wir zunächst anhand einer Gastwirtsfamilie das Konzept der »*veröffentlichten Familie*«. Das sind Familien, die keinen Wert darauf legen oder denen es – auch aufgrund ihres spezifischen In-der-Welt-seins – nicht gelungen ist, sich gegenüber ihrer äußeren Umgebung abzugrenzen. Nachdem dieses Konzept gefunden war, gingen wir folgendermaßen vor: Erstens verglichen wir zwei Familien, nämlich die erwähnte Hoteliersfamilie mit einem als schizophren diagnostizierten Sohn mit einer Hoteliersfamilie in der Nähe, bei der eine schizophrene Erkrankung bei den Kindern nicht zu verzeichnen ist (wie oben erwähnt). Der entscheidende Kontrast ergab sich auf der Ebene der Krankheitsbewältigung. Während bei der Familie mit einem als schizophren diagnostizierten Sohn niemand bemerken konnte oder wollte, dass der Sohn Anzeichen psychischer Auffälligkeiten zeigte, lediglich dem Koch wurde vorgehalten, er habe die Entwicklung der Krankheit »merken müssen« (Hildenbrand, 1987), wurde in der Kontrastfamilie die Gürtelrose einer Tochter dadurch bewältigt, dass man ein Bett in die Hotelküche stellte, um ihr den Bezug zu den Eltern sicherzustellen. Wie sich das Gesundheitsamt zu dieser Maßnahme gestellt hat, steht hier nicht zur Debatte, auch nicht, ob man eine Gürtelrose mit einer Schizophrenie vergleichen kann. Verglichen werden hier zwei unterschiedliche Formen der Wahrnehmung einer erheblichen Krankheit bei einem Kind und die darauf folgenden Handlungen.

Zweitens stellten wir die Hoteliersfamilie mit dem als schizophren diagnostizierten Sohn der Arbeitsgruppe von Helm Stierlin (1980, Kap. 7) in Heidelberg vor. Dort wurden Familien Schizophrener als *innenzentrierte* Familien, also als Familien mit einer ausgeprägten Grenze zur Außenwelt konzeptualisiert. In dem Gespräch, das ein Mitarbeiter von Stierlin mit »unserer« Familie führte, kam dieser zu dem Befund, dass es sich um eine innenzentrierte Familie handle. Dem war nicht zu widersprechen. Schaut man jedoch auf der Grundlage der Kenntnis der Gesamtgestalt dieser Familie genauer hin, findet man dort eine *sekundäre* Innenzentrierung, die erst dann entstand, als der jüngste Sohn eine anhaltende Schizophrenie entwickelte. Diese erst bewog die Eltern, sich um diesen Sohn zu scharen. Im Duktus der systemischen Familientherapie wird dies als Schachzug des Indexpatienten interpretiert, eine schwierige Situation, nämlich die der Abwesenheit von Familiengrenzen, zu bewältigen. Die Rede war von einem »Bündel von Schuldscheinen«, mit dem der Indexpatient immer dann wedle, wenn die Eltern ihm Schritte der Ablösung zumuten würden. Der Therapeut, der diese These entwickelte, war Gunther Schmidt (dazu mehr in Teil 3, Kapitel I, 6).

Als Nächstes wählten wir eine Familie aus, bei der die Grenzproblematik sich anders als bei einer »veröffentlichten Familie« gestaltete. Dabei wurde für uns der Begriff des »Gummizauns« (Wynne, Ryckoff, Day u. Hirsch, 1970) wichtig. Allerdings musste er an die Struktureigenschaften der von uns beobachteten Familien angepasst werden. Während Wynne et al. den »Gummizaun« im Zusammenhang mit der vermuteten »Pseudogemeinschaft in Familien Schizophrener« abhandeln, formulieren wir diesen um in »Gummiseil« und betrachten ihn als Metapher für die Grenze und den familienspezifischen Umgang damit. In »veröffentlichten Familien« ist das Gummiseil um die Familie herum eher schwach ausgeprägt, während in »innenzentrierten Familien« das Gummiseil straff gezogen ist.

Bis dahin war uns klar, dass als zentrale Thematik bei der Untersuchung von Familien Schizophrener die Grenzproblematik zu gelten hat – kein Wunder bei Familiensoziologen. Für diese ist die Familie ohnehin ein widersprüchlicher Ort, dergestalt, dass er auf der einen Seite einen beschützenden Rahmen für das Aufwachsen des Nachwuchses bietet und deshalb gehalten ist, Grenzen auszubilden. Auf der anderen Seite ist es förderlich, wenn die Familie Elemente der Außenwelt zulässt, damit der Nachwuchs zum gegebenen Zeitpunkt sich von der Familie entfernen kann. Dazu gibt es auf Grundlage der »elementaren Strukturen der Verwandtschaft« (Lévi-Strauss, 1981) keine Alternative, denn die Familie ist aufgrund des Inzest-Tabus eine sich selbst auflösende Gruppe. Vor diesem Hintergrund können Probleme dadurch entstehen, dass Familien das rechte Maß im Verhältnis von Innenzentrierung und Veröffentlichung vermissen lassen.[25] In den Extremen finden wir dann die von uns untersuchten Familien Schizophrener, die innenzentrierten und die veröffentlichten (Olsen, 2000; Funcke u. Hildenbrand, 2018, S. 211).

An dieser Stelle erhebt sich eine grundlegende methodologische Frage: Werden Familiensoziologen mit einem als schizophren diagnostizierten Patienten konfrontiert, sehen sie Grenzen. Damit ist das Thema der Ablösung von der Familie im Sinne einer Grenzüberschreitung aufgerufen. An dieser Stelle kommt dem Soziologen entgegen, dass auch die anthropologische Psychiatrie in der Ablösung von der Familie, also in der Überwindung von Familiengrenzen, den herausragenden Ansatz für die Entwicklung einer schizophrenen Erkrankung sieht. Wolfgang Blankenburg (1983) beispielsweise sieht in der Schizophrenie eine Erkrankung »*am* Erwachsen*werden* bzw. am Nicht-erwachsen-Werden-Können« (S. 35). Nimmt man diese These ernst, dann kommt man um eine Betrachtung des Familienhintergrunds dieser Patienten nicht herum.

Ich werde im nächsten Kapitel zeigen, was ein Kliniker wie Binswanger sieht, wenn er mit einem schizophrenen Patienten konfrontiert ist; deren Familien nimmt er meist nur am Rand zur Kenntnis. So viel kann vorweggenommen werden: Er sieht anderes als der Soziologe, jedoch nicht grundsätzlich anderes. Psychiater und Soziologen können auf dieser Grundlage im Gespräch bleiben.

Die vorangegangenen Überlegungen sind kein Beleg für eine Beliebigkeit der Konzeptionalisierung von Familien psychisch Kranker. Ich plädiere für die Notwendigkeit, das vorliegende Thema aus unterschiedlichen wissenschaftlichen Perspektiven, also interdisziplinär anzugehen. In anderen Worten: Die Grenzproblematik muss sich ihren Weg in die Konzeptbildung verdienen, ent-

---

25 Mit Krankheit muss das noch nichts zu tun haben, es kommt auf den Kontext an. Wenn beispielsweise eine Familie frühzeitig von einer lebensbedrohlichen Krankheit eines Kindes betroffen ist, kann es vorkommen, dass diese Familie auf Dauer sich zu einer innenzentrierten Familie entwickelt, was sich auf den Ablöseprozess der anderen Kinder in dieser Familie auswirken kann.

scheidend ist dabei das Material. Sie muss sich auch gegenüber anderen fachlichen Einschätzungen bewähren.

Zurück zu unserer Konzeptbildung: Dann haben wir allerdings auch eine Familie gefunden, der es gelungen ist, in Sachen rechtes Maß zwischen Öffnung und Abschluss eine originelle und zugleich eigenwillige Lösung zu finden. In dieser Familie ist gegenüber der unmittelbaren Familienumgebung das Gummiseil sehr straff, gegenüber der weiteren Familienumgebung jedoch sehr locker gezogen. Als Problem für den im Ablöseprozess begriffenen Sohn stellt sich dann heraus, dass die Eltern hinsichtlich der unmittelbaren Familienumgebung über eine straffe Wirklichkeitskonstruktion, hinsichtlich der weiteren Familienumgebung über sehr lockere, wenn nicht gar lückenhafte, fragmentierte Wirklichkeitskonstruktionen verfügen. Es handelt sich um das von uns so genannte Muster der »*widersprüchlichen Innen-Außen-Orientierung*«: Die unmittelbare Familienumgebung wird strikt abgelehnt und abgewertet, die Familie orientiert sich stattdessen auf eine weit entfernte soziale Umgebung, deren Eigenheiten hoch bewertet werden, auch wenn diese unverstanden bleiben. Die Katastrophe tritt ein, wenn eine Grenzüberschreitung ansteht. Einen solchen Fall werde ich jetzt vorstellen. Auf das Beibringen weiterer, kontrastierender Fälle werde ich bis auf einzelne Verweise verzichten, damit ich mein Thema nicht aus den Augen verliere: Die vorgestellte Familie bietet ausreichend Gelegenheit, die Bedeutung der Genogrammarbeit beim Verstehen des In-der-Welt-seins Schizophrener und ihrer Familie nachzuweisen.

Um diesen Teil methodischer Ausführungen abzuschließen, will ich noch auf ein Grundthema beim *Erfahren des Fremden* aufmerksam machen. Der Soziologe oder jeder andere, sei es ein Arzt im Praktikum, ein Psychologe nach dem Studium, ein Zivildienstleistender, ein Student der Sozialarbeit im Praktikum, ein Pfleger im ersten Lehrjahr, wenn er Kontakt zu Menschen aufnimmt, die als schizophren diagnostiziert sind, könnte in die Verlegenheit kommen, diese als bedrohlich und beängstigend zu erfahren und in seinem Gedächtnis alles aufzurufen, was der Bürger, der regen Anteil hat an dem, was in der Öffentlichkeit geschieht (bei Alfred Schütz heißt das »Der gut informierte Bürger«, vgl. Schütz 1971a), über solche Menschen zu wissen meint. Je nach Generationenzugehörigkeit denkt er vielleicht an Oskar Lafontaine oder an Wolfgang Schäuble, die beide als Politiker Opfer des Angriffs von als schizophren diagnostizierten Menschen waren. Seine Wahrnehmung an solchen Vorfällen auszurichten ist keine nützliche Vorgehensweise von Novizen im psychiatrischen Feld. Es ist zu empfehlen, den Patienten unvoreingenommen mit einer Haltung der Neugier zu begegnen und sich die schlichte Frage zu stellen, die Erving Goffman (1968, 1969) sich gestellt hat, als er sich in seinen Untersuchungsfeldern aufhielt: »*Was ist da los?*«

Nur so kann man als Fachmann oder Novize als schizophren bezeichnetes Verhalten als das nehmen, was es ist: als Ausdruck von *Möglichkeiten* des menschlichen Daseins. Vor allem ist man nicht genötigt, eine medizinische Diagnostik zu betreiben. Allenfalls wird verlangt, auf der jeweils zumutbaren Stufe fachlichen Zugangs Mutmaßungen darüber anzustellen, was im gegebenen Fall los sein *könnte*. Die elaborierte Version davon nenne ich: Fallstrukturhypothese.

II Die Familie Wellke

1 »Beim Bundeswehr wollte ich ziemlich weit weg« – Verdacht auf eine Ablöseproblematik bei Frank Wellke

Vorbemerkung: Ich befasse mich mit Franks Erlebnissen bei der Bundeswehr aus drei Perspektiven: erstens aus seiner eigenen Perspektive, zweitens aus der Perspektive seiner Eltern, drittens aus der Perspektive der mit seinem Fall befassten medizinischen Behandler, auch der Psychiatrie. Ohne das ständige Bemühen um multiple Perspektiven wird es nicht gelingen, einen Fall angemessen zu verstehen.

Der 1950 geborene Frank Wellke stammt aus einem kleinen Dorf im Rothaargebirge und wird 1968 oder 1972 – es werden im Gespräch unterschiedliche Angaben gemacht, die der anwesende Vater nicht korrigiert, das Rätsel wird sich im Lauf der Zeit auflösen – als Wehrpflichtiger zur Bundeswehr an einen Standort in Schleswig-Holstein, unweit der dänischen Grenze und an der Ostsee gelegen, eingezogen. Das Jahr 1968 ist das plausiblere, denn in diesem Jahr wird Frank 18 Jahre alt. Das war seinerzeit das übliche Alter der Einberufung. Zwischen seinem Heimatort und dem Standort liegen ca. 470 Straßenkilometer, dafür werden fünf Stunden PKW-Fahrzeit benötigt. Würde man stattdessen öffentliche Verkehrsmittel benutzen, müsste man mit ca. neun Stunden rechnen (alle Angaben beruhen auf heutigen Berechnungsgrundlagen). Wer so weit von der Familie entfernt ist, wird sich genauer überlegen, ob er die während des Wehrdienstes gewährten Wochenendbeurlaubungen in Anspruch nimmt. Denn de facto hätte er nur einen ganzen Tag, den Samstag, zur vollen Verfügung für seine Familie und/oder seine Freunde. Es stellt sich somit die Frage: Weshalb will jemand seinen Wehrdienst in möglichst großer Entfernung von seiner Familie ableisten?[26]

---

[26] Ich beziehe mich auf das biografische Gespräch, das ich am 20.11.1981 im Elternhaus von Frank Wellke mit diesem geführt habe. Danach hat es ein Familiengespräch gegeben, bei dem auch die Eltern anwesend waren und die Geschichte der Familie das Thema war. Bei diesem ersten Gespräch mit Frank war auch der Vater anwesend, jedoch hielt er sich im Gespräch zurück und intervenierte nur selten. Wie das andere Gespräch, so wurde auch dieses Gespräch nach den üblichen Regeln der Konversationsanalyse verschriftet (nachzulesen in Hildenbrand, 1983, S. 163). Bei der folgenden Wiedergabe von Passagen aus diesem Gespräch werde ich auf

Frank Wellke hat in einem Nachbarort das Kraftfahrzeugschlosserhandwerk gelernt, das zu dieser Zeit in einer schweren Krise war, weshalb er nicht übernommen wurde. Folgende Möglichkeiten boten sich ihm: Um weiterhin ein Auskommen zu haben und auf die Eltern nicht angewiesen zu sein, hätte er von zu Hause ausziehen und sich auf eines der industriellen Ballungszentren, die um das Rothaargebirge herum liegen, konzentrieren können. Das wäre traditionsgemäß das Ruhrgebiet gewesen, unter Umständen auch das Rhein-Main-Gebiet oder das Rheinland. Jedoch war in Deutschland in der Mitte der 1960er Jahre die wirtschaftliche Lage überall schlecht und die Arbeitslosigkeit hoch. Es wäre eine unter Umständen längere Zeit zu überbrücken gewesen, bis es zu einem Umzug an einen neuen Arbeitsort gekommen wäre. In einer solchen Situation kam Frank Wellke die unvermeidliche Einberufung zur Bundeswehr gerade recht. Die Möglichkeit, möglichst weit entfernt von den Eltern (er ist deren einziges Kind) eingezogen zu werden, ist im Ablöseprozess eine gern genommene Draufgabe.

Um 1968 herum herrschten bei der deutschen Bundeswehr noch ziemlich ruppige Zustände. Es gab einen Vorfall in einer Kaserne in Nagold, der dazu führte, dass missliche Zustände bei der Bundeswehr öffentlich diskutiert wurden (s. Wikipedia, 2020a). Die Verhältnisse bei der Bundeswehr wurden deutlich besser, als Helmut Schmidt (SPD) zum Verteidigungsminister ernannt wurde. Ich werde weiter unten darauf zurückkommen.

Von einer Draufgabe auf den Ablösungsprozess spreche ich, weil der Grundwehrdienst eine Option dafür bietet, den Prozess der Ablösung von den Eltern zu forcieren. Wen es in die Ferne zieht, obwohl er den nötigen Mut zum Aufbruch nicht hat, lässt sich gern die Ablösung von der Familie vom Staat organisieren, wie zum Beispiel Ludger Eigenbrod (Hildenbrand, 2005a):

Ludger Eigenbrod meldete sich bei der Landespolizei und wurde nach der Ausbildung in einem Ballungszentrum 200 Kilometer von der Familie entfernt eingesetzt. Am Tag der Verbeamtung mit Aussicht auf ein langes Berufsleben als Polizist in einem städtischen Großraum dekompensierte er psychotisch. Mit Bezug auf die Gummiseilmetapher ließe sich hier sagen, dass Ludger mit der Verbeamtung das Seil zwischen sich und seiner Familie überdehnt hatte, sodass es schlagartig zusammenschnurrte und er sich nach einer dramatischen psychotischen Episode in Verbindung mit Größenwahn und einer Verfolgungsjagd (er wollte das Land Hessen

---

einen Teil dieser Regeln verzichten. Ich werde nur folgende Symbole verwenden: (.) Stimme senken, (,) Stimme heben, (#) (...) kurze bzw. längere Pause, ((leise)) Intonation, + Ende der markierten Intonation.

erlösen, hielt sich also für Jesus Christus), im Schoß der Familie wiederfand, wo er die kommenden Jahrzehnte als Leistungssportler sein weiteres Leben fristete und ein regelmäßiger Gast in der von uns gegründeten gemeindepsychiatrischen Einrichtung war.

Auch die Fremdenlegion bot zeitweise eine beliebte Möglichkeit, der Familie zu entkommen und sich einer Welt des Abenteuers zu stellen. Bei Ernst Jünger war das der Fall, jedoch holte ihn sein Vater zurück. Darüber hinaus bietet die Seefahrt verlockende Möglichkeiten zur Ablösung. Auf diesem Hintergrund halte ich als *Zwischenergebnis* bis zum Beweis des Gegenteils an der Hypothese fest, *dass bei Frank Wellke eine Ablöseproblematik vorliegt*. Das muss nicht heißen, dass bei ihm eine psychotische Krise entstehen wird, eine Überraschung wäre das allerdings nicht.

2 Inkonsequenz der Erfahrung beim Eintritt ins Militär

Frank sagt statt »bei der« »beim« Bundeswehr. Ich registriere mit Interesse, dass Frank an dieser Stelle eines wichtigen Themas seiner Biografie das passende Geschlecht nicht einfällt. Die Erinnerung daran scheint so kontaminiert zu sein, dass es zu einem Sprachverfall kommt. »Beim« Bundeswehr also kommt Frank mit den dort üblichen Umgangsformen (Befehl/Gehorsam) nicht zurecht. Das ist die Kurzform. In Franks eigenen Worten: (F = Frank, H = Hildenbrand):

»F: sind wir mit dann mit dem Zug nach Hannover von Hannover nach Hamburg (...) tja ich weiß nicht soll ich die Bundeswehr schlecht machen (↓)
H: wie Sie wollen das können Sie entscheiden was Ihre Meinung ist dazu(.)
F: kam ich dann an, dann war immer son komisches Gefühl (,) ich weiß nicht woher das kam (,) (...) ach da ging alles schief (,) erst mal stillgestanden ne richtet euch (.) rührt euch ((leise)) und + habe ich so gezittert (.) am Morgen bin ich unter kalte Brause gegangen wars weg ne (↓). dann beim Kommando stillgestanden habe ich nicht aufgepasst(↓) und der hat Nachsicht (,) war ziemlich nachsichtig und hat für'n [27]anderen gesagt er soll aufpassen ne(↓)«

Bis hierher schildert Frank eine Situation, vergleichbar der von Binswanger beschriebenen »Inkonsequenz der Erfahrung«. Richtet Frank am Beginn dieser Passage noch die Perspektive der Familie ein (»wir«), wechselt er sofort

---
27 Dialektal: zu einem anderen.

die Perspektive zum »ich«, sobald sein eigener Erfahrungsraum betroffen ist. Eine Ausdifferenzierung aus der Familie scheint also gegeben zu sein. Die Eröffnung seiner Schilderung hat Orientierungsschwierigkeiten zum Thema. Er schildert einen Morgen bei der Bundeswehr (vielleicht den ersten), der mit einem Missbehagen (komisches Gefühl) beginnt, das allerdings noch mit einer kalten Dusche beherrscht werden kann. Später folgt dann ein Schlüsselerlebnis. Frank schildert eine Situation aus der Formalausbildung. Die Formalausbildung dient in den ersten Wochen dazu, den Rekruten das Schema von Befehl und Gehorsam nahe zu bringen (Wikipedia, 2020b). Befehle wie »richtet euch«; »stillgestanden« sowie »rührt euch« kennt Frank aus seinem bisher gewohnten Alltag nicht, auch nicht aus der Lehre. Auf sie reagiert er erst einmal mit Unverständnis. Während der Stabile eine solche Situation gelassen hinnehmen und die Haltung einnehmen kann: »Mal sehen, was passiert, ich schließe mich den anderen an«, gelingt es Frank nicht, die Dinge zu lassen, wie sie sind. *Er selbst ist das Orientierungszentrum, die mitgegebenen anderen spielen keine Rolle,* auch wenn sie vom Vorgesetzten explizit als Unterstützer ins Spiel gebracht werden.

An die Bundeswehrbegriffe erinnere ich mich aus meiner Zeit als Wehrpflichtiger: »Richtet euch« heißt einfach, dass die Reihe, in der man steht, zu dem Kameraden aufschließt, der am weitesten rechts in der Reihe steht. »Rührt euch« heißt, dass man jetzt nicht mehr strammstehen muss, sondern eine lockere Haltung einnehmen kann. Diese Beschreibung aus meiner Erfahrung ist allerdings nicht korrekt, laut zentraler Dienstverordnung (ZDV) heißt »rührt euch«, dass der Soldat den rechten Fuß zwanzig Zentimeter nach rechts rückt und die Hände auf dem Rücken verschränkt. Gleichwohl bin ich mit meinem Verständnis und dem daraus resultierenden Verhalten immer durchgekommen, sprich: man muss nicht jede Regel ernst nehmen. *Frank geht demgegenüber von starren Bedeutungen aus und hat keine Möglichkeit, diese zu flexibilisieren.*

Der Höhepunkt ist erreicht, als Frank als Verantwortlicher beim abendlichen Stubendurchgang die Gruppe abmelden soll. Er hat die vorgegebene Formulierung nicht verstanden und bekommt zur Strafe auferlegt, diese zwölfmal aufzuschreiben: »Schütze Wellke, Stube gelüftet und gereinigt, belegt mit fünf Mann, in den Betten«[28]. Damit ist der Bogen überspannt:

---

28 Als ich 1968 in derselben Situation war und der Verantwortliche für den Stubendurchgang auf sich warten ließ, griff ich zur Gitarre und wurde prompt dabei erwischt. Dem Unteroffizier erklärte ich, ich habe nur Griffe geübt, lautlos, damit niemand gestört werde. Das hat er akzeptiert.

»Dann bin ich an einem Sonntag abgehauen, nach Hause, bin ich einfach gelaufen, Norden, Süden, oder was. [...] Da wollte mich einer mitnehmen, und es kam so: einer vom Dorf der fuhr mir entgegen (,) und der bremst plötzlich und (.) Der Mercedes fährt auf ihn drauf ne (,) allerdings nur die Scheinwerfer, die Scheiben kaputt, dann haben mich die Eltern zurückgebracht.«

In dieser Darstellung bricht die Orientierung in Ort und Zeit zusammen. Frank macht von der Kaserne, die er ohne räumliche Orientierung verlässt, einen Sprung in das Heimatdorf, wo er nur Sachen, zum Beispiel Autos, begegnet. Damit verbunden ist die Erinnerung an einen glimpflich verlaufenden Unfall. Dann übernehmen die Eltern wieder für ihn die Aufgabe der Ablösung, verstanden in Form einer räumlichen Trennung von der Familie. Auf der Rückreise kommt es dann noch zu Irritationen, die Kupplung des elterlichen Autos versagt ihren Dienst, und man kann kein Zimmer zur Übernachtung finden. Der Übergang zur Kaserne ist jetzt, wie der Dienstantritt, eine Familienangelegenheit – eine im vorliegenden Fall paradoxe Gestalt, denn der Eintritt bei der Bundeswehr war in der Perspektive von Frank als Beginn eines Ablösungsprozesses von der Familie gerahmt. Zurück in der Kaserne, ereignet sich Folgendes:

»Dann habe ich mir Schlaftabletten geholt, in der Kaserne habe ich sie geschluckt, drei Stangen, wurde in ein psychiatrisches Krankenhaus eingewiesen, da hat es mir besonders gut gefallen, nach einem Jahr kam ich dann nach Hause, und im Herbst, Winter kamen dann von der Bundeswehr noch welche und haben mich abgeholt.«

An dieser Stelle kann Frank nicht weitererzählen, die Kräfte verlassen ihn. Er habe dann noch als Fabrikarbeiter einen Arbeitsversuch gemacht und Fußball gespielt. Bei einem Aufenthalt in der regional zuständigen psychiatrischen Klinik sei er aus einem Fenster gesprungen, wovon eine Narbe zurückgeblieben sei. Dann breche ich das Gespräch ab, das von Minute zu Minute als unzumutbarer für den Patienten erscheint.

Ich fasse die Hypothesen zur Erstmanifestation einer psychischen Krise bei Frank Wellke zusammen: Wenn die Hypothese stimmt, dass Frank erwartet hat, dass der Übergang zur Bundeswehr die Ablösung von der Familie herbeiführen würde, wird das von seinen Eltern insofern unterlaufen, als sie diese Ablösung begleiten und ihr damit den Charakter einer von Frank selbstgesteuerten Handlung nehmen. Anstatt den Sohn zu einem öffentlichen Verkehrsmittel zu bringen, soll er persönlich an der Kaserne »abgeliefert« werden. Sobald Frank das Kasernentor durchschritten und auch die Eltern hinter sich gelassen hat, verliert er die Orientierung. In dieser Situation wendet er sich nicht den Kameraden zu, denen es in dieser Situation des Übergangs vielleicht auch nicht besser als ihm selbst ergeht, sondern er ist auf sich allein gestellt und muss die Situation allein bewältigen. Andere hätten sich vielleicht in der Kantine betrunken und erste Bekanntschaften mit anderen Rekruten geschlossen. Diese Möglichkeiten stehen ihm nicht zur Verfügung. Dazu kommt, dass sein gesamter Orientierungsrahmen sklerotisiert. Seine Art, die fremde Wirklichkeit zu deuten, erweist sich als eine starre. Abweichungen vom Vorgegebenen stürzen ihn in Verzweiflung, Hilfsangebote werden ignoriert. Schließlich schafft er sich Entlastung in der Flucht. Nachdem ihn die Eltern wieder zurück in die Kaserne befördert haben, greift er zu einem schärferen Mittel: zum Suizidversuch.

Franks Zusammenbruch bei der Bundeswehr aus Sicht seiner Eltern: Auch im Familiengespräch kommen die Zusammenhänge der Erstmanifestation einer psychotisch gefärbten Krise bei Frank zur Sprache. Zunächst schildert der Vater die schwierigen Jahre der Beschäftigung in der lokalen Baubeschlägeindustrie. Man habe ihm in seinem 64. Lebensjahr (geboren 1908, also 1972) nahegelegt, in die Arbeitslosigkeit zu gehen. Jedoch habe er die Arbeit wieder im selben Jahr aufgenommen (M = Mutter von Frank, V = Vater von Frank):

»V: da war der Junge beim Bund, da hatte er einen Unfall beim Bund, und äh äh wieder zurück kam (.) da habe ich versucht (...)
M: dann biste wieder angefangen zu arbeiten
V: ja da bin ich bei der Firma wieder angefangen und ich sage ich muss unbedingt wieder etwas tun, die nahmen mich gerne (...) Und da habe ich ihn mal vier oder sechs Wochen mitgenommen und hab ihn angelernt (,) halbautomatische Maschinen bedienen ne, schleifen, die Sägen schärfen, es klappte aber nicht. Ihn [Frank] hatte ich angelernt, er konnte es ganz gut, aber die Vorarbeiter waren mit seiner Leistung nicht zufrieden
M: och er machte es doch ganz gut
V: er machte es genauso gut wie die anderen auch
M: das ist doch so, Gott einer gönnt dem anderen nichts
F: Ja sicher in so einem Betrieb da ist auch viel Missgunst
V: Ja ist auch viel Missgunst«

Diese Passage ist in zweierlei Hinsicht sehr aufschlussreich: (1) Im lebensgeschichtlichen Gespräch, welches ich mit Frank allein führte, lokalisiert dieser die Zeit, in der er einen Arbeitsversuch in der Baubeschlägefabrik machte, in welcher sein Vater als Werkzeugschleifer tätig war, in die Zeit *vor* dem Eintritt in die Bundeswehr. Er schildert verschiedene Stationen gescheiterter Berufstätigkeit, nachdem er von seinem Lehrbetrieb nach Abschluss der Lehre nicht übernommen wurde. Die Schilderung beginnt mit der Baubeschlägefirma. Dort habe man ihm zuerst nur die schlechten Pressen gegeben. Die nächste Station war dann eine Fabrik für Aufzüge, dann folgen einige Tätigkeiten auf dem Bau, auch Tätigkeiten als Bauhelfer bei der Errichtung des elterlichen Hauses, nachdem man das Haus im Dorf aufgegeben hatte (dazu weiter unten mehr). Das Scheitern an diesen Stationen wird von Frank durchweg als Scheitern im Umgang mit den Kollegen bezeichnet. In der Regel handelt es sich um Situationen, deren Sinn er nicht verstanden hat.[29] Angenommen, die zeitliche Einschätzung Franks stimmt, wird man wohl davon ausgehen können, dass der Krise bei der Bundeswehr eine dadurch gekennzeichnete Phase vorausgegangen war, dass er mit den sozialen Beziehungen im Berufsleben, mit dessen kleinen Lebenswelten (vgl. S. 48) nicht zurechtkam. Bestärkt wird diese Vermutung durch die Beobachtung, dass Frank in langen Passagen konkrete berufliche Tätigkeiten eines Kraftfahrzeugmechanikers schildern kann, ohne den Faden zu verlieren.

Zwischendurch merkt er an, dass er sich, wie ihm von einem Berufsschullehrer geraten wurde, als technischer Zeichner[30] besser hätte bewähren können. Diese Aussage ist insofern instruktiv, dass der technische Zeichner im weißen Kittel an einem großen Zeichenbrett steht und Vorgaben umsetzt, die ihm gemacht werden. Soziale Interaktion ist dabei gegenüber der Tätigkeit eines Kraftfahrzeugmechanikers weniger erforderlich. Vorkenntnisse brachte Frank bereits mit, da er sich sowohl in der Berufsschule als auch in seiner Freizeit mit dem Erstellen von Zeichnungen beschäftigt hatte. Kurz gesagt: Es hätte eine Alternative zu Franks Schwierigkeiten im Berufsleben gegeben, falls im Umfeld die nötigen Voraussetzungen dafür vorhanden gewesen wären. Dass es dazu nicht gekommen ist, dass bei der Berufswahl die Ausbildung zum technischen Zeichner nicht infrage kam, hat vielleicht damit zu tun, dass es zwischen dem Werkzeugschleifer (ein Anlernberuf) und dem technischen Zeichner einen Statusunterschied gibt, der sich in der Farbe der Arbeitskleidung dokumentiert (der Werkzeugschleifer trägt einen Blaumann, der technische Zeichner einen weißen Kittel). Bedenkt man, dass der Vater eine wichtige Rolle in der Orientierung seines Sohnes in der Arbeitswelt spielt, wo er allerdings eine unter-

---

29 Frank schildert eine dieser Situationen: Er erhielt einen Auftrag von der Art, wie Neulinge auf den Prüfstand gestellt werden. Er wurde ins Büro geschickt, um dort die Feierabendschablone abzuholen. Den in diesem Auftrag verborgenen Scherz hat er nicht verstanden, die Reaktion der Damen im Büro, ihr Gelächter, auch nicht.
30 Der inhaltliche Schwerpunkt der Ausbildung liegt auf der Erstellung von detail- und normgenauen technischen Zeichnungen und Plänen. Die Grundlage dafür bilden Konzepte, Ideen- und Werkskizzen, die von Architekten, Ingenieuren oder Konstrukteuren stammen (Wikipedia, 2020c).

geordnete Rolle übernommen hat, also zu den Blaumännern gehört, kann man sich vorstellen, dass dessen Orientierungsmächtigkeit spätestens am Übergang vom Blaumann zum Weißkittel scheitert. Später kann Frank in einer Firma für Aufzüge bei den technischen Zeichnern mitarbeiten. Das mindert die Probleme nicht, sondern erhöht sie, weil er dort mangels einer Ausbildung überfordert ist.

(2) In den letzten fünf Zeilen des Zitats aus dem Familiengespräch schildert der Vater das Scheitern seines Sohnes in der Fabrik. An dieser Stelle schaltet sich die Mutter ein. Sie lobt ihren Sohn, delegiert sein Scheitern an die »Missgunst« der anderen, was dann von Frank selbst und von seinem Vater bestätigt wird. Dies ist eine der wenigen Passagen, in denen sich die Familienmitglieder unisono in der Lage sehen, im gemeinsamen Gespräch eine konsistente Äußerungseinheit zustande zu bringen: *Es geht um die Abgrenzung der Familie nach außen. Außen herrscht Missgunst, innen herrscht Einverständnis. Überschreitet man diese Grenze, gelangt man in das Feld der Missgunst und verliert die Sphäre des Einverständnisses.*

Im Anschluss an diese Schilderung von Franks Scheitern in der Arbeitswelt mit Externalisierung der Verantwortung initiiert Franks Mutter den Blick auf ein weiteres Scheitern[31]:

»M: Haste denn erzählt vom Bund (#)
F: ((brummt))
M: du warst 1 gemustert (...) bei der Musterung warst du ja noch kerngesund
F: Ja
V: hat sich sein Zustand aber immer weiter verschlechtert
M: hatten wir ihn ein paarmal zurücksetzen lassen
V: Ja
M: da war er mittlerweile 22, und das dritte Mal ging's nicht, haben wir ja durch einen Rechtsanwalt ne,
V: er durfte nicht beim Bund er musste bei seiner Arbeit bleiben
M: Ja war verkehrt
V: beim Bund hält nicht jeder durch ich hatte ja auch war ich 33 ist ja nicht so einfach beim Bund da musst ich erst wieder linksrum geradeaus und dann Gleichschritt geradeaus da wird man ja erst mal am Boden zerstört
M: weißt du noch, wo wir ihn besucht haben, war ja das reinste Sibirien
V: wie ich da oben hin kam, da waren so en paar wach paar Verwaltungsbauten, das sind Schießstände da oben an der Nordsee und ich sag das ist ja genau

---

31 Für mit der Materie nicht Vertraute: »1 gemustert« heißt, dass der Untersuchte für den Wehrdienst als uneingeschränkt tauglich befunden wird.

wie in Russland da kampierten wir in den Baracken die waren zum Teil noch vom Ersten Weltkrieg [vertieft dieses Thema weiter, attestiert den Bewohnern dort oben Rückständigkeit]
M: da hammer viel mitgemacht da stürzte für uns eine Welt zusammen
V: nun war er erst mal vier Tage weg, war er gar nicht mehr da, war er bewusstlos. Und der Kreislauf setzte immer aus, hatte er sieben Tröpfelflaschen an sich hängen, und eine Sauerstoffflasche stand am Bett, bekam alle Viertelstunde eine Sauerstoffdusche. Der Kreislauf ging immer runter, dann wurde die Tröpfelflasche gefüllt und da kam ein Herzstärkungsmittel rein. Die drei Ärzte und der Chefarzt sagten, es sieht ganz schlecht aus. Sie können überhaupt keine Hoffnung geben, auch wenn wir ihn wach bekommen, das wissen wir nicht, was dann ist, was es dann gibt.
[Dann ein Sprung in die Gegenwart:]
M: voriges Jahr haben wir uns gefreut, als er wieder kam. Der ging einkaufen und der war am Lachen, die Leute alle, die sagten, tatsächlich, auch hier im Dorf, mein Gott, den Frank kennt man nicht mehr wieder, der war so aufgekratzt, war Tag und Nacht am Dichten und immer am Rennen, und die Unruhe.«

Ich gebe die Wirklichkeitsdefinitionen in Sachen Erstmanifestation einer Psychose aus der Sicht von Frank und seinen Eltern zunächst wieder, ohne diese in Zweifel zu ziehen. Es ist die Sicht der Wirklichkeit dieser Menschen, die es zur Kenntnis zu nehmen gilt. Jedoch ist sie auch mit der psychiatrischen Sicht zu konfrontieren, die durch eine Einsicht in die vorliegenden Krankenakten ermöglicht wurde, worum es dann weiter unten gehen wird.

Frank beginnt damit, dass er den Wehrdienst dazu einsetzen will, sich von der Familie abzulösen. Der geografischen Distanz zwischen Familie und Kaserne spricht er dabei eine entscheidende Bedeutung zu. Jedoch machen es die Eltern ihrem Sohn bei der Ablösung nicht einfach. Sie bestehen darauf, ihn persönlich am Kasernentor abzuliefern. Damit nimmt die zeitliche Gestaltung des Übergangsprozesses eine Besonderung an: Hätten die Eltern ihren Sohn am Bus in der Kreisstadt verabschiedet, hätte ihm das Gelegenheit gegeben, zwischen dem Zeitpunkt der Verabschiedung und der Ankunft in der Kaserne einen ca. neunstündigen Prozess mit von ihm geforderten Orientierungsleistungen beim Umsteigen zu erleben. Innerhalb dieses Prozesses hätte er einerseits den Abschied von den Eltern noch einmal gedanklich durchleben können. Andererseits hätte er sich mit Vorerwartungen in Bezug auf die Ankunft in der Kaserne auseinandersetzen können. Diese Vorgriffe hätten vielleicht durch Berichte von Arbeitskollegen oder Freunden genährt sein können. Das alles wird durch das Verhalten der Eltern zunichte gemacht. Sie tun das selbstverständlich nicht aus bösem Willen, sondern folgen den Vorgaben ihres eigenen In-der-Welt-seins. Auf diese werde ich in der später folgenden Genogrammrekonstruktion zurückkommen. Sie verabschieden Frank am Kasernentor und gestalten auf diese Weise einen harten Übergang: Frank wird ins kalte Wasser geworfen. *Frank aber ist gleichzeitig darauf disponiert, sich auf die eigene Perspektive und auf die eigene Expertise zu verlassen. Dazu fehlt ihm jedoch das Vertrauen in das eigene Vermögen, mit der Welt und deren Eigenheiten handelnd zurechtzukommen. Auch auf die Unterstützung durch die in der Situation mitgegebenen anderen will oder kann er sich nicht verlassen. So steuert er innerhalb weniger Tage auf einen Zusammenbruch zu.*

Noch ein weiterer Aspekt: Frank geht es um die geografische Distanz. Aufgewachsen ist er im Rothaargebirge in der Mitte Deutschlands, »so weit weg wie möglich« heißt daher in nördlicher Richtung: an die dänische Grenze, in südlicher Richtung: an die österreichische/schweizerische Grenze. Im vorliegenden Fall geht es um die dänische Grenze. Neue Landschaften sind zu erfahren. Der Vater, der seinen Sohn Frank zur Kaserne nahe der dänischen Grenze in Ostholstein begleitet, ist in geografischer Hinsicht von fragwürdiger Kompetenz. Als ich ihn zum ersten Mal traf, nahm er meine für lokale Ohren fremde Sprachfärbung wahr und wollte wissen, woher ich käme. Ich antwortete, ich sei vor kurzem vom Bodensee nach Marburg umgezogen. Sein Kommentar dazu: Das sei doch am Dreiländereck Deutschland/Italien/Tschechoslowakei. Den Standort der Kaserne des Sohnes vermutet er an der Nordsee, obwohl die Kaserne direkt sichtbar an die Ostsee grenzt und die Nordsee von dieser Stelle 150 Kilometer Luftlinie entfernt ist.[32] Der Vater fühlt sich an Sibirien erinnert und hält die Bewohner dort für rückständig: eine Einschätzung, zu der er durch kurzen Augenschein gelangt ist, die bei ihm allerdings, man wird es später noch erfahren, voreingerichtet ist. Sein Blick ist der Blick des kleinbäuerlichen Bergbauern auf die naturräumlich bevorzugten Großbauern der Ebene. Der Teller, von dem aus er die Realität außerhalb wahrzunehmen pflegt, hat nur einen engen Radius. Als Deutung ergibt sich aus dem kleinbäuerlichen Bergbauern-Blick des Vaters: *Unkenntnis von Welt bei gleichzeitig missgünstig abwertender Einschätzung, die dieser entgegengebracht wird*, kennzeichnen den geografischen Aspekt des In-der-Welt-seins der Familie Wellke.

---

32 Man könnte einwenden, dass der zu diesem Zeitpunkt 75-jährige Vater nicht mehr auf der Höhe seiner Hirnleistung ist. Das allerdings wäre eine neurologische Hypothese, für die ich keine Kompetenz habe.

Dieses In-der-Welt-sein ist geprägt von Aloys Wellke und seiner Frau Klara und ihm wird von deren Sohn nicht widersprochen.[33]

Aus der dargestellten Haltung resultiert dann auch, dass Franks Zusammenbruch der Bundeswehr angelastet wird, mit der man sich deswegen sogar in einen Rechtsstreit begibt. Diesem Grundzug begegnet man auch, wenn man die Einschätzung der gesamten Familie hinsichtlich Franks Erfahrung in der Fabrik vergegenwärtigt: Die Umgebung, die an der Familiengrenze erscheint, hier der Arbeitsplatz, ist der Familie Wellke nach deren Auffassung durchweg feindlich gesonnen. Darüber ist man sich einig (auch wenn Frau Wellke im folgenden Zitat sich über Dinge äußert, die sie durch eigenen Augenschein nicht kennt, sondern ausschließlich durch die Perspektive ihres Mannes und ihres Sohnes. Ich wiederhole die oben bereits zur Kenntnis gegebene Passage:

»M: och er machte es doch ganz gut
V: er machte es genauso gut wie die anderen auch
M: das ist doch so, Gott einer gönnt dem anderen nichts
F: Ja sicher in so einem Betrieb da ist auch viel Missgunst
V: Ja ist auch viel Missgunst«

Nimmt man die Fahrt zur Kaserne und die Schilderung von Franks Wiedereintritt in die Arbeitswelt nach einem Moratorium (entweder nach der Lehre oder nach dem Scheitern bei der Bundeswehr), zeigt sich, dass Aloys Wellke jeweils

---

33 Im Rahmen eines Lehrforschungsprojekts zum Thema »Die Erfahrung der Fremde« untersuchten wir im Umfeld von Jena um 1996 Familien, deren Kinder nach der Wende ihre Heimat verlassen haben, um im Ausland ein Auskommen zu suchen. Wir stießen auf den Fall einer Mutter, deren Tochter sich im Kanton Basel/Schweiz verheiratet hatte. Ähnlich wie Aloys Wellke setzte sie das Elternhaus ihres künftigen Schwiegersohns herab und beschrieb dieses als eine Bruchbude. Wer allerdings den Zustand der Gebäude im Landkreis Eisenberg kennt und diesen mit dem Stand Schweizer Wohngebäude vergleichen kann, wird sich angesichts dieser Äußerungen die Augen reiben.
In ähnlicher Form kann man auch heute noch beobachten, dass Kleinbürger Reisen mit einem lokalen Busunternehmen unternehmen. Lokale Busunternehmen werden deshalb bevorzugt gewählt, weil sie eine gewisse Gewähr dafür bieten, dass man vorzugsweise auf Reisegenossen stößt, die man bereits kennt, auch der Busfahrer ist in der Regel bekannt, und die Themen während der Reise beziehen sich vorzugsweise auf den bekannten Dorfklatsch, der die Erfahrung des Fremden überlagert. Als erstes Einschätzungskriterium der Fremde ziehen die Reisenden das der Sauberkeit heran: Sauber ist, was ungefähr dem Zustand entspricht, den man von seiner eigenen Umgebung kennt. Der dazugehörige Wahlspruch lautet: »Das kennt er nicht, das mag er nicht«. – Ich lasse mich über dieses Thema deshalb ausführlich aus, weil es über den Einzelfall Wellke hinaus beschreibt, wie man sich kleinbürgerliche Orientierung in der Welt vorzustellen hat. Herausragend oder erklärungsbedürftig ist diese Variante von Weltorientierung bei der Familie Wellke jedenfalls nicht.

eine schützende Hand über den Sohn hielt, wie er ihn auch aus dem Hintergrund bei unserem biografischen Gespräch mit Frank überwachend beschützt. – Im weiteren Verlauf der Studie kam meine Kollegin Daniela Klein dazu. Man kann dieses Verhalten oberflächlich als das Verhalten einer ausgeprägt fürsorglichen Familie etikettieren. Wäre es so, dann wäre es einfach. Damit einher geht jedoch eine Unkenntnis bzw. Abwertung der Außenwelt, auf die hin Frank sich ablösen will. David Reiss (1981) würde als Familienparadigma der Wellkes folgendes formulieren: *Die Welt da draußen ist schlecht, diese Einschätzung teilen wir gemeinsam, auch wenn wir sie nicht überprüft haben und auch nicht für überprüfungsbedürftig halten.* Aus meiner Sicht handelt es sich hier um eine *erste Hypothese* des Fallverstehens zu diesem Stand der Überlegungen. Zu dieser Hypothese habe ich bereits eine andere, auf Frank bezogene formuliert: Zusammenbruch bei der Bundeswehr als Auswuchs einer Ablöseproblematik, die sich also damit bestätigt, wenn auch die Falsifikation noch aussteht. Ich habe also bereits erste Antworten auf die Frage: *Was ist hier los?*

Es steht nun der Blick auf die dritte Perspektive auf das Geschehen bei der Bundeswehr an, die Perspektive der Medizin bzw. der Psychiatrie. Diese folgt im nächsten Kapitel. Zunächst komme ich zu einer methodischen Frage: Könnte man sich mit diesem Stand des Fallverstehens im Rahmen der Hypothesenbildung zufriedengeben? Ja, wenn man nicht an den familiengeschichtlichen Hintergründen einer Ablöseproblematik interessiert ist. Bearbeitet man klinische Fälle in einem forschenden Zusammenhang, ist es – anders als unter dem Druck des klinischen Alltags – nicht nur legitim, sondern auch zwingend geboten, das vorhandene Material so lange auszulegen, bis man zu einer kohärenten, keine Frage offen lassenden Fallstrukturhypothese gelangt ist. Die Frage der Konsequenzen eines solchen Bemühens lasse ich an dieser Stelle außer Acht, weise aber darauf hin, dass der Unterschied zwischen einem forschenden Zugang und einem therapeutischen Zugang bei genauerer Betrachtung deutlich geringer ist, als es auf den ersten Blick scheint. Mit der Erfahrung schmilzt die Distanz. Das heißt: Im Zuge des kumulativen Fallverstehens lernt der Therapeut, welche Fragen er in Bezug auf welche sozialisatorischen Prozesse zu stellen hat, wobei er auch die Eigenheiten der fraglichen Region einschließt (Walter, 1981). Ich komme noch einmal auf meinen Begriff der »Fallstrukturhypothese« zurück (vgl. Teil 2, Kapitel I) und definiere ihn folgendermaßen:

1. *Fall:* eine Einheit autonomer Lebenspraxis mit angebbaren Grenzen.
2. *Struktur:* Der Apparat, der vorhersehbar immer wieder ein bestimmtes Verhalten hervorbringt. Strukturen rekurrieren auf Verhaltensgewohnheiten, die sich objektivieren und das Verhalten in einer gegebenen Situation prägen. Strukturen sind allerdings nicht in Stein gemeißelt, sie rühren von mensch-

lichem Handeln und sind durch dieses veränderbar. Mitunter werden auch die Begriffe »Familienmuster« oder »die Melodie, nach der die Familie tanzt«, benutzt, um den Begriff der Struktur zu vermeiden[34]. Im Alltag wird der Begriff der Struktur vorzugsweise reifiziert verwendet, als handele es sich dabei um ein Ding. Nichts weniger als das.

Im Anschluss an Roland Barthes (1966) ist meine Vorgehensweise in der Fallrekonstruktion im zweiten Teil dieses Buches beschrieben: »Der Strukturalist rekonstruiert ein Objekt. Er will wissen, nach welchen Regeln es funktioniert, was dazu führt, dass die Struktur nicht mehr als ein Simulacrum [Bild, Abbild; B. H.] ist. Das führt dazu, dass zwischen den beiden Objekten [...] sich etwas Neues bildet, und dieses Neue ist nichts Geringeres als das allgemein Intelligente.« Der Strukturalist erzeugt nicht einen »originalgetreuen ›Abdruck‹ der Welt, sondern er zeigt eine Welt, die der ersten ähnelt, sie aber nicht kopieren, sondern verständlich machen will« (S. 191).

3. *Hypothese*: Im Prozess des Fallverstehens gelangt man nicht zu unumstößlichen Wahrheiten, sondern zu Vermutungen (Hypothesen), die im Material gegründet sind. Wie alle Hypothesen, so unterliegen auch diese der Falsifikation. Hypothesen gelten, solange keine plausiblen Gegenargumente gegen sie vorzutragen sind. Die im Verlauf der Generierung einer Fallstrukturhypothese herausgearbeiteten Strukturen sind, sofern nach den Regeln der Kunst durchgeführt, allerdings auch nicht beliebig. Hier gilt, was Franz Kafka zum Thema Wahrheit gesagt hat: »*Es ist schwer, die Wahrheit zu sagen, denn es gibt zwar nur eine; aber sie ist lebendig und hat daher ein lebendig wechselndes Gesicht*« (zit. nach Arendt, 1953, S. 377). Es geht also darum, die Hypothesenbildung so gründlich wie möglich durchzuführen und auch die Falsifikation nicht zu vergessen, aber auch für Entwicklungen im Fall offen zu sein und seinen eigenen Hypothesen dauerhaftes Misstrauen entgegenzubringen.

Als Nächstes interessiert mich nun die Frage, wie die Familie Wellke zu den für sie spezifischen Weisen der Weltorientierung gelangt ist. Demgemäß folgt nach dem nächsten Kapitel eine Genogrammarbeit zur Familie Wellke. Lesern, die mit meinem Ansatz nicht vertraut sind, biete ich eine Skizze zur ersten Orientierung an. Bevor ich allerdings dazu komme, soll noch ein Befund aus den voranstehenden Daten *zu einer Merkwürdigkeit in den Gesprächen mit Frank Wellke und seinen Eltern* auslegend gesichert werden. Im Einzelgespräch mit

---

34 Hier ließe sich nun problemlos eine weitläufige Erörterung des Strukturbegriffs in den Sozialwissenschaften anschließen. Das steht hier allerdings nicht auf der Tagesordnung einer Klinischen Soziologie. Diese Etüden überlasse ich meinen Kollegen in der konventionellen Soziologie (vgl. Hildenbrand, 2007).

Frank am 20.11.1981, bei welchem sein Vater anwesend war, sagte Frank im Zusammenhang mit seinen ersten Tagen bei der Bundeswehr: »(,) (…) ach da ging alles schief (,) erst mal stillgestanden ne richtet euch (.) rührt euch ((leise)) und + habe ich so gezittert am Morgen bin ich unter kalte Brause gegangen wars weg ne (›).« Einige Tage später sagte der Vater im Familiengespräch am 04.12.1981: »Beim Bund hält nicht jeder durch ich hatte ja auch war ich 33 ist ja nicht so einfach beim Bund da musst ich erst wieder linksrum geradeaus und dann Gleichschritt geradeaus da wird man ja erst mal am Boden zerstört.« Was ist hier los?

Frank beschreibt seine Probleme bei der Bundeswehr, die von den Eltern als Unfall etikettiert werden, mit der Folge, dass sie mithilfe eines Rechtsanwalts bei der Bundeswehr Klage auf Schadensersatz einreichen. Damit haben sie keinen Erfolg, wie zu erwarten war. Nun macht der Vater ähnliche Probleme geltend, die er beim Dienstantritt in der deutschen Wehrmacht hatte. Bei dieser Gelegenheit verwechselt er die Bundeswehr, die Streitkräfte der demokratischen Gesellschaft der Bundesrepublik Deutschland, mit der Armee im Hitler-Deutschland.

Wir haben schon an anderer Stelle feststellen können, dass Aloys Wellke es mit der Wirklichkeit sprachlich nicht so genau nimmt. Auch seine Probleme beim Eintritt in das Sozialsystem Militär bezogen sich auf die Formalausbildung, nun allerdings auf den schwierigeren Teil derselben. Es geht um Richtungsänderung in geschlossener Formation, die der Vater auf sich selbst bezieht (»ich«)[35], obwohl es sich um ein Gruppengeschehen handelt: »Wenn einer in der Gruppe bei einer Richtungsänderung in geschlossener Formation patzt, ist die gesamte Formation betroffen.« Diese Totalisierung des eigenen Standpunktes finden wir auch bei Frank wieder, im Zusammenhang damit, dass er in den ersten Tagen bei der Bundeswehr seine Orientierung verloren und nie wiedergefunden hat. (Korrekt gesprochen: Frank konnte eine Orientierung nicht verlieren, weil er keine hatte, entsprechend konnte er sie auch nicht wiederfinden.) Der Vater wiederum spricht von Problemen bei seiner eigenen Formalausbildung, die ihn »erst mal« am Boden zerstört hätten. Das heißt, das initiale Erleben brachte ihm erst einmal eine Desorientierung ein, die allerdings nur von vorübergehender Bedeutung war. Das unterscheidet ihn von seinem Sohn. Bis hin zur Irritation unterlegt der Vater seinem Sohn Frank dasselbe

---

35 Das ist keine Beobachtung, die man obenhin bemerkt. Sie verweist auf eine Struktur, in diesem Fall auf eine Persönlichkeitsstruktur: Der Weltzugang des Aloys Wellke ist grundsätzlich ein egologischer, selbstbezogener.

Erleben, ohne aber deutlich zu machen, was ihn von seinem Sohn unterscheidet: Er selbst hatte keinen »Unfall«.
Was ist hier los? Zum einen erscheint eine Normalisierung des »Unfalls« von Frank als Thema: Wenn ich, der Vater, und Frank beim Militär dasselbe erlebten, ich aber die Sache überstanden habe, dann ist nicht einzusehen, dass Frank die Sache nicht ebenso übersteht. Der Preis dieser Konstruktion ist, *dass die Grenzen zwischen Frank und seinem Vater verschwimmen.* Paula Wellke, die Mutter, die sonst ihre Expertise auch für Bereiche geltend macht, von denen sie kein eigenes Erleben hat, die Arbeitswelt zum Beispiel, hält sich an dieser Stelle heraus. Ein kurzer Blick zurück: Sollte Frank in der Fabrik für Baubeschläge zur Auffassung gekommen sein, dass er dort mit seiner Arbeit überfordert war, wird ihm auch dies genommen, indem die Eltern unisono diese Sicht abweisen und die Verantwortung für das Scheitern anderen zuweisen.

Hypothese 2: In Bezug auf die Familiengrenzen komme ich zu folgendem Schluss: *Ein eigenständiges Erleben wird Frank nicht zugestanden, wo immer er hinkommt, ist der Vater mit seinem eigenen Erleben schon da* (das Hase-und-Igel-Syndrom). Dazu eine *Ergänzung zu Hypothese 1: Die Familie Wellke unterscheidet trennscharf zwischen dem Innen und Außen ihrer Familienwelt, sie neigt dazu, das Außen abzuwerten.*

Wollte man die hier herausgearbeitete Familiensituation begrifflich fassen, würde sich auf den ersten Blick der Begriff der »Pseudo-Mutuality« aufdrängen, der von derselben Forschergruppe geprägt wurde, von der auch das Konzept des »Rubber Fence« stammt. Die Benutzung des Begriffs »Pseudogemeinschaft« ist allerdings bereits in der Übersetzung falsch. Mutuality hat nichts mit Gemeinschaft zu tun, sondern mit Wechselseitigkeit. Bei Wynne et al. (1970) heißt es im Einzelnen: »Bei der Darstellung von Pseudogemeinschaft [im Sinne von: Pseudogegenseitigkeit; B. H.] liegt der Akzent jedoch auf dem überwiegenden Aufgehen im Zusammenschluss auf Kosten der Differenzierung der Identitäten jener Personen, die an der Beziehung beteiligt sind« (S. 47). Mit dieser Beschreibung in Anwendung auf die Beziehungsverhältnisse in der Familie Wellke kann ich mich einverstanden erklären, mit dem darauf bezogenen Begriff allerdings nicht. Um nicht einer Begriffshuberei zu verfallen, werde ich allerdings darauf verzichten, einen eigenen Begriff zu erfinden. Entscheidend ist, worum es in der Sache geht. An anderer Stelle heißt es im oben erwähnten Text auch »Enmeshment« oder »Undifferentiated Ego Mass«. Wechselseitigkeit im Sinne von Wahrnehmung unterschiedlicher Standpunkte und deren Anerkennung (auch Reziprozität genannt) ist bei den Wellkes nicht zu beobachten. Nachdem in diesem Kapitel die Familie Wellke mit ihrer Sicht der Erstmanifestation einer als schizophren diagnostizierten Erkrankung bei ihrem Sohn zur Sprache gekommen ist, ändere ich nun den Fokus und befasse mich im nächsten mit der psychiatrischen Perspektive auf diesen Krankheitsverlauf.

3 Die psychiatrische Sicht: Erstmanifestation einer »schizophrenen Psychose« bei Frank Wellke und ihr weiterer Verlauf

Datengrundlage in diesem Kapitel sind Krankenakten. Bei deren Verwendung ist besondere Vorsicht geboten. Wie der Name sagt, liegt der Fokus bei Krankenakten auf dem Kranken. Das Gesunde spielt dabei nicht die erste Rolle. Man wird also nicht erwarten können, dass Fähigkeiten *und* Schwächen eines Kranken in dessen Krankenakten zu finden sein werden. Auch wird man das in Krankenakten Dargestellte nicht als definitiven Ausweis von Wirklichkeit betrachten können. Was dort zu lesen ist, gibt die Perspektive eines behandelnden Arztes, einer spezifischen medizinischen Einrichtung wieder, nicht die Wirklichkeit (vgl. dazu das Kafka-Zitat in Teil 2, Kapitel II, 2). Dies im Bewusstsein haltend, rekonstruiere ich im Folgenden den Verlauf der stationären psychiatrischen Behandlungen des Frank Wellke von der Erstmanifestation einer ärztlich diagnostizierten Psychose 1972 bis zum Beginn unserer ethnografischen Studie, 1981. Grundlegende Gedanken zum Thema Diagnose werde ich weiter unten (Teil 2, Kapitel II, 8.2), diskutieren. Daher kann ich mir an dieser Stelle kritische Fragen an die Praxis der Diagnosestellung in der Psychiatrie sparen.

Den Aufzeichnungen zum ersten Aufenthalt in einer psychiatrischen Klinik entnehme ich: Am 4. Januar 1972 tritt Frank Wellke seinen Wehrdienst an. Das ist ein Dienstag. Am Samstag darauf hat Frank Geburtstag, es ist sein 22. Die Kameraden verwickeln ihn in eine milieuüblich von deftigem Alkoholkonsum begleitete Feier. Am nächsten Tag, einem Sonntag, verlässt er die Kaserne und kauft sich im ca. 120 Kilometer entfernten Hamburg ein Schlafmittel, das er in suizidaler Absicht einnimmt. Vier oder fünf Tage liegt er im Koma, dann wird er in das zur Kaserne nächstgelegene Allgemeinkrankenhaus und am 20. Januar in das für die Kaserne zuständige psychiatrische Krankenhaus verlegt. Ich habe bereits weiter oben die Darstellung dieses Vorgangs aus Sicht der Familie wiedergegeben. Als Nächstes ergibt sich die Möglichkeit, die psychiatrische Sicht dieses Vorgangs zur Kenntnis zu nehmen.

Was war da los? Ich blicke zurück: Helmut Schmidt ist im dritten Jahr Verteidigungsminister, die Verhältnisse in der Truppe haben sich seit seinem Amtsantritt merklich entspannt; die Beziehungen zu den Wehrpflichtigen wurden zivilisierter. Das war schon wenige Monate nach seinem Amtsantritt spürbar. Die Wehrpflichtigen werden nun beim Dienstantritt nicht mehr mit sinnlosem Gebrüll, unnötigen Befehlen, persönlichen Herabsetzungen etc. konfrontiert, von Ausnahmen einmal abgesehen. Nun nehme ich die Zeit zwischen Dienstag und Samstag in den Blick. Für einen regulären Dienstablauf kommen in dieser Woche nur der Donnerstag und der Freitag infrage. Diese beiden Tage werden mit dem Empfang von Bekleidung (Zivilkleidung wird durch Uniform ersetzt, wodurch der Statusübergang vom Zivilisten zum Soldaten manifest wird) und Ausrüstung angefüllt gewesen sein. Hinzu kommt eine erste Orientierung in der Kaserne und in den Dienstablauf. Formalausbildung, wie von Frank oben berichtet, wird allenfalls in Ansätzen stattgefunden haben, zum Beispiel in der Form, dass man die Rekruten angewiesen hat, sich in geordneter Formation zur Kleiderkammer zu begeben. Am ersten Wochenende in der Kaserne wird ein Wochenendurlaub üblicherweise nicht gewährt. Die Soldaten müssen in der Kaserne bleiben und sich dort die Zeit vertreiben. Das gibt ihnen auch die Gelegenheit, sich in ihre neue Lebenssituation einzufinden. Am Samstag hat Frank Geburtstag. Die Kameraden müssen davon erfahren haben, von Frank selbst oder anderweitig, und es findet an diesem Abend ein Gelage statt. Am darauf folgenden Sonntag begibt sich Frank nach Hamburg. In der späteren psychiatrischen Exploration gibt er an, mit den Kameraden nicht zurechtgekommen und der Ansicht gewesen zu sein, nicht dazuzugehören.

Erklärungsbedürftig an dieser Stelle ist, dass Frank erst mit 22 Jahren zur Bundeswehr eingezogen wird. Damals ist man bereits mit 18 Jahren wehrpflichtig gewesen, und nichts hätte gegen einen Antritt der Wehrpflicht im Alter von 18 Jahren gesprochen, denn Frank wurde, gemäß einer Äußerung seiner Mutter, als tauglich gemustert. Der Vater schiebt in unserem ersten Gespräch mit der Familie, daran sei erinnert, an dieser Stelle allerdings ein, dass es damals bei Frank Schwierigkeiten gegeben habe, die weder Frank noch seine Eltern zunächst zur Sprache bringen, vielleicht, weil sie sie verheimlichen wollen. Welcher Art diese Schwierigkeiten waren, teilt Aloys nicht mit. Er, der Vater, habe ihn »zweimal zurücksetzen lassen«, ein drittes Mal sei nicht gewährt worden.

Über den Aufenthalt im Allgemeinkrankenhaus nach dem Suizidversuch erfahren wir in den Krankenakten, die als Zitat in einer späteren Krankenakte vorliegen, zunächst nichts. Von den Eltern ist zu hören, dass sie ihn dort besucht und in einem sehr bedenklichen Zustand angetroffen haben. Die behandelnden Ärzte hätten ihnen mitgeteilt, man müsse mit dem Schlimmsten rechnen.

Über den Aufenthalt im psychiatrischen Krankenhaus heißt es in der Krankengeschichte, dass Frank sich 14 Tage lang in einem Zustand befunden habe, der psychiatrisch als »stuporös« (regungslos, starr) bezeichnet wird.

Danach habe er psychotische Symptome gezeigt. Er glaubte sich von Strahlen beeinflusst, er stehe mit Gott in direktem Kontakt, und er sei gleichzeitig völlig standpunktlos gewesen. Deutlich wird Franks Bewältigungsmuster bei Auftreten einer kritischen Situation. Es ist doppeldeutig: Einerseits stellt er sich tot, andererseits erhebt er sich als Gott über die Situation. Diese psychotischen Symptome klingen nach einer Behandlung mit Neuroleptika ab, und bei Frank sei es zu einer »dynamischen Entleerung« gekommen. Am 15.06.1972 wird Frank als »truppendienstuntauglich« aus dem Krankenhaus und gleichzeitig aus der Bundeswehr nach Hause entlassen. Außer einer Bescheinigung der Truppendienstuntauglichkeit enthält dieser Bericht keine Entlassungsdiagnose. Im Arztbrief ist von einer »ausgeprägten prozessartigen Psychose« die Rede. Der Arzt empfiehlt, dem Patienten eine beschützende Atmosphäre zu verschaffen, die ihm eine Entwicklung nach seinen Möglichkeiten erlaube. Unklar bleibt, auf welcher Grundlage diese Einschätzung beruht.

Zusammenfassend lässt sich feststellen: Der erste Ausbruchsversuch Franks aus der Familie endet in der Katastrophe. Von den Eltern geradezu »fürsorglich belagert«, flankieren diese seine Reise zur Bundeswehr, auch besuchen sie ihn, wie man es von fürsorglichen Eltern erwarten kann, im Allgemeinkrankenhaus, wo er mit dem Leben ringt. Es wird deutlich, wie gering ausgeprägt Franks Orientierungsvermögen außerhalb des Elternhauses ist. Das ist bereits vor Antritt des Wehrdiensts, wenn auch von den Eltern nicht näher ausgeführt, bekannt. Dem ersten Fluchtversuch aus der Familie (»möglichst weit weg«) folgt der zweite Fluchtversuch aus der Fremde zurück zur Familie, bei welchem Frank sich beachtlich orientiert zeigt. Immerhin findet er, ohne Orientierung über die Himmelsrichtungen, den Weg von der Kaserne bis zur übernächsten Großstadt, und es gelingt ihm, trotz Sonntag, sich in einer Apotheke Schlafmittel zu beschaffen. Danach beginnt der Absturz. Aus meiner Sicht ist dieser Verlauf wie folgt zu deuten: Die Verarbeitung der fremden Wirklichkeit bei der Bundeswehr gelingt Frank nur in der Psychose. Familientypische Größenideen spielen dabei eine Rolle. Dem folgt ein Stillstand, wenn man den Begriff der »Entleerung«, der in der Akte zu finden ist, so deuten kann.

Wenden wir uns nun erneut außerhalb der Rekonstruktion der psychiatrischen Krankheitsgeschichte der Elternperspektive zu, stellen wir fest: Auch noch zwölf Jahre nach den katastrophalen Vorfällen bei der Bundeswehr sind die Eltern der Auffassung, es handle sich um einen »Unfall«. Möglicherweise hängt dies damit zusammen, dass sie immer noch damit rechnen, sich mit Entschädigungsforderungen an die Bundeswehr durchzusetzen. Vielleicht halten sie uns als Beobachter für die Umsetzung eines nicht ausgesprochenen Begehrens für zuständig. Hier zeigt sich der spezifische Realitätsbezug des Ehepaars Wellke.

Sie sind es, die festlegen, worum es bei ihrem Sohn bestellt ist. Dass er unter einer hartnäckigen psychischen Störung leiden könnte, will ihnen nicht in den Sinn kommen. Dies könnte man auch als eine positive Haltung gegenüber möglichen Entwicklungen bei Frank in der Zukunft interpretieren. Die Eltern würden das Prinzip Hoffnung gegen den beobachtbaren, schlechten Zustand ihres Sohnes ins Feld führen, wofür es allerdings damals keinen Anhalt gab. Am Beginn eines Krankheitsverlaufs mag dieses Prinzip geboten sein, nicht aber nach elf Jahren und zahlreichen Rezidiven. Und wenn das Prinzip Hoffnung dann immer noch Bestand hat, hat man es mit ausgesprochenen Heroen in der Krankheitsbewältigung oder mit der hohen Kunst der Verleugnung von Wirklichkeit zu tun.

Nach der Entlassung aus der Bundeswehr im Januar 1972 lebt Frank bei den Eltern. Im März 1974 wird er in das regional zuständige psychiatrische Landeskrankenhaus aufgenommen. Es liegt 42 Kilometer entfernt vom Wohnort der Familie Wellke und ist zur damaligen Zeit mit öffentlichen Verkehrsmitteln nur schwer erreichbar. Was den *historischen Kontext* betrifft, fällt Franks psychiatrische Karriere zeitlich mit der Psychiatriereform in Deutschland zusammen, die 1975 durch einen Bericht der Bundesregierung an den Deutschen Bundestag in Gang gesetzt wurde. Längst überfällige Kritik an der Anstaltspsychiatrie (Großkrankenhäuser), am Typus der »totalen Institution« – wie beschrieben von Erving Goffman (1968) und plastisch dargestellt in dem 1975 erschienenen Film »Einer flog über das Kuckucksnest« des Regisseurs Miloš Forman) –, an der Gemeindeferne dieser Einrichtungen aufgrund der Größe ihrer Einzugsgebiete und an einem reduzierten Behandlungsangebot prägten die damalige Diskussion. Hingewiesen sei auch auf den ausgezeichneten historischen Überblick zur Psychiatriegeschichte im »Bericht über die Lage der Psychiatrie in der Bundesrepublik Deutschland – zur psychiatrischen und psychotherapeutischen/psychosomatischen Versorgung der Bevölkerung« aus dem Jahr 1975. Einer der Protagonisten dieser Psychiatriereform, Asmus Finzen (2019), schätzt die Entwicklung der Psychiatriereform im Rückblick positiv ein (»es hat sich viel getan«), weist aber auf weiterhin bestehende Probleme hin. Ich vertrete die Auffassung, dass, gemessen an den damals vorhandenen Möglichkeiten, naheliegende, im internationalen Vergleich sich anbietende Wege nicht beschritten wurden, weshalb, während ich andere Punkte fokussiere als Finzen, mein Urteil über die Psychiatriereform ebenfalls gemischt ausfällt (Hildenbrand, 2019).

Das für Frank zuständige Landeskrankenhaus geht zurück auf ein Kloster, das, wie viele andere Einrichtungen dieser Art, 1814 zu einer Einrichtung für die Versorgung psychisch Kranker umgewidmet wurde. Daher hat es, von den Gebäuden her betrachtet, eine andere Struktur als die im Übergang vom 19. zum

20. Jahrhundert unter dem Eindruck der aus dem 18. Jahrhundert stammenden »Moral Treatment« errichteten psychiatrischen Großkrankenhäuser. Mit »Moral Treatment« war die Annahme verbunden, dass den psychisch Kranken ein Leben abseits der betriebsamen Städte und in ländlicher Abgeschiedenheit ein gesundes Leben am besten bekomme, was zu einem Krankenhaustyp im Pavillonstil führte: In einem stadtfernen, parkähnlichen Gelände sind Gebäude verstreut, die jeweils eine Station beherbergen. Das hier infrage stehende Krankenhaus mutet jedoch aus der Vogelperspektive an wie eine Fabrik oder ein Gefängnis: Von einem Längsriegel zweigen drei Querriegel ab, jeweils dreistöckig. Am Rand sieht man eine Kirche als Reminiszenz an die klösterliche Vergangenheit dieses Ensembles.

Frank Wellkes erster Aufenthalt in diesem Krankenhaus datiert von März bis Mai 1974. Seine Entlassungsdiagnose lautet »paranoide Schizophrenie Defektzustand (295.3)«. Ein Defektzustand wird im ICD-9 (DGPN, 1979), dem hier zugrunde liegenden Diagnoseschlüssel, unter der Ziffer 295.6 wie folgt definiert: »*Schizophrene Rest- und Defektzustände:* eine chronische Form der Schizophrenie, in der die Symptome, die von der akuten Phase weiter bestehen, meistens ihre Schärfe verloren haben. Das Gefühlsleben ist abgestumpft, die Denkstörungen, auch wenn sie grob auffällig sind, verhindern nicht, dass Routinetätigkeit ausgeübt werden kann« (S. 38). An dieser Diagnose wird sich bis 1981, dem Beginn unserer Studie, nichts mehr ändern, außer dass der Begriff »Defekt« später ersetzt wird durch einen anderen: »schizophrenes Residuum«. Dies ist ein Vorgriff auf die Terminologie des ICD-10 (DIMDI, 2014, F20.5). Die Definition dort lautet: »Ein chronisches Stadium in der Entwicklung einer schizophrenen Krankheit, bei welchem eine eindeutige Verschlechterung von einem frühen zu einem späteren Stadium vorliegt und das durch lang andauernde, jedoch nicht unbedingt irreversible ›negative‹ Symptome charakterisiert ist. Hierzu gehören psychomotorische Verlangsamung, verminderte Aktivität, Affektverflachung, Passivität und Initiativemangel, qualitative und quantitative Sprachverarmung, geringe nonverbale Kommunikation durch Gesichtsausdruck, Blickkontakt, Modulation der Stimme und Körperhaltung. Vernachlässigung der Körperpflege und nachlassende soziale Leistungsfähigkeit« (S. 182).

Bis 1980 wird Frank in fünf Aufenthalten insgesamt elf Monate in diesem Krankenhaus verbracht haben, in der Zwischenzeit wohnt er jeweils bei seinen Eltern. Diese Aufnahmen stehen meist damit in Zusammenhang, dass Frank mit den verordneten Medikamenten, in der Regel Neuroleptika, experimentiert und sie teilweise auch ganz absetzt, was durchweg eine Verstärkung des wahnhaften Geschehens zur Folge hat. Wie seine Eltern, so scheint auch Frank die Tatsache zu ignorieren, dass er krank ist.

Es verblüfft, dass Frank nach diesem stationären Behandlungsverlauf im Landeskrankenhaus[36] 1980 in einer psychiatrischen Universitätsklinik aufgenommen wird, die für diesen Personenkreis damals nicht die erste Wahl ist. Aus Sicht der Familie ist dieser Krankenhauswechsel insofern unpraktisch, als das regional zuständige psychiatrische Krankenhaus dem Wohnort der Eltern deutlich näher liegt als die psychiatrische Universitätsklinik. Es muss also für die Familie viel bedeutet haben, diesen Wechsel vorzunehmen. Dazu kommt, dass chronisch psychisch Kranke in diesen Krankenhäusern nicht behandelt wurden, weshalb in der Lehre – ich beziehe mich hier auf die psychiatrische Klinik der Philipps-Universität Marburg – der Leiter des örtlichen Landeskrankenhauses gebeten wurde, den entsprechenden Part in der Psychiatrievorlesung zu übernehmen. Dazu pflegte dieser in der Begleitung eines dieser Kranken zu erscheinen, den er den Studenten vorführte, während der Leiter der psychiatrischen Universitätsklinik, Wolfgang Blankenburg, längst dazu übergegangen war, die damals sich verbreitende Videotechnik für die Demonstration psychiatrischer Krankheitsbilder zu nutzen und den Patienten den öffentlichen Auftritt wenn nicht zu ersparen, zumindest aber zu entschärfen.

Frank muss dem aufnehmenden Arzt in der Poliklinik als interessanter Fall erschienen sein, andernfalls hätte er in ihn abgewiesen. Franks Eltern wiederum haben ihn als ihre »letzte Hoffnung« bezeichnet, was vielleicht den Ehrgeiz des aufnehmenden Arztes herausgefordert oder ihm geschmeichelt hat. Allerdings tritt er im weiteren Verlauf nicht mehr in Erscheinung. In der Universitätspsychiatrie stößt Frank in der ihn aufnehmenden Station auf einen Arzt, der mit seinen Patienten in einen Begegnungsprozess einzutreten pflegte, eine demgemäße Beziehung zu ihnen aufbaute und auch ihre soziale Umgebung einzubeziehen gewohnt war. Franks Aufenthalt in diesem Krankenhaus dauert mit 36 Tagen vergleichsweise kurz. Dann wird er in die ihm bekannte, im Umfeld des erwähnten Landeskrankenhauses gelegene Werkstatt für Behinderte entlassen, nachdem er sich selbst dort um Aufnahme bemüht hat. In der Entlassungsdiagnose entfällt, wie erwähnt, (bezogen auf die Diagnostik im Landeskrankenhaus) der Begriff »Defektschizophrenie«. Dafür taucht ein anderer auf: »gemischtes Residuum«.

---

36 Die Bezeichnungen für solche Krankenhäuser variieren in Deutschland von Bundesland zu Bundesland. Ich halte an diesem für Baden-Württemberg geltenden Begriff fest, wenn er auch in der Vergangenheit durch einen anderen abgelöst wurde: »Zentrum für Psychiatrie«. – Auch an den Universitäten erschöpfte sich die Reform in der Veränderung von Begrifflichkeiten. In Marburg beispielsweise trägt die psychiatrische Klinik der Universität die Bezeichnung »medizinisches Zentrum für Nervenheilkunde«, was bei Wolfgang Blankenburg regelmäßig ein Kopfschütteln hervorrief.

Aufgrund der Fähigkeit des behandelnden Arztes zu Begegnungen und seiner genauen Auffassungsgabe gibt Frank Informationen preis, von denen zuvor keiner der behandelnden Ärzte erfahren hat. Einige davon seien erwähnt: Er wünscht spezifische Medikamente, die seine Stimmung und seinen Antrieb steigern. Er beschreibt seine Jugend vor allem in Bezug auf berufliche Dinge, erwähnt dabei im Wesentlichen Interaktionsprobleme auf der Grundlage eines früh entwickelten Einzelgängertums. Die Krise bei der Bundeswehr führt er auf Möwengeschrei zurück, das auf ihn nach einer Woche so eingewirkt habe, als ob er nach Hause gehen solle. Ob es sich dabei um imperative Botschaften oder um eine Stimmung Franks gehandelt hat, bleibt unklar. Ein halbes Jahr nach der Entlassung aus der Bundeswehr habe er dort um eine Wiederaufnahme ersucht, er sei jedoch nach einem Monat wieder entlassen worden.

Im Behandlungsverlauf geht es dann um die Verschreibung des »richtigen Medikaments«. Zudem wünscht Frank einen »Hustenblocker« und gibt sich mit den verordneten Hustenbonbons zufrieden. Er schwankt zwischen guten Kontakten zu seinen Mitpatienten und dem Rückzug von ihnen. Nach Absetzen der Neuroleptika tritt wahnhaftes Geschehen verstärkt wieder auf. Dabei steht im Zentrum, dass man ihm ansehen könne, er sei ein Patient aus dem psychiatrischen Landeskrankenhaus. Das spricht für eine erstaunliche Sensibilität, wie sie bisher noch nicht zu erkennen war. Es ist ihm gelungen, einen deutlichen Unterschied zwischen dem Klima in einem Landeskrankenhaus und dem Klima in einer psychiatrischen Universitätsklinik festzustellen. Nachdem es zu keinen weiteren psychischen Veränderungen kommt, außer dass er sich Mitpatienten angeschlossen hat, wird Frank wieder in die Werkstatt für Behinderte entlassen, die zu besuchen er während eines Aufenthalts im Landeskrankenhaus begonnen hat. Die Neuroleptikamedikation wird durch ein Medikament ersetzt, das die Reduktion von Nebenwirkungen im Bereich der Bewegungsstörungen, die für manche Neuroleptika typisch sind, verspricht.

4 Vier unterschiedliche Versionen in der Familie Wellke zu den Umständen des Ausbruchs einer schizophrenen Psychose

Bis hierhin registriere ich vier Versionen zum Ausbruch der Psychose im zeitlichen Zusammenhang mit Franks Eintritt bei der Bundeswehr: Der ersten Version zufolge sei es, äußert Frank, bei der Bundeswehr »ganz nett« gewesen, er wisse nicht, weshalb er dort entlassen worden sei. Die zweite Version zum Ausbruch einer psychotischen Erkrankung ist die von der Familie gepflegte Version des Unfalls und der Schuldzuweisung an die Bundeswehr. Drittens ist die Rede von Interaktionsproblemen. Frank komme schon seit langem mit den anderen nicht zurecht. Die vierte Version bezieht sich auf das Geschrei der Möwen im Umfeld der Kaserne, eine Vogelart, die dem Mittelgebirgsbewohner fremd ist. Allen Versionen ist eines gemeinsam: *Das Problem liegt in Franks Konfrontation mit dem Fremden.* Gegen die von den Eltern und auch von Frank selbst vertretene Auffassung, er sei schon früh ein Außenseiter gewesen, spricht allerdings, dass er bis zum Abschluss der Lehre Entwicklungsaufgaben, zumindest zum Teil meistern konnte.

2018 stirbt Frank Wellke im regional zuständigen Landeskrankenhaus. Über die näheren Umstände ist nichts zu erfahren. Im Grab der Eltern, wo bereits nach deren Begräbnis ein Platz für ihn freigehalten wurde, ist er nicht bestattet.

5 Fallspezifische Besonderheiten im Krankheitsverlauf

Im Krankheitsverlauf Frank Wellkes fallen verschiedene Besonderheiten auf. Dazu gehören die Interventionen der Eltern bei den behandelnden Ärzten, die Rolle der Werkstatt für Behinderte sowie Franks Kampf um Autonomie.

5.1 Interventionen der Eltern

Meist tritt der Vater als derjenige in Erscheinung, der den Sohn in das Krankenhaus bringt. Die Mutter wird ärztlicherseits dann wahrgenommen, wenn sie sich telefonisch mit dem behandelnden Arzt in Verbindung setzt. Ich beobachte demnach eine Arbeitsteilung der Eltern in der Kontaktaufnahme zum Behandlungssystem: Der Vater gestaltet die Kontakte außerhalb der Familie, die Mutter agiert von zu Hause aus. In dieser Übersicht muss ich allerdings dem Umstand Rechnung tragen, dass nicht notwendig alle Kontakte der Eltern mit dem Krankenhaus in die Krankengeschichte eingehen. Auch wird der Arzt in der Krankengeschichte nicht erfassen können, welche Interaktionen der Angehörigen mit dem Pflegepersonal und dem nichtmedizinischen Personal stattfinden, es sei denn, es handelt sich um ungewöhnliche Vorkommnisse.

Beim ersten Aufenthalt im regional zuständigen Landeskrankenhaus ruft die Mutter an und fragt nach dem Befinden ihres Sohnes. Sie wirft dem Arzt vor, es sei bislang noch nichts gemacht worden. Damit hat sie wahrscheinlich nicht einmal Unrecht, denn der Tagesablauf in solchen Abteilungen gestaltete sich seinerzeit in der Regel sehr eintönig. Von einer »tätigen Klinik« (Simon, 1929) war man damals wieder weit entfernt. Die so genannte »Beschäftigungstherapie« fand in Räumen statt, meist im Keller gelegen, die man notdürftig für ein differenzierteres Behandlungsangebot freigemacht hatte. Die Mutter ist auch empört darüber, dass man ihren Sohn auf einer geschlossenen Station untergebracht habe, »dann könne sie ihn ja besser nach Hause holen«. Angenommen, diese Äußerung ist tatsächlich so gefallen, wovon ich nicht ausgehen kann, dann offenbart sie eine erstaunliche Fehlleistung: Das Leben im Elternhaus wird gleichgesetzt mit dem Verweilen auf einer geschlossenen Station. Während desselben Aufenthaltes notiert der Arzt, dass die Angehörigen »wieder erhebliche Schwierigkeiten« bereiteten. Der Vater ruft an und teilt mit, dass er mit der medikamentösen Behandlung nicht einverstanden sei (vielleicht ist er die treibende Kraft hinter den Experimenten, die Frank mit seinen Medikamenten anstellt und die immer wieder für eine Verschlechterung des Zustands sorgen) und den Sohn unverzüglich abholen werde. Das geschieht dann allerdings nicht, stattdessen entschuldigt sich der Vater brieflich für seine Intervention.

Bei der zweiten Aufnahme in dieses Krankenhaus fällt dem die Krankengeschichte führenden Arzt auf, dass der Vater die erneut eingetretene Verschlechterung des psychischen Zustands seines Sohnes emotional neutral darstellt. Auch bei diesem Aufenthalt rufen die Angehörigen immer wieder an und werden als notorisch nörgelnd, ansonsten als uneinsichtig in die Behandlung dargestellt. Der aufnehmende Arzt in der psychiatrischen Universitätsklinik erlebt den den Patienten begleitenden Vater als jemanden, der seinen Sohn abliefert und ihn zur Behandlung abgibt. Er bittet um einen Anruf, falls die Dinge wieder in Ordnung gekommen seien, er würde seinen Sohn dann abholen. Anlässlich eines Elterngesprächs gibt dieser Arzt zu Protokoll, dass der Vater die Isolierung der Familie im Dorf angebe und dass ein Dorfbewohner geäußert habe, Menschen wie Frank seien früher vergast worden. Die Mutter wird als eine ratlos-gutmütige Frau beschrieben, die bestrebt sei, ihren Sohn zu beschützen, jedoch dessen Fähigkeit zur Selbstständigkeit unterschätze.

Eingangs stellte ich fest, dass der Vater die Außenkontakte der Familie übernimmt. Dabei wird er mitunter als jemand beschrieben, der seiner Aufgabe emotionslos nachkommt, und es drängt sich der Eindruck auf, er liefere einen Gegenstand in einer Werkstatt ab. Die Mutter hingegen zeigt sich als kontrollierend-fürsorglich.

5.2 Franks Aufenthalte in der Werkstatt für Behinderte

Bei der vierten Aufnahme in das psychiatrische Landeskrankenhaus teilt Frank mit, dass er seit dem Frühjahr bzw. Sommer 1977 für drei Monate eine Werkstatt für Behinderte besucht habe. Diesen Besuch habe er allerdings wegen

Magenbeschwerden eingestellt. Bei der fünften Aufnahme berichtet Frank wiederum von seinem Aufenthalt in der Werkstatt für Behinderte, den er nach der Entlassung im Frühjahr begonnen habe. Er sei zwischen dieser Werkstatt und seinem Elternhaus gependelt (ca. 27 Kilometer in eine Richtung). Im Herbst sei der tägliche Anfahrtsweg zur Werkstatt zu weit gewesen (was vermutlich damit zusammenhängt, dass der Ort Eisental im Winter nur über einen Pass verlassen werden kann, der bei Schneefall nicht geräumt wird, was einen langen Umweg über die Bundesstraße nach sich zieht). Aus anderen Informationen weiß ich, dass Franks Eltern in der Nähe der Werkstatt eine Wohnung gekauft oder gemietet haben und dort eingezogen sind. Mir scheint, der Arzt hat diesen Zusammenhang nicht verstanden, vielleicht konnte er auch diese Information in seinen routinemäßigen Alltagsverstand nicht einordnen: Wo kommt es schon vor, dass Eltern an den Ort einer Werkstatt für Behinderte umziehen, um in der Nähe ihres Kindes zu sein?

Anlässlich eines Besuchs im Krankenhaus drängen die Eltern auf eine baldige Entlassung, damit ihr Sohn seine Arbeit in der Behindertenwerkstatt wieder aufnehmen könne. Frank seinerseits ist zwar an der Arbeit in der Werkstatt für Behinderte interessiert, lehnt es aber ab, das begleitende Wohnangebot in Anspruch zu nehmen.

In Bezug auf die *Geschichte der Psychiatrie nach der Reform* ist festzustellen, dass aus der Ablösung der Anstaltspsychiatrie durch die Gemeindepsychiatrie auf lange Sicht nichts geworden ist. Zunehmend wurden »rückwärtige Abteilungen« aufgebaut. Unter rückwärtigen Abteilungen verstand man in der Anstaltspsychiatrie jene an der Peripherie des Geländes (deshalb: »rückwärtig«) gelegenen Abteilungen, die der Patientengruppe »Männer unruhig« bzw. »Frauen unruhig« vorbehalten waren und entsprechend benannt worden sind (MU, FU). Im Zuge der Psychiatriereform wurden die Patientenzahlen an den Großkrankenhäusern stark bis dramatisch reduziert. Als Beispiel für eine dramatische Reduktion sei das Großkrankenhaus Merzig im Saarland erwähnt. Dafür entstanden solche rückwärtigen Abteilungen mit Werkstatt und Wohnheim mehr oder weniger gemeindenah oder im unmittelbaren Umfeld der ehemaligen Großkrankenhäuser, teils in derselben Stadt.[37]

Die aus dem Boden schießenden Werkstätten für Behinderte entsprachen nicht den Intentionen der Psychiatriereform. Ursprünglich wurde nach italienischem Beispiel diskutiert, dass am allgemeinen Arbeitsmarkt Plätze für psy-

---

[37] Unerwähnt bleiben hier die psychiatrischen Abteilungen am Allgemeinkrankenhaus, denen in der Zeit, in der ich ihre Entwicklung verfolgen konnte, die Trägerschaft der Psychiatriereform zukam.

chisch Kranke eingerichtet werden sollten, um deren Ausschluss aus der Gesellschaft entgegenzuwirken, was allerdings in Italien auch nicht funktioniert haben soll. So beklagt Erich Wulff (1980) generell in einer Streitschrift gegen die »Aktion psychisch Kranke«, dass das Arbeitsleben in der Psychiatriereform vernachlässigt worden sei. Dass die Schaffung von Behindertenarbeitsplätzen für psychisch Kranke in Betrieben administrativ schwierig werden würde, hatte man jedoch von Anfang an gewusst. Man griff dann auch rasch zu der bürokratisch einfachsten Lösung: Die Einrichtung einer Werkstatt für Behinderte.

Zurück zu Frank: In einem Gespräch mit einem Mitarbeiter der Werkstätte erfährt der behandelnde Arzt in der Universitätspsychiatrie, dass Frank die Einrichtung nur sehr unregelmäßig besuche und immer dann zu Hause bleibe, wenn er glaube, er sei für diese Arbeit nicht kräftig genug. Außerdem sei er der Auffassung, dass er nicht in diese Werkstatt gehöre, da dort vorwiegend geistig Behinderte arbeiten würden. Darin werde er von seiner Mutter unterstützt.

Franks Eltern nehmen den Aufenthalt ihres Sohnes in einer Werkstatt für Behinderte ambivalent wahr. Sie ignorieren seine Krankheit und sind gleichzeitig der Auffassung, dass es für Frank nützlich sei, in einer solchen Werkstatt zu arbeiten. Denn werkend tätig zu sein ist der Sinn, auf den Frank sein Sein in der Welt reduziert hat. So geben die Eltern seinem Begehren, sich dort zu beschäftigen, nach. Allerdings lassen sie ihn nicht entkommen und folgen ihm bis zur Werkstatt, wo sie eine eigene Wohnung mit ihm gründen.

5.3 Franks Kampf um Autonomie

Der Zustand Franks ändert sich immer wieder, meist im Zusammenhang damit, dass er die verordneten Medikamente nicht einnimmt und die Auffassung vertritt, er selbst wüsste am besten, welche Medikamente in welcher Dosierung ihm bekämen. Eine seiner Aussagen lautet: »Ich reguliere das gerne.« Dazu gehören Selbstbehandlungsversuche mit Alkohol. Zur ersten Aufnahme in das regional zuständige Landeskrankenhaus erscheint er mit einer Flasche Schnaps und gibt an, davon am Tag ein Drittel zu konsumieren. Auch hört er Musik oder treibt Sport auf dem Trimmrad. Während der ersten Aufnahme im Landeskrankenhaus zeigt sich Frank gegenüber dem explorierenden Arzt zudem widerständig, indem er »die Aussage verweigert« und so eine psychiatrische Exploration in ein Verhör umdefiniert.

Immer wieder beharrt er darauf, in seinen Beruf als Kraftfahrzeugmechaniker zurückkehren zu können. Das ist der schmale Bereich seiner Existenz, in welchem er sich sicher fühlt, auch wenn er bei Versuchen der Wiederaufnahme beruflicher Arbeit wie auch in der Werkstatt für Behinderte immer wieder scheitert, zumindest aus eigener Sicht. Zum Kampf um Autonomie gehört zudem Franks zurückgezogenes und kommunikationsverweigerndes Verhalten auf der Station.

Beim vierten Aufenthalt im Landeskrankenhaus legt Frank Widerständigkeit gegen die Eltern an den Tag. Er zeigt sich verbal aggressiv gegen die Mutter und drängt zurück in die Kaserne, was der Vater zum Anlass nimmt, ihn wieder aufnehmen zu lassen. Ich erinnere daran, dass die Ableistung des Wehrdienstes seitens Franks ursprünglich als Ablöseversuch von den Eltern geplant war, der auch im zweiten Anlauf gescheitert ist. Daher gehe ich davon aus, dass diesem Klinikaufenthalt ein erneuter Ablöseversuch zugrunde liegt.

6 Erkenntnisse aus der Rekonstruktion der psychiatrischen Karriere Frank Wellkes

Am Beispiel eines misslungenen Ablöseprozesses aus der Familie habe ich den Versuch der Überschreitung einer Familiengrenze beschrieben, der in eine psychotische Karriere mündete. Doch bevor ich darauf weiter eingehe, muss ich zunächst einen Bezug zu den oben aufgestellten Hypothesen herstellen: Die Übersicht über die psychiatrische Krankengeschichte hat ergeben, dass zumindest die *Hypothese 1* (die Welt da draußen ist schlecht) einen Bezug zur Wirklichkeit der Familie Wellke hat. Dazu kommt: Ihr Gummizaun(-seil) ist sehr präsent, er reicht bis in die Kaserne bzw. bis in die Krankenhäuser, und bei Bedarf wird er den Umständen angepasst. Damit verliert der Aufenthalt in der Werkstatt für Behinderte sein Potenzial als Vehikel für eine Ablösung. Entsprechend verweigert Frank auch das Angebot einer Wohnung im Umfeld der Werkstatt. Insofern, als Frank ein eigenständiges Erleben außerhalb der Familie nicht zugestanden wird – *Hypothese 2* – reklamieren die Eltern die Deutungshoheit über Franks Ablöseprozess, auch darüber, wie sein Zustand einzuschätzen sei. Diesen definieren sie je nach Gusto selbst, die Einschätzungen von Fachleuten werden dabei ignoriert.[38]

Franks Scheitern bei der Bundeswehr bringt seine Ablöseproblematik von der Familie brennglasartig ans Licht, und dieser Sachverhalt ist seitens der Familie nicht erzählbar, weshalb es vier Versionen davon gibt. Dies zeigt, wie wenig diese

---

38 Mit diesem Verhalten entsprechen Frank und seine Eltern der im sozialpsychiatrischen Feld gern gehegten Vorstellung, der Patient sei der Experte seiner eigenen Lebensführung. Diese Annahme kann im Einzelfall, wie die Familie Wellke zeigt, zu einer therapeutischen Blockade führen. Was allerdings nicht heißt, dass das den Patienten und seiner Familie zugeschriebene Expertentum durchgängig eine unzutreffende Annahme ist. Es kommt, wie immer, auf den Einzelfall an.

Familie mit ihrer Welt im Einklang ist: *Hypothese 3*. Diese Hypothese erfordert eine weitere Präzision: »Wir können über unsere Geschichten zu uns selbst kommen«, schreibt der Phänomenologe und Richter Wilhelm Schapp (1976, S. 126). Von ihm war bereits im ersten Teil die Rede, und auf ihn wird im dritten Teil zurückzukommen sein. Auf Grundlage der Behauptung, man könne über seine Geschichte zu sich selbst kommen, kann man die Auffassung entwickeln, dass ein Geschichtenerzählen mit sich selbst versöhne. Gemeint ist hier nicht das Erzählen an sich, sondern dessen Orientierung an der Ablaufstruktur eines Erzählens: Man beginnt mit der Problemexposition, führt die Erzählung durch bis zur Komplikationsphase und gelangt zu deren Auflösung, kurz: zu einer zusammenhängenden Sinngestalt. Schapp billigt den Geschichten einen »Primat vor der Außenwelt« (S. 4) zu. »Die Außenwelt und alles, was damit zusammenhängt, wäre nur ein Derivat von Geschichten, und der Ort, wo wir Wirklichkeit oder letzte Wirklichkeit suchen müssten, wäre das Verstricktsein in Geschichten« (S. 4 f.). Anders und in aktueller Terminologie formuliert: Familiale Wirklichkeitskonstruktionen ereignen sich in Geschichten. Diese Geschichten haben ihren Ursprung in den Prozessen der Auseinandersetzung der jeweiligen Familie mit ihren Umgebungsgegebenheiten, ihrem In-der-Welt-sein.

»All den Versuchen, die Seele als unräumliche, ewige, unteilbare Substanz zu treffen, muss irgendwie dieses Verstricktsein zu Grunde liegen, dies Verstricktsein, welches man treffen will, und welches man im selben Augenblick durch die Objektivierung und Verfestigung wieder aus den Augen verliert. In die Nähe dieses Verstricktseins können wir nur kommen über unsere Geschichten. Auf gewisse Art sind wir ihm am nächsten in unseren aktuellen Geschichten, aber immer nur auf dem Hintergrunde und im Horizont der vergangenen und zukünftigen Geschichten« (S. 132). In diesem Zitat verknüpft Schapp den Stellenwert von Geschichten in einem menschlichen Leben mit jenem anticartesianischen Argument, welchem ich im ersten Buchteil großen Raum gewidmet habe, wozu auch das Thema des Verweisungszusammenhangs gehört, wie man es von Heidegger kennt. Demnach wäre die erzählte Geschichte der Königsweg, um an das In-der-Welt-sein einer Familie und an die Verweisungszusammenhänge, in denen sie steht, heranzukommen.

Die Fragmentierung der Erinnerung in der Familie Wellke, festzumachen an der Nichterzählbarkeit elementarer Umstände im Familienleben, ist im vorliegenden Fall mit Händen zu greifen. Jedoch sind weitere Überlegungen erforderlich: Geht es um gezielte Täuschung der Außenwelt? Geht es um Verdrängen durch Vergessen? Verhindert die Scham die Darstellung? Am Ende ist es vielleicht der Autor selbst, der die Erzählbarkeit dieser Geschichte hervorbringt, indem er diese Aufgabe übernimmt. Das kommt aber zu spät, denn die betreffenden Akteure, die darüber ihr Urteil fällen könnten, sind nicht mehr am Leben. Ob diese Akteure zu Lebzeiten an einer Erzählbarkeit ihres Lebens interessiert gewesen wären, ist eine andere Frage.

Jorge Semprún hat lange gebraucht, bis er in der Lage war, über seinen Aufenthalt im KZ Buchenwald zu schreiben. Als dann doch ein Buch darüber erschien, gab er ihm den Titel »Schreiben oder Leben« (1995). Durch das Vergessen sei er in sein Leben zurückgekehrt (S. 233). Später revidiert er diese Ansicht, und er kehrt schreibend ins Leben zurück (S. 293). Was die Geschichte der Familie Wellke mit Semprún zu tun hat, wird sich auf den folgenden Seiten zeigen. Einen direkten Weg vom KZ zu einem kleinen Dorf im Rothaargebirge gibt es nicht. Jedoch gibt es einen verschlungenen Weg, der vor das Jahr 1980 zurückreicht und der gemäß der Praxis dieser Familie im Umgang mit ihrer Vergangenheit dem Vergessen anheimgefallen ist, was hinterrücks durch Archivarbeit zu korrigieren war.

Aber ich greife vor. Bisher habe ich nur Bruchstücke aus der Geschichte der Familie Wellke aufgegriffen. Woran es liegen mag, dass diese Familie ihre Geschichte nicht »auf die Reihe« bringt, damit es ihr so werde, »als schiene ihr die Sonne auf den Magen« (Musil, 1978, S. 650), wird sich im weiteren Verlauf zeigen. Man muss ja nicht gleich die Erzählbarkeit eines ganzen Lebens zum Thema machen. Im vorliegenden Fall würde es, wieder bezogen auf den Fall der Familie Wellke, reichen, dass es gelingt, schwer auszuhaltende Elemente der Familiengeschichte in eine Erzählung zu integrieren.

Eine letzte grundlegende Überlegung zu diesem Thema: Peter Bichsel (1997) hat in seinen Frankfurter Poetik-Vorlesungen geschrieben, dass das Geschichtenerzählen die »Besänftigung der Welt« in sich trage (S. 11). Es bringe also einen Sachverhalt, der aus den Fugen geraten ist, wieder an Ort und Stelle. Demgegenüber schreibt Peter Handke (1968) in seinem Stück »Kaspar«: »Du selber bist in Ordnung, wenn du von dir selber keine Geschichte mehr zu erzählen brauchst« (S. 31 f.). Versteht man Ordnung als gelebte Ordnung, dann ist dieser Satz Unfug, auch wenn W. G. Sebald (2006) ihn affirmativ zitiert (S. 66 f.). Versteht man Ordnung als *gelebte* Ordnung, erscheint Ordnung grundsätzlich im Zwielicht (Waldenfels, 1980), sie hat unhintergehbar die Unordnung als Hintergrund. Wer keine Geschichte mehr zu erzählen hat, ist demnach tot. Es sind dann andere, die Geschichten erzählen. Bichsel und Handke liegen in ihren Auffassungen eng beieinander, aber wenn es um die von Handke beschworene Ordnung geht, werden sich wohl ihre Wege trennen.

Bisher habe ich nur Bruchstücke aus der Geschichte der Familie Wellke preisgegeben. Jedoch bin ich weit davon entfernt, auf das Ganze ihrer Geschichte abzuheben. Dieses Ganze gibt es ohnehin nicht. Kein Leben hat, so lange es lebt, all seine Möglichkeiten verwirklicht, schreibt Karl Jaspers (1946), daher sei es eine Unmenschlichkeit, von einem Leben als abgeschlossenem auszugehen (S. 564). Das klingt wie Handke ins Poesiealbum geschrieben. Und Bichsel (1982) schreibt: »Solange es noch Geschichten gibt, so lange gibt es noch Möglichkeiten« (S. 11). Andererseits gibt es in jedem Fall eine Fülle von Geschichten, die man unter Umständen zu einem Tableau zusammenfügen kann, ohne dass man in den Fehler verfällt, dieses für das Ganze zu halten.

Als Nächstes frage ich: Auf welcher lebens- und familiengeschichtlichen Grundlage haben sich die bisher zum Vorschein gekommenen Handlungs- und Orientierungsmuster dieser Familie ausgebildet? Zur Behandlung dieser Frage benötige ich das Genogramm und dessen Rekonstruktion sowie die dazugehörenden Geschichten, dann werde ich mehr, aber noch nicht alles über das In-der-Welt-sein dieser Familie wissen.

Nun komme ich zur Genogrammarbeit und zu ihren Grundzügen.

7 Genogrammarbeit im Hildenbrand-Stil: Grundlagen

7.1 Welche Daten werden erhoben? – Warum von drei Generationen?

In der Regel reicht die Erhebung von drei Generationen aus (Großeltern und Eltern des Klienten mit den jeweiligen Geschwistern). Fallweise – siehe Forensik, dazu unten mehr – wird die Übersicht über mehr als drei Generationen benötigt. Zu jeder im Genogramm aufgeführten Person werden die Geburts- und Sterbedaten, Verheiratungs- und Scheidungsdaten, Berufe und Wohnorte verzeichnet. Methodologisch gibt es den in der Soziologie üblichen Streit um des Kaisers Bart darüber, wie ein Datum zu definieren ist. Zu diesem Streit habe ich mich andernorts geäußert (Hildenbrand, 2012).

In der Regel kommt man, wie gesagt, mit der Rekonstruktion von drei Generationen (Indexpatient, dessen Eltern und dessen Großeltern) aus. In Ausnahmefällen reicht das nicht, weil das Familienthema, das schließlich zu einer problematischen Entwicklung führt, sich schon früher aufgeschichtet hat. Solchen Fällen sind wir in der Forensik begegnet. Die Indexpatienten waren Mörder, die nach psychiatrischer und richterlicher Entscheidung als schuldunfähig galten. In der fraglichen Institution, der Klinik für forensische Psychiatrie und Psychotherapie des Zentrums für Psychiatrie Südwürttemberg am Standort Weissenau, sind wir zusammen mit der dortigen Leitenden Ärztin, Dr. Roswita Hietel-Weniger, von der Gepflogenheit der Drei-Generationen-Erhebung und Rekonstruktion abgegangen und haben das für die dortigen Fälle zum Prinzip erklärt.

Für die Behauptung, drei Generationen reichten aus, um zu einer plausiblen Hypothese über ein Familienthema zu gelangen, das als »ursächlich« (ich spreche nicht von *Ursachenbeziehungen,* sondern von *Wirkungszusammenhängen*) dafür angenommen werden kann, dass es in der Generation des Indexpatienten zu einer Entwicklungsproblematik kommt, führe ich folgende Überlegungen an:

1. Die Erfahrung spricht für eine Drei-Generationen-Erhebung: Dazu kann man argumentativ wenig beitragen, es ist halt so, aber schließlich ist Erfahrung die Richtschnur für das Vorgehen.
2. Die schriftstellerische Erfahrung unterstützt eine Erhebung, die bei den Großeltern beginnt: Ausweislich einer Mitteilung von Uwe Johnson (in: Fahlke, 1988, S. 242) sagte Günter Grass: »man sollte kein Leben beschreiben, ohne mit der Großmutter anzufangen«. Und Uwe Johnson ergänzt: »Mir geht es genauso.« Der Zusammenhang für diese Äußerung besteht in der Feststellung, dass jeder Mensch über eine Geschichte, eine nationale Herkunft etc. verfüge, für die die Großmutter der Indikator ist. Für einen Sozialwissenschaftler oder einen Therapeuten ist das kein Argument, lediglich ein Hinweis, denn es handelt sich bei seinem Vorgehen um kein schriftstellerisches.
3. Ebenso wie die schriftstellerische Erfahrung stellt das Folgende kein Argument, sondern nur einen Hinweis dar: »Romantik und Biedermeier brachten literarische Bilder hervor, die Dauer, Stabilität, Harmonie und Schutz durch das Zusammenleben von drei oder vier Generationen unter einem Dach versprachen« (Sieder, 1998, S. 213). Das wäre ein interessanter Hinweis auf die sozialgeschichtlichen Wurzeln der Drei-Generationen-Perspektive, wenn darin nicht Substantive enthalten wären (Biedermeier, Romantik), mit denen die Gefahr der Irreführung verbunden ist. Denn im alltäglichen Sprachgebrauch werden die Begriffe Biedermeier und Romantik mitunter abschätzig verwendet.

Eindeutiger ist da schon der Befund von Guy Bois (1999), der auf das Aufkommen kleiner Familienbetriebe im Bereich der Landwirtschaft und deren Leistungsfähigkeit hinweist (S. 145 ff.). Wir bewegen uns damit in einem anderen Zeitraum als eben noch, nämlich im Übergang von der Spätantike zur Feudalherrschaft, der für das Jahr 1000 als Marke angesetzt wird. Abweichend von den Gepflogenheiten des römischen Rechts entschieden sich laut Bois die Mönche in Cluny im elften Jahrhundert, das Lehen für einen Hof (Allod) nicht an den Ältesten, sondern an die leistungsfähigere mittlere Generation weiterzugeben (S. 53). Daraus entwickelte sich fortan das Gebilde der Drei-Generationen-Familie und daran anschließend das Rechtsinstitut des Ausgedinges, das zwei Generationen unter einem Dach vorsieht, während die dritte, also die älteste Generation unter Umständen von der Kernfamilie räumlich getrennt lebt. Welche Form des Zusammenlebens gewählt wird, hängt von den ökonomischen Möglichkeiten der Familie ab. Man sieht also: Die Herausbildung der Drei-Generationen-Familie geht zeitlich weit über Biedermeier und Romantik hinaus.

4. Schließlich gelange ich zu einem belastbaren sozialwissenschaftlichen Argument, das für den Fokus auf drei Generationen spricht. Ulrich Oevermann (2001) stellt neben den Begriff der Triade den der Heptade. Bei der Heptade kommen zur Triade von Vater, Mutter und Kind die Eltern von Vater und Mutter dazu: »Die Drei-Generationen-Heptade ist also die Minimalform einer in sich geschlossenen Sozialität und die ödipale Triade ist die Minimalform der sozialen Konstitution« des Subjekts qua sozialisatorischer Praxis« (S. 101 f.).

Gleichgültig, zu welcher Variante der aufgezählten Überlegungen man sich entschließt – das Material wird zeigen, womit man vorankommt, und der entscheidende Weg dahin ist die Genogrammanalyse. Der Vollständigkeit halber sei in diesem Zusammenhang noch erwähnt: Im Anschluss an Karl Mannheim (1928/1978) spricht man im Zusammenhang von »Generation« vom »konjunktiven Erfahrungsraum«. Damit ist gemeint, dass eine Generation keine abgrenzbare Gruppe ist, sondern »dass diese Individuen sich auf einen bestimmten Spielraum möglichen Geschehens beschränken und damit eine spezifische Art des Erlebens und Denkens, eine spezifische Art des Eingreifens in den historischen Prozess nahe legen« (S. 41). Die Generation der ca. 1926 geborenen Männer soll das exemplarisch verdeutlichen: Diese Männer erreichen das Ende des Zweiten Weltkriegs entweder als Mitglieder einer nationalsozialistischen Massenorganisation (Hitlerjugend) und/oder als Flakhelfer, die in den Tagen des Untergangs zwangsverpflichtet wurden. Beim Wiederaufbau Deutschlands nahmen die Flakhelfer eine führende Rolle ein. Franz Josef Degenhardt hat ihnen ein musikalisches Denkmal gesetzt: »Vatis Argumente«. Dieses Lied erschien 1981, und es zeigt das Heraufkommen des Konstrukts »Flakhelfergeneration« im gesellschaftlichen Raum an, ohne dass Degenhardt diesen Begriff benutzt. Den ursprünglichen Erlebensraum dieser Generation zeigt der Film »Die Brücke« (Wicki, 1959). Die soziologische Ausarbeitung dieser Generation geht auf Heinz Bude (1987) zurück.

Man sieht also, dass das Entstehen einer Generation und deren Benennung sowie Zuschreibung eines Etiketts für das soziologische Gedankenkonstrukt »Generation« sich über einen längeren Zeitraum erstreckt. Wenn auf Effekthascherei bedachte Soziologen heute von Generationen sprechen, beobachten sie in der Jugendszene ein Phänomen, das gerade im Entstehen begriffen ist, über dessen Entwicklungsverlauf sie jedoch im Moment des Schreibens noch gar nichts wissen können.[39]

Zurück zur Genogrammarbeit: Wie verfährt man mit den vorhandenen Daten über die im jeweiligen Fall fraglichen Generationen?
- Durch Wahlen im Rahmen von Entwurfshandeln wird in der *ersten* Generation ein Handlungsrahmen geschaffen.
- Mit diesem Rahmen ist die *zweite* Generation befasst, sie hat sich damit auseinanderzusetzen. Auf dieser Grundlage trifft sie ihre eigenen Wahlen.
- Die *dritte* Generation stößt wiederum auf den durch diese Wahlen gesetzten Handlungsrahmen und entscheidet neu.
- Dabei ist zu berücksichtigen, dass jede Generation mit je spezifischen Zeitverhältnissen konfrontiert ist. Beispiel: Die erste Generation kann die Folgen der Weltwirtschaftskrise zu bewältigen haben, die nächste Generation durchlebt einen weiteren Weltkrieg, die dritte Generation hat sich im Wiederaufbau zu bewähren.

Damit schließe ich die Behandlung der Frage nach der Zahl der im Genogramm zu berücksichtigenden Generationen ab. Ich fahre fort mit meinen Vorstellungen zur Praxis der Genogrammarbeit.

Nicht selten sind zwei *Erhebungsschritte* erforderlich: Im ersten Schritt werden die *erinnerten* Daten vom Klienten erhoben. Im zweiten Schritt werden unter Umständen vorhandene und zum Vorschein gekommene Lücken entweder durch den Klienten selbst oder durch den Therapeuten in den Daten aufgefüllt. Ein Vergleich zwischen den spontan vom Klienten erinnerten und den nachträglich erhobenen Daten trägt zum Fallverstehen bei. Besondere Aufmerksamkeit ist den übersehenen bzw. vergessenen Personen zu widmen. Unter Fallverstehen verstehe ich die Rekonstruktion des Musters, das den Fall in seinen alltäglichen Entscheidungen und Orientierungen leitet.

Im vorliegenden Fall habe ich an den Beginn des Fallverstehens die Rekonstruktion der Sinnstruktur der Erstmanifestation einer psychotischen Episode gesetzt und mir dabei die Frage gestellt, auf welche Form von Familienstruktur ein solchermaßen gestalteter Ablöseprozess verweist. Dieser Fokus drängte sich als eine abgegrenzte Sinneinheit auf, wie die Analyse zeigte, und ist durchaus eine Option, wenn man dieser auch nicht allzu oft begegnet. Es zeigt sich, dass

---

39 Beispiele: Generation Golf, Generation Praktikum, Generation X. Zuletzt wurde die Generation »Greta« ausgerufen. Wollte ich mich an diesen Umtrieben beteiligen, würde ich die im Jahr 2020 beobachtbaren Jugendlichen als Angehörige der »Generation des anlasslosen Feierns« etikettieren.

die Positionierung der Genogrammrekonstruktion am Anfang eines Fallverstehens eine *Möglichkeit,* aber, abhängig vom Fall, nicht zwingend ist.

7.2 Zusammenfassung zu den Grundlagen der Genogrammarbeit in meinem Stil

In der von mir vertretenen Form der Genogrammarbeit (im Gegensatz zum Ansatz der Doyenne der Genogrammarbeit, Monica McGoldrick, s. McGoldrick u. Gerson, 1990) orientiere ich mich an einem explizit formulierten Menschenbild. Diesbezüglich greife ich zurück auf die Ausführungen im ersten Teil dieses Buches, denen zufolge Menschen aktiv handeln und sich in eine Zukunft hinein entwerfen. Sie bedienen sich dabei der Möglichkeiten, die entsprechend ihren Zeitverhältnissen, Positionen in ihrem sozialen Milieu etc. als »objektiv« gegebene zuhanden sind. Der Therapeut muss sich also in eine gegebene Situation seines Klienten oder von dessen Vorfahren hineinversetzen, gedankenexperimentell die Möglichkeiten entwerfen, die ihnen zur Disposition stehen. *Erst nachdem* dieser Arbeitsschritt vollzogen ist, kann der Therapeut nachsehen, wie der Klient bzw. dessen Vorfahren *tatsächlich* gehandelt haben. Das Verhältnis von *möglichem* und *realisiertem* Handeln wird gedeutet. Das damit geforderte *kontextfreie* Rekonstruieren von Genogrammen enthält die Schwierigkeit, dass der Therapeut das von ihm erhobene Genogramm bereits kennt, wenn er sich daran macht, es zu rekonstruieren. Diese Schwierigkeit kann überwunden werden, wenn Genogramme in Supervisions- oder Intervisionsgruppen gemeinsam erschlossen werden. In der Genogrammarbeit erfahrene Therapeuten können auch gemeinsam mit dem Klienten dessen Genogramm erschließen.

Zum *Nutzen der Genogrammarbeit* in meinem Stil möchte ich an dieser Stelle Folgendes sagen: Bei der Familie Wellke diente die Genogrammarbeit der Einschätzung des *rechten Maßes zwischen Unterforderung und Überforderung des Patienten.* Einen therapeutischen Auftrag hatte ich nicht. Hätte ich einen gehabt, würde ich mich im Familiengespräch auf die Geschichten, die die Familie erzählt hat, konzentriert haben. Dazu mehr im dritten Teil des Buches. Was die Grundlagen betrifft, besteht die Genogrammarbeit in meinem Stil zusammenfassend aus folgenden Schritten:
1. Ein Genogramm wird über drei Generationen erhoben. Das vom Patienten spontan erinnerte Genogramm wird mit dem recherchierten Genogramm verglichen.
2. Bei der Rekonstruktion ist das sequenzielle Vorgehen entscheidend: Erst werden gedankenexperimentell objektive Möglichkeiten eines Handelns erschlossen. Dann werden diese mit dem tatsächlich erfolgten Handeln verglichen.

Das Verhältnis zwischen objektiven und tatsächlich realisierten Möglichkeiten wird mit dem Ziel gedeutet, ein Muster herauszuarbeiten. Dieses kann dann im Zuge der folgenden Analysen kontinuierlich überprüft werden.
In der Genogrammarbeit Erfahrene können ein Genogramm mit dem Klienten oder den Klienten gemeinsam aufzeichnen und sequenzanalytisch erschließen. Das hat den Vorzug, dass den Klienten ein neuer, verfremdeter Blick auf ihre Familiengeschichte eröffnet wird. Dies kann den Effekt haben, dass festgefahrene, entwicklungsbehindernde Ansichten über die eigene Familie aufgeweicht werden.
3. Während der Erhebung eines Genogramms tendieren Klienten dazu, Geschichten von der Familie zu erzählen. Unter Geschichten (vgl. Ausführungen in Teil 1, Kapitel II, 2) verstehe ich ein Format, Erfahrungen zu ordnen und ihnen einen Sinn zu verleihen, kurz: die Welt der Klienten und ihren Bezug auf diese und somit ihr Verstricktsein in der Welt zu erfassen. Daher sollten diese Geschichten respektiert, außerhalb des Genogramms notiert und mit dem Genogramm konfrontiert werden.
4. Als erfolgreich bezeichne ich eine Genogrammarbeit, wenn sie dazu führt, dass Klienten eine bis dato noch nicht bekannte Perspektive auf ihre Lebenssituation entwickeln. In ganz seltenen Fällen sind Klienten nicht bereit, von ihrer festgefahrenen Sicht abzuweichen. Therapeuten können dann durch Fragen wie: »Was wäre, wenn …?« oder: »Was hätte werden können, wenn …?« – der Frage nach der »ungeschehenen Geschichte« (Demandt, 1984) – versuchen, die festgefahrene Situation wieder in Fluss zu bringen.
5. Als verfehlt bezeichne ich eine Genogrammarbeit, wenn der Klient sie dazu benutzt, das zu bekräftigen, was er sich als Deutung seiner Lebensthemen ohnehin zurechtgelegt hat, also den durch den Therapeuten repräsentierten Blick von außen ignoriert. In diesem Fall muss, wie unter Schritt (4) bereits erwähnt, Sand in das gut geölte Getriebe von Wirklichkeitskonstruktionen geworfen werden.

Ein letzter die Grundlagenzusammenfassung abschließender Hinweis *zur Logik der Genogrammarbeit* noch: Mit Genogrammarbeit wird die »objektive soziale Matrix« (Bourdieu, 1990; Hildenbrand, 2012), in der ein Klient sich individuiert hat, beschrieben, und es wird rekonstruiert, *wie* die betreffenden Vorfahren im Rahmen ihrer sozialen Matrix für Möglichkeiten und Hindernisse individuelle Lösungen gefunden haben. »Wo Objekt und Subjekt sich berühren, da entsteht Leben«, schreibt Johann Wolfgang Goethe (zitiert nach Löwith, 1958, S. 20) und trifft damit die Logik der Genogrammarbeit. Für die subjektive Sicht stehen die Geschichten.

8 Genogrammarbeit zur Familie Wellke

Eine Bemerkung vorab: Die Familie Wellke steht ausgesprochen egozentrisch in ihrer Welt. Das haben die einführenden Analysen (vgl. Teil 2, Kapitel II/1–4) gezeigt. Insbesondere sind sie nicht willens oder fähig, sich in der Abfolge der Generationen ihrer Familien zu verorten. Dazu kommt, dass sie zu einem Geschehen unterschiedliche Versionen anbieten. Das gilt nicht nur für den Sohn Frank Wellke, der zum Zeitpunkt des biografischen Gesprächs, das ich mit ihm führte, ohnehin schlecht disponiert war; es gilt auch und vor allem für die Eltern, insbesondere für den Vater. Die Familiengeschichte wird außerdem durchweg erratisch erzählt. Dazu ein Beispiel: Klara Wellke erwähnt einen französischen Zwangsarbeiter auf dem elterlichen Hof. Ihrem Mann Aloys wird das zum Anlass, eine längere Geschichte von seinem Aufenthalt in Frankreich als Soldat zu erzählen. Wie bei allen dieser Geschichten stellt er sich als Held der Alltagsbewältigung dar, wobei er speziell mit seinen Kenntnissen des Französischen glänzen kann. Kohärenz kann auf diese Art nicht erzeugt werden.

Beim Verstehen des Gesprächsverhaltens der Familie Wellke in Bezug auf ihre Familiengeschichte hilft ein Kontrast weiter: Als wir im Verlauf eines Forschungsprojekts über »normale« Bauernfamilien, die wir mit den bereits untersuchten Bauernfamilien mit einem als schizophren diagnostizierten Nachkommen vergleichen wollten, bei der Familie Hahn (Hildenbrand, Bohler, Jahn u. Schmitt, 1992, S. 87 ff.) erschienen, hatte die in die Familie eingeheiratete Bäuerin sich bereits auf das Gespräch vorbereitet und präsentierte Auszüge aus dem Kirchenbuch in Fotokopien. Ich bedankte mich dafür und sagte, wir würden eine mündlich vorgetragene Darstellung der Familiengeschichte bevorzugen. Frau Hahn verhielt sich in dieser Situation wie typische eingeheiratete Bäuerinnen (S. 131 ff.). Sie verschaffen sich dadurch eine Position in der Familie, dass sie sich in der Familiengeschichte kundig machen.

Bereits im Aufbau der erzählten Familiengeschichte zeigen sich bei der Familie Wellke Merkmale, die auf eine spezifische Familienstruktur verweisen: In einem Sozialzusammenhang wie einem Dorf, in dem die tägliche Bekräftigung und Aktualisierung des Wissens über Verwandtschaftsverhältnisse Alltag ist, stoßen wir hier auf einen einsam um sich kreisenden Satelliten, der weder an die eigene Geschichte noch an die Umgebung angeschlossen ist.

Die wenigen Daten und Informationen, die in der folgenden Genogrammrekonstruktion belastbar vorhanden sind, erhielt ich durch freundliche Unterstützung des Standesamtes der Stadt Steintal, durch einen Besuch im Gemeindemuseum Steintal, am Friedhof in Eisental, schließlich durch Auskunft der Gedenkstätte Hadamar in Hessen sowie aus einer Chronik von Steintal und einer zweibändigen Chronik historischer Fotos dieser Stadt und der angeschlossenen Gemeinden. Mit der Praxis von Genogrammarbeit im therapeutischen Prozess hat diese Informationsgewinnung wenig zu tun. Sie ist Ausfluss meines ethnografischen Zugangs zu diesem Fall. Ich arbeite diese Genogrammanalyse somit auf Grundlage des vorhandenen Wissens aus. Das gibt mir immerhin die Gelegenheit, zu zeigen, was man aus einem unvollständigen Genogramm, bei dem die Unvollständigkeit Ausdruck der vorliegenden Fallspezifik ist, alles herausholen kann, wenn man bereit ist, den Kontext zu erschließen, und im therapeutischen Prozess die Zeit dafür hat.

8.1 Erhebung zur ersten Generation der Familie Wellke

Anton und Theresia Wellke[40] bewirtschaften in einem Dorf im Rothaargebirge, in Eisental, einen Hof mit 65 Morgen. Eisental liegt am Ende eines Tals, hat um die 200 Einwohner, die Straßen enden dort. Es ist ein geschlossenes Fachwerkdorf, das Haus der Wellkes liegt im Dorfzentrum. Sie bewohnen ein zweistöckiges Fachwerkhaus, im unteren rechten Viertel sieht man ein großes Scheunentor und daneben einen Stalltrakt, aus Stein gemauert. Um 1948 verfügen die Wellkes über sieben Kühe. Sollten die Wellkes in der Milchwirtschaft (eine Molkerei wurde in Steintal 1848 errichtet[41]) oder in der Fleischproduktion tätig sein, müssten sie ihre Kühe außerhalb des Dorfes unterbringen, im Dorf gibt es dafür keinen Platz. Es gibt darüber hinaus in Eisental die üblichen Dorfhandwerker, eine Kirche (die Einwohner sind ausnahmslos katholischen Glaubens). Eine Eisenbahn hat einen Haltepunkt 2,2 Kilometer von Eisental entfernt.

Durch einen Vermerk auf der Geburtsurkunde seines erstgeborenen Sohnes ist außerdem zu erfahren, dass Anton nicht als Bauer, sondern als »Handelsmann« eingetragen ist. Ein Beruf der Ehefrau wird nicht erwähnt. Dieser Eintrag zum Beruf wirft Fragen auf, denen nachzugehen ist, bevor die zweite Generation in Augenschein genommen wird. Die Berufsbezeichnung »Handelsmann« ist ungewöhnlich, im Brockhaus von 1896 kommt sie nicht vor. Sie unterscheidet sich vom Begriff des »Kaufmanns« dadurch, dass letzterer eine juristisch belastbare begriffliche Formulierung gefunden hat, ersterer nicht. Woraus ich ableite, dass Anton Wellke Sr. sich »irgendwie« als Händler betätigt hat, ohne dass seine Tätigkeit mit der eines Kaufmanns direkt zu vergleichen war. Den Angaben seines Sohnes Aloys zufolge war er Hausierer mit Wandergewerbeschein, der

---
40 Vgl. Genogramm im Anhang.
41 Ich beziehe meine Informationen aus einer Ortschronik und den besagten Bildbänden. Aus Anonymisierungsgründen muss auf einen Nachweis verzichtet werden.

mit allerlei Waren gehandelt hat (Wachstuch, Regenschirme, Sensen und Äxte). Während er unterwegs war, wurde der Hof von den zu Hause Gebliebenen, seiner Ehefrau und den Kindern, sobald sie das erforderliche Alter erreicht hatten, besorgt. Ich stelle also fest, dass der möglicherweise eingeheiratete Bauer kein Interesse gehabt hat, das Familieneinkommen auf die Erlöse aus der Landwirtschaft zu beschränken, sondern auf eine andere Tätigkeit ausweicht. Vielleicht will er auch seinen Schwiegereltern aus dem Weg gehen. Bei Anton Wellke Sr. scheint es sich um einen Mann zu handeln, der sich mit den beengten Lebensverhältnissen seines Dorfs nicht zufrieden geben will.

Zur Vorgeschichte von Anton Wellke Sr. ergibt sich aus dem vorhandenen Wissen Folgendes: Als 14-Jähriger sucht er Chancen im wirtschaftlichen Aufschwung des Deutschen Reiches nach 1871 und zieht gen Ruhrgebiet, dem Brennpunkt des industriellen Fortschritts seinerzeit, Zielort der freigesetzten ostelbischen Landarbeiter und traditionell verbunden mit dem Rothaargebirge. Bei dieser Gelegenheit sei erwähnt, dass die Stadt Steintal, in deren Amtsbereich Eisental sich befindet, traditionell eine Beziehung zu Bochum hat. Anton wird dort vielleicht Verwandtschaft oder Bekannte aus seinem Dorf angetroffen haben. Ich stelle auch fest, dass Anton Sr. seinem Erstgeborenen seinen Vornamen gibt und damit einem paternalistischen Muster folgt.

Anton Sr.s Dorf liegt nicht weit von der Quelle eines Flusses entfernt, in dessen Tal sich ein »Hammer« (Hammerwerk zur Erzverarbeitung, kurz Hammer genannt) an den nächsten reiht, wo aufgrund der lokalen Erzvorkommen Produkte erzeugt werden, Äxte, Sensen und Sägen beispielsweise, die vermarktet werden müssen. Dazu werde ich im Detail weiter unten noch kommen. Die Distanz zwischen heimischem Hof und dem Ruhrgebiet reicht Anton Sr. jedoch zunächst nicht. Es zieht ihn weiter weg, bis nach Hamburg, wo er als Fabrikarbeiter tätig ist. Vielleicht wollte er dort auch erkunden, wie es wäre, den Pfad der Auswanderung einzuschlagen. Das war damals nichts Besonderes, denn in der Lokalzeitung von Steintal wurde seinerzeit ausgiebig für Passagen in die USA geworben. Weiter als bis zum Hafen schafft er es nicht. Er kehrt wieder um und geht zurück in die Gegend seiner Herkunft. In Eisental kauft er einen Hof oder heiratet auf einen Hof ein. Ob Hofkauf oder Einheirat, kann offen bleiben, denn beides tut für die Hypothesenbildung nichts zur Sache.

In der fraglichen Zeit industriell wenig entwickelten Gegend von Eisental spielte der Wanderhandel eine stabile Rolle. Das Wenige, das produziert wurde, musste unters Volk gebracht werden. Erst waren es Holz-, dann Eisenwaren, die auf langen Wanderungen gehandelt wurden. In der Ortschronik wird auch berichtet, dass noch am Ende des 18. Jahrhunderts bis in die zweite Hälfte des 19. Jahrhunderts hinein ein Wanderschäfer jährlich seine Herde nach Paris trieb, um sie dort zu verkaufen. Das sind immerhin 700 Straßenkilometer. Die Streckenlänge für Wanderschäfer ist nicht zu ermitteln. Lege ich eine Kilometerleistung von 25 am Tag zugrunde, komme ich rein rechnerisch auf einen Monat des Unterwegsseins. Nicht gerechnet die erforderlichen Umwege zur Umgehung von Städten und zur Bevorzugung einer Route, die für das Weiden von Schafen geeignet ist und auf der die Besitzer der Grundstücke das Weiden erlauben. Warum wanderte der Schäfer mit seinen Schafen überhaupt bis nach Paris? Weil die fragliche Gegend bis 1820 dem Erzbistum Köln, danach dem Erzbistum Paderborn zugehörig war (Neuordnung Europas auf dem Wiener Kongress 1815). Köln stand noch unter dem Eindruck der französischen Besatzung 1794. Der auferlegte Wechsel nach Paderborn bedingte eine Annäherung an Preußen, die für die rheinländisch geprägten Menschen aus dem Rothaargebirge sehr unangenehm gewesen sein soll, wie der Chronist mitteilt.[42]

Die Hypothesenbildung, die erste Generation der Familie Wellke betreffend, stehen wir bis zur Hofübernahme in Eisental, sei es durch Kauf, sei es durch Heirat, vor einer Karriere des Scheiterns in der ersten Generation: Erst verlässt Anton Sr. seine Eltern und zieht allein in einem jugendlichen Alter vom Dorf in die Großstadt. Von dort aus setzt er an zum nächsten Sprung, er findet eine Anstellung in einer Hafenstadt. Damit hat er jedoch den Bogen überspannt, und er findet sich in seiner Heimat wieder.[43] Wenn Anton Sr. nach seiner Binnenmigration in sein Heimatdorf zurückkehrt und dann dort Bauer und zudem Wanderhändler wird, demonstriert das eine gewisse Unschlüssigkeit. Das wird im Dorf aufgefallen sein, denn jemand wie er gehört nirgendwo richtig dazu. Damit wird eine Tatsache der Fremdheit erzeugt. Unter Handelsleuten wird er keine Kollegen finden, und die lokalen Bauern werden ihn als einen der ihren nicht ernst nehmen.

Im Dorf, wo die Handlungen anderer gewöhnlich mit Argwohn beobachtet werden, insbesondere, wenn sie auf Neues ausgerichtet sind, weicht der Neid unmittelbar der Häme, wenn der Plan gescheitert ist. Anton Sr. wird im Dorfgedächtnis als der belächelte Gescheiterte geführt werden, man wird mit Fingern auf ihn zeigen, und im Gasthaus wird er bei einem Besuch mit hämischen

---

42 Die bereits in der erwähnten Chronik berichtete lokale Aversion gegen die Preußen lässt sich in Spuren noch bei Aloys Wellke finden: Unzutreffend behauptet er, sein Vater habe, wie alle Handelsreisenden, bei seinen Reisen Preußen ausgeschlossen, denn dort hätte man Steuern bezahlen müssen. Auch pflegt er als Soldat in Frankreich seine Französischkenntnisse.
43 Die vorrangigen Auswanderungsgründe in dieser Gegend sind damals (vgl. Assion, 1987, S. 32 ff.) wirtschaftlicher Natur und betreffen vor allem die soziale Schicht der Tagelöhner, Arbeiter und Ungelernten. Von der Auswanderung aus dem südwestdeutschen Raum in die USA aus politischen Gründen (Vormärz) ist hier nicht die Rede.

Bemerkungen rechnen müssen.[44] Aus dramaturgischen Gründen übertreibe ich ein bisschen, jedoch wird im alltäglichen Umgang mit Anton Sr. der Sachverhalt der Fremdheit zwischen den Zeilen spürbar sein. Außergewöhnlich waren solche Erfahrungen zur damaligen Zeit nicht (ich halte an meiner Vermutung eines gescheiterten Plans einer Auswanderung fest), wie ein Gedicht von Joachim Ringelnatz aus dem Jahr 1933 zeigt:

»In Hamburg lebten zwei Ameisen,
Die wollten nach Australien reisen.
Bei Altona auf der Chaussee,
Da taten ihnen die Beine weh,
Und da verzichteten sie weise
Dann auf den letzten Teil der Reise.
So will man oft und kann doch nicht
Und leistet dann recht gern Verzicht.«
(1933/1994, S. 65f.)

Ringelnatz bezieht sich auf einen Vorgang in einer Großstadt, Anton Sr. hat es mit einem Dorf zu tun. Welche Möglichkeiten hat er in dieser Situation? Erstens kann er sich bei den Eltern (von denen ich ohne gesicherte Daten annehme, dass sie Bauern waren und Anton Sr. zu den weichenden Erben gehörte) erholen und danach zu einem zweiten Sprung ansetzen. Sind ihm jedoch Stolz und Mut gebrochen, wird es dazu nicht kommen. Dann bleibt ihm die Position als Knecht auf dem Hof seiner Eltern.

Tatsächlich dreht Anton Sr. das Rad seiner bisherigen Geschichte zurück. Er kauft einen Hof bzw. heiratet in einen Hof ein. Dieser Hof umfasst, wie erwähnt, 65 Morgen, also etwas über 16 Hektar, zu welchem Zeitpunkt, ist unbekannt, und teilt mit den anderen Höfen die schlechten naturräumlichen Bedingungen auf der Gemarkung von Eisental. Auf einer Skala von 0 bis 120 liegt hier der Bodenwert bei 30 bis 45, im Fall von Grünland bei 10 bis 30. Die dort anzutreffenden Böden sind stark wasserdurchlässig, weshalb Grasland dominiert.[45] Kurz: Die Ertragslage auf diesem Hof wird dürftig gewesen sein.

Anton Sr. und Theresia Wellke haben nach Anton Jr. vier weitere Kinder. Das Ehepaar Wellke bewirtschaftet einen Hof in der Nähe der Existenzgrenze. Wie kann man sich in einer solchen Situation behelfen? Man kann einen Neben-

---

44 Für eine einschlägige Beschreibung vgl. Marcel Pagnol (1972). Vgl. auch die Filme von Pagnol.
45 Angaben durch die Landwirtschaftskammer Nordrhein-Westfalen, der an dieser Stelle für ihre Hilfsbereitschaft gedankt sei.

erwerb suchen, ein Gasthaus oder einen Bierverlag eröffnen, sich im Winter bei einem Waldbauern verdingen oder andere lokale Gelegenheiten nutzen. Diese lokalen Gegebenheiten, beispielsweise Positionen in der Gemeindeverwaltung, Schneeräumdienst im Winter werden die lokalen Platzhirsche allerdings bereits unter sich vergeben haben, und für Anton Sr. bleibt nichts übrig.

Eine andere regionale Besonderheit ist der erwähnte Wanderhandel mit Sensen und anderen Metallwaren. Genau diese Option verfolgt Anton Wellke Sr. Der Wanderhandel mit Sensen war damals eine übliche Beschäftigung von Knechten im Winter, wenn auf den Höfen wenig zu tun war. Ich habe das im Gemeindearchiv der Kreisstadt, in Steintal, recherchiert: 1890 werden im Einzugsbereich der Amtsgemeinde Steintal achtzig Wandergewerbescheine[46] ausgestellt. Die Wanderhändler bereisten seinerzeit alle Länder Deutschlands, ungeachtet der Entfernung. Ihre Einnahmen sollen bis zum Dreifachen der Erträge eines Hofes betragen haben, wie der benutzten Chronik zu entnehmen ist. Die Sensenhändler sollen eine eigene Sprache gehabt haben, die an das Rotwelsch der Fahrenden erinnert.

Ein Foto aus dem Bildband zur Geschichte der Kreisstadt und ihren Ortsteilen zeigt eine Gruppe von fünf Sensenhändlern, davon einer aus der damaligen Kreisstadt, vier aus den Ortsteilen, sprich Dörfern. Dieses Foto ist datiert auf den 25.02.1931 und trägt den handschriftlichen Zusatz »Dowerutsch«, den Gruß der Sensenhändler. Es wurde 1931 in Wittenberge in der ausklingenden Saison des Wanderhandels aufgenommen. Wittenberge gehörte damals zur preußischen Provinz Brandenburg und hatte 1930 etwas mehr als 26.000 Einwohner. Das Foto zeigt Herren, die freundlich und in strammer Haltung aufgereiht in die Kamera blicken[47]. Jeder trägt ein weißes Hemd mit Krawatte, eine dicke Jacke, Gamaschen über festen Lederschuhen. Vier von ihnen haben eine Ledertasche unter den linken Arm geklemmt. Die Sensen, gut verpackt in einer Stückzahl von ca. 10 bis 15, sind geschultert. Ein Gehstock gehört zur Grundausstattung und weist auf die Art des Handels hin: Es ist ein fußläufiger Wanderhandel. Zwei der Herren tragen eine Mütze vom Typ Elbsegler, drei tragen breitkrempige Hüte.

Eine solche Aufnahme ist selbstverständlich eine Inszenierung. Das mindert allerdings ihren Aussagewert nicht. Sie zeigt, wie die Herren gesehen werden wollen. Zieht man den erwähnten spezifischen Gruß und die eigenständige Spra-

---

46 Wandergewerbescheine dienten dazu, die frei im Land flottierenden Händler und Hausierer im Blick zu behalten. Für die Obrigkeit sind sie ein Gräuel, weil man sie nur schwer kontrollieren kann (von Haldenwang, 1999/2016, S. 10 ff.).

47 In der erwähnten sozialhistorischen Bilddokumentation findet sich noch ein zweites Foto mit nur zwei Sensenhändlern, das nicht wesentlich von dem hier interpretierten abweicht.

che sowie diese Inszenierung in Betracht, entsteht die Vermutung, es handle sich bei den Steintaler Sensenhändlern um eine Bruderschaft, die sich nach außen als solche darstellt und auch abgrenzt. Mit diesen Aspekten (Einkommen, Vergemeinschaftung als Bruderschaft) übertreffen die Sensenhändler ihren sozialen Status als Knechte und übertreffen den der Bauern, bei denen sie im Sommer arbeiten. Wenn sie sich solchermaßen ausgestattet in der Öffentlichkeit zeigen, was sich die örtlichen Bauern allenfalls an Sonn- und Feiertagen erlauben können, wird die soziale Distanz für alle sichtbar.

Es hat einen Preis für Anton Sr., wenn er sich den Sensenhändlern anschließt: Er macht sich mit den besitzlosen Knechten gemein, wenn er auch über eine bevorzugte Bezugsquelle für seine Waren, einen Fabrikantenonkel in Siegen verfügt. Ein selbstständiger Bauer wird auf die Knechte und somit auch auf die Sensenhändler herabgesehen haben. Diesen Bauern mangelt es in der fraglichen Zeit, unabhängig von der Hofgröße, an Geld, aber nicht an Dünkel. Vollerwerbslandwirte zeichnen sich durch einen seigneuralen Lebensstil (Bausinger, Jeggle, Korff u. Scharfe, 1978) und einen demonstrativen Bauernstolz aus, wenn das auch lokal durch ungünstige Gegebenheiten der landwirtschaftlichen Produktion geschmälert wird.

Auch bei der Bruderschaft wird Anton Sr. am Rand gestanden haben. Das ergibt sich schon daraus, dass er sich nicht auf den Sensenhandel beschränkt, sondern sein Angebot mit verwandtschaftlicher Unterstützung diversifiziert hat, und außerdem als Bauer über Landbesitz verfügt. Anton Sr. begibt sich also durch seine Entscheidung in eine doppelte Randständigkeit: Als freier Bauer betreibt er im Winter das Gewerbe eines Knechts, während die Knechte ihn als einen der ihren nicht anerkennen. Durch seine Entscheidung unterläuft er das lokale Statusgefüge im Dorf. Und schließlich hat er eine Karriere des Scheiterns bereits hinter sich. Seine von mir vermutete Außenseiterposition, von gescheiterten Ausbruchsbemühungen herrührend, wird dadurch untermauert werden, sowohl in den Bereichen der Fremd- wie auch der Selbstzuschreibung.

Denkt man intensiver über das oben beschriebene Foto nach, ergeben sich mögliche Aufschlüsse über das In-der-Welt-sein eines Sensenhändlers. Erstens stellt sich die Frage, wie Sensenhändler unterwegs waren. Reisten sie nach Art der Friedenauer Hausierer (von Haldenwang, 1999/2019) mit Pferd und Wohnwagen auf festen Routen, die Teil der Familientradition waren? Dagegen spricht, dass die Knechte zeitlich begrenzt Einzelunternehmer waren und nicht auf Ressourcen einer Familie zurückgreifen konnten. Oder zogen sie als einsame Wölfe durch das Deutsche Reich, ihre Ware in einem Handwagen hinter sich herziehend, wie die Fischhändler in Baden noch in den 1950er Jahren? Jedenfalls haben sich fünf Sensenhändler aus Steintal, in Zeiten, in denen die

Telefonie noch kaum verbreitet war, ausweislich des oben erwähnten Fotos in Wittenberge getroffen. Wanderhändler trafen sich üblicherweise in Gasthäusern, die sie als Relaisstationen benutzten und die ihnen auch als Kommunikationszentralen dienten[48].

Auf dem Foto hängen über den Schultern der Sensenhändler feste Pakete, die etwa 10 bis 15 Sensen beinhalten. Das bringt mich zu folgender Mutmaßung: Die Sensenhändler streifen durch das Land und treffen sich zu festgesetzten Zeiten an Depots, den erwähnten Gasthöfen in der Nähe von Güterabfertigungen am Bahnhof, wo sie frische Ware aufnehmen können, die dort lagert, nachdem der Erzeuger die Ware dorthin geschickt hat. Vielleicht sind es feste Gruppen, die sich immer wieder treffen (unter Umständen auch im Gasthaus in Steintal, was in den Zeiten zwischen den Reisen ihren Charakter als Bruderschaft unterstreichen und auf Dauer stellen würde). Wo übernachten sie? Sensen werden an Endabnehmer verkauft; das Geschäft hat den Charakter eines Einzelhandels. Die Endabnehmer sind Bauern, die unter Umständen gegen Preisnachlass einen Platz am Esstisch und eine Übernachtung im Heuschober gewähren, man denke aber auch an die erwähnten Gasthäuser als Relaisstationen. Der Sache wird nachzugehen sein, wenn auch außerhalb des Rahmens dieser Kasuistik, für die die vorhandenen Daten reichen, um eine Fallstrukturhypothese zu entwickeln. Einen letzten Gedanken möchte ich noch ergänzen: Wanderhändler kommen herum in der Welt. Sie halten das, was sie in ihrem Dorf und auf den Höfen dort erleben, nicht für der Weisheit letzten Schluss, sondern bringen von ihren Reisen den Zweifel mit. Auch das wird sie zu Sonderlingen im Dorf machen. Von dem Bauern, bei dem sie angestellt sind, werden sie sich nicht mehr viel sagen lassen.

Anton Sr. investiert die beim Wanderhandel erzielte Summe nicht in den Hof, abgesehen von einem nicht weiter bezifferten Landkauf. Stattdessen ermöglicht er seinen beiden ältesten Söhnen, Anton Jr. und Aloys, 1904 und 1906 geboren, den Besuch der Rektoratsschule in Steintal. Unter einer Rektoratsschule hatte man damals eine Realschule zu verstehen, die unterhalb des Gymnasiums angesiedelt war, Fremdsprachen vermittelte und als Vorstufe zum Eintritt in ein Gymnasium galt. Auch das wird Anton Sr. im Dorf verdächtig machen, man wird ihm unterstellen, dass er nach Höherem strebe (Aufstieg über Bildung als der klassische Aufstiegsweg der »unteren« Schichten, wenn nicht in dieser Generation, dann doch in der nächsten). Seine beiden Söhne, sofern sie die Schule erfolgreich abschließen, werden dann zu den Notabeln im Dorf gehören, falls sie nach dem Abschluss des Gymnasiums ihr Studium fortsetzen, dorthin zurückkehren,

---

48 Ich danke Christel Köhle-Hezinger, ehemals Leiterin des Instituts für europäische Ethnologie an der Friedrich-Schiller-Universität Jena, für diese Information.

wenn nicht, dann an einem anderen Ort. Vorerst ist der erste Notable im Dorf der Pfarrer. Der Lehrer ist das nur mit Einschränkung, denn er ist auf die Deputatslieferungen (Holz, Lebensmittel) der lokalen Bauern angewiesen, die im Gegenzug erwarten, dass er trotz Schulpflicht bei Erntewetter den Schulunterricht aussetzt, damit die Bauernkinder zu Hause helfen können. Stellt er sich in diesem Zusammenhang stur, wird er mit erheblichen Einbußen bei den Deputatslieferungen rechnen können. Auch auf den Pfarrer ist der Lehrer angewiesen, für den er gegen Geld kirchliche Dienste erbringen kann (Chorleitung, Orgelspiel).

Anton Sr. und Theresia Wellke haben sechs Kinder, zwei Söhne und vier Töchter. Eine von diesen Töchtern soll einem akademischen Beruf im Münsterland nachgehen, die anderen sind in der Region geblieben und dort verheiratet, eine ist geschieden. Jedoch sollen alle von ihnen über Grundbesitz verfügen. Mehr ist aus dem Familiengedächtnis des Aloys nicht herauszuholen, auch nicht aus dem seiner Frau. Materieller Status ist ihre einzige Orientierungsgröße, Verwandtschaftsbeziehungen spielen für sie keine Rolle.

8.2 Erhebung zur zweiten Generation der Familie Wellke

Aus der Erhebung zur ersten Generation im vorherigen Unterkapitel ergibt sich folgende *Deutung zum Handlungsmuster der zweiten Generation der Familie Wellke*: Dieses beschreibe ich als *Ambivalenz zwischen Gehen und Bleiben*. Der Vater von Anton Wellke Jr. dehnte die anthropologische Proportion aus in die Weite, scheiterte jedoch dabei und sublimierte seine Ambitionen im Wanderhandel und in der Förderung von zweien seiner Söhne (Höhe); allerdings mit der Folge, dass er nun auf doppelte Weise seine Familie in eine Außenseiterposition, vom Dorf aus gesehen, gebracht hat. Das ist die Bürde, die er der nachfolgenden Generation, selbstverständlich nicht willentlich, auferlegt. Anton Sr. folgte den Gegebenheiten seines In-der-Welt-seins. Von den Kindern aus dieser Generation weiß ich bis auf Stichworte, meist abfällig geäußert, wenig, denn das Familiengedächtnis der Familie Wellke ist, wie erwähnt, außerordentlich lückenhaft, erratisch und von Ressentiment geprägt.

Zudem kommt es zu *einer familiengeschichtlichen Katastrophe*: Die Entwicklung der Familie Wellke wird durch ein Ereignis unterbrochen. Dem Zeitungsarchiv der Gemeinde Steintal entnehme ich, dass Anton Sr., als er von einer seiner Handelsreisen nach Hause zurückkehrt, hinter vorgehaltener Hand erfährt, ein Nachbar habe ein Verhältnis mit Anton Sr.s Frau Theresia angefangen. Kurzerhand greift Anton Sr. zur Waffe und schießt auf den vermeintlichen Nebenbuhler, der das überlebt. Im Gefängnis erhängt sich Anton Sr. Das ist das erste Geheimnis der Familie Wellke, das mir bekannt wird.

Nachdem nun die Familie Wellke das Schulgeld nicht mehr bezahlen konnte, musste Aloys die Schule verlassen, während es seinem Bruder Anton Jr. mit kirchlicher Unterstützung ermöglicht wurde, seine Schulbildung in einer weiter entfernten Stadt in einem katholischen Gymnasium fortzusetzen. Dieses ist aus einer Klosterschule im Jahr 1655 hervorgegangen und verfügte über ein Konvikt für auswärtige Schüler. Wie Anton diese Schule abgeschlossen hat und was er danach unternommen hat, erfahren wir nicht. Ausweislich seines Bruders soll er 1938 in der psychiatrischen Klinik der Universität Marburg gestorben sein. Die Euthanasie wird nicht erwähnt.[49] Meine Recherchen haben Folgenes ergeben: Er wurde am 23.08.1941 in der Vernichtungsstätte Hadamar vergast[50]. Dem zuständigen Standesamt Steintal wurde als Todesursache mitgeteilt: »Glottisödem« sowie »Mundbodenphlegmone«.[51] Dies finde ich handschriftlich notiert auf dem Geburtsschein.

Aloys musste nach den Geschehnissen um den Vater die Schule verlassen. Wie kann es mit ihm weitergehen? Er ist jetzt der Älteste in der Geschwisterreihe und konfrontiert mit allen Erwartungen, die einem Ältesten entgegentreten: Von ihm wird erwartet, dass er seine Mutter beim Erhalt des Hofes unterstützt und die anfallende Arbeit übernimmt. Auch die Zeitverhältnisse lassen es nicht geraten erscheinen, dass er den Weg seines Vaters einschlägt und im Ruhrgebiet Fabrikarbeiter wird. Die Zeiten sind auch nicht dazu angetan, die Sicherheit eines, wenn auch kleinen Hofes zu verlassen und sein Heil in der Fremde zu suchen. In Sachen Lebensentwurf ist Aloys daher massiv blockiert, und er hilft zunächst auf dem elterlichen Hof mit, der von seiner Mutter bewirtschaftet wird. Später wird

---

49 War es Scham, aufgrund der diese Information unterschlagen wird? Für die Familie selbst muss es kein Anlass für Scham sein, wenn ein Angehöriger euthanasiert wird, es sei denn, man billigte Verbrechen des nationalsozialistischen Regimes sowie deren Begründung (»Vernichtung lebensunwerten Lebens«). Allenfalls für die Gesellschaft, die derlei (allerdings nicht ohne Protest, wie man vom Münsteraner Kardinal von Galen weiß) geduldet hat. Es könnte aber auch sein, dass die Scham sich, falls vorhanden, auf die Tatsache der psychischen Erkrankung bezieht. Gerade in dörflichen Kontexten ranken sich um die damit verbundenen Vorfälle die sonderbarsten Vermutungen und Unterstellungen. Man erinnere sich daran, dass der Anlass für diese Studie die schizophrene Erkrankung des Sohnes von Aloys Wellke ist.
50 Für die Übermittlung dieser Daten danke ich der Gedenkstätte Hadamar sowie dem Standesamt in Steintal. Die von der Familie Wellke im Familiengespräch geäußerte Vermutung, Anton Wellke sei in der psychiatrischen Klinik der Universität Marburg gestorben, konnte ausweislich des Archivs dieses Krankenhauses nicht bestätigt werden. Erst dieser Hinweis veranlasste mich, in Hadamar zu recherchieren. Zum historischen Hintergrund vgl. Platen-Hallermund, 1948/1993.
51 Derlei Informationen sind mir der Struktur nach bekannt, seit wir 1974 eine Stichprobe von 100 Krankenakten am psychiatrischen Landeskrankenhaus Reichenau untersucht haben. Die dort damals zuständige Vernichtungsanstalt war Grafeneck, in Sachen der den Angehörigen mitgeteilten Todesursachen war man »weniger kreativ« als in Hadamar, auch wenn das zynisch klingt. Die Standarddiagnose lautete »verstorben an einer Lungenentzündung«.

er ihn mit einigen Schwierigkeiten übernehmen. Grund für die Schwierigkeiten sind Erbauseinandersetzungen mit den Geschwistern. Unabhängig von diesen Ereignissen ist das Familienparadigma bei den Überlegungen zu den Optionen von Aloys in Betracht zu ziehen: Man breitet die Flügel aus und zieht in die Weite, kann aber keine Höhe gewinnen, landet wieder auf dem Boden und wird zum Gespött der Dorfbewohner. Auf die Familie Wellke, speziell auf Anton Jr. und später auf seinen Bruder Aloys, passt, was Charles Baudelaire (1981) über den Albatros geschrieben hat:»Ses sailes de géant l'empêchent de marcher« (»Seine riesigen Flügel hindern ihn daran zu gehen«, Übers. B. H.).

Eine Option für Aloys wäre es, nach dem Muster des Vaters den Hof zu verlassen und andernorts sein Glück zu suchen. Dagegen steht allerdings die Verpflichtung gegenüber der Mutter, die 1958 stirbt. Nähme er diese Verpflichtung nicht besonders ernst, wäre eine Option, wegzugehen und auf der Grundlage dessen, was er in der Realschule gelernt hat, eine angemessene Lehre in Angriff zu nehmen. Er könnte sich beispielsweise um eine Landwirtschaftslehre auf einem der Güter im Hessischen oder in Westfalen bewerben. Dagegen steht die zum damaligen Zeitpunkt hohe Arbeitslosigkeit. Der biografische Zeitraum selbstbestimmten Entwurfshandelns endet für Aloys zunächst 1939. Er ist 33 Jahre alt, als er genötigt wird, am deutschen Überfall auf Frankreich als Soldat teilzunehmen, bis dahin hat er sich als Kleinlandwirt durchgeschlagen. Auch dazu ist keine verlässliche Information zu erhalten.

Nach dem Krieg geht Aloys zunächst einer Vielzahl von Berufen nach, unter anderem arbeitet er auf dem Bau und als »Schweizer«. »Schweizer« war seinerzeit eine Berufsbezeichnung für Melker auf Gutshöfen, zumindest aber auf großen Bauernhöfen. Weil die Schweiz darin eine Herabwürdigung gesehen hat, ließ sie am Internationalen Gerichtshof in Den Haag diese Berufsbezeichnung verbieten. Aloys kommt dann durch eine Version von Möglichkeiten für die Zeit nach dem Krieg zu einer Arbeitsstelle: Nach dem Krieg setzt in Aloys' Region ein Industrialisierungsprozess ein. Auf den Dörfern entstehen Zulieferbetriebe für die Möbelindustrie in Ostwestfalen. Dort findet Aloys Arbeit. Seine Tätigkeit beschreibt er zunächst als die eines Werkzeugmachers, räumt aber auf Nachfrage ein, dass er diese Tätigkeit angelernt durchgeführt habe (Werkzeugmacher standen damals an der Spitze der metallverarbeitenden Berufe). Überhaupt sieht sich Aloys Wellke als Ingenieur. Er sei, nach eigenem Bekunden, in der Lage gewesen, Radiogeräte zu reparieren, soweit sie auf der Röhrentechnik basierten. Er habe diese Tätigkeit aufgeben müssen, als die Röhrentechnik von der Transistortechnik überholt wurde. Als Ingenieur bezeichnet er sich nicht selbst, er zitiert andere: »Du hättest Ingenieur werden müssen.« Auch verrichtet er in der Kirche die Tätigkeit eines Orgelspielers, wie nebenbei zu erfahren ist.

Bis Kriegsbeginn hätte Aloys unter anderen Umständen möglicherweise sämtliche Entwicklungsaufgaben (Havighurst, 1953) bereits erledigt haben können: Bauer wird man damals nicht aufgrund einer formalen Ausbildung. Bei der vorliegenden Hofgröße wird es kaum zur Winterschule gereicht haben. Traditionellerweise fällt in der Landwirtschaft, jedenfalls damals, die Übernahme des Betriebs mit der Hochzeit zusammen, sofern wir es mit einem Vollerwerbsbetrieb zu tun haben. Der Übernahme des Betriebs, also der Installation als selbstständiger Landwirt, stehen zunächst die erwähnten Erbstreitigkeiten mit den Geschwistern entgegen, die möglicherweise durch den Krieg einstweilen stillgestellt werden konnten. Ein anderer als ein Mann kommt damals wie heute für das Hoferbe nicht infrage, es sei denn, eine der Schwestern heiratet einen Landwirt. Die nächste Entwicklungsaufgabe, die Heirat, wird sich wohl auch nicht haben realisieren lassen, denn Aloys ist kein attraktiver Heiratskandidat. Kein Bauer im weiteren Umkreis wird es seiner Tochter nahelegen, auf diesen Hof zu heiraten. Aloys ist also als Lediger in den Krieg gezogen.

Als er von dort körperlich unversehrt zurückkommt, stellen sich die Entwicklungsaufgaben neu. In einer von der Aufnahme von Flüchtlingen geprägten Gesellschaft wird er wohl kaum auf die Idee kommen, die Sicherheit seines landwirtschaftlichen Betriebs aufzugeben, um im zerstörten Ruhrgebiet in Konkurrenz zu den dort Arbeitsuchenden, zumal den Vertriebenen, zu treten. Der Entwurf, der am wenigsten Voraussetzungen von Aloys verlangt, ist der, dort weiterzumachen, wo er 1939 aufgehört hat, zumal die moralischen Verpflichtungen gegenüber der Mutter nach wie vor bestehen. Auch ein Anschluss an die väterliche Tätigkeit als Wanderhändler wäre zu bedenken gewesen, wenn diese Tätigkeit nicht bereits vor dem Krieg untergegangen wäre.

Soweit die *problematischen* Möglichkeiten, das sind die Möglichkeiten, für die etwas spricht (vgl. Teil 1, Kapitel III, 10). Als *offene* Möglichkeit, für die nichts spricht, erscheint mir die, dass Aloys auf der Grundlage der Randständigkeit seiner Familie einen bäuerlichen Gegenentwurf zu dem, was im Dorf üblich ist, entwickelt. Dass sich ein solcher nicht realisieren kann, liegt an den Zeitverhältnissen. Erst nach 1960 kommt der Gedanke an eine »alternative« Landwirtschaft auf breiter Front auf. Die Universität Kassel und die landwirtschaftliche Hochschule Witzenhausen stellen dafür die fachlichen Ressourcen bereit, der »Kritische Agrarbericht« wird dort seit 1993 verlegt, und auch in Göttingen gibt es eine Fakultät für Agrarwissenschaften. Das alles liegt im Bereich geografischer Erreichbarkeit. Ab den 1970er Jahren wird in sozialräumlich kritischer Situation, nämlich auf den Causses in Südfrankreich, eine Agrarwirtschaft betrieben, die ihren Schwerpunkt bei der Schafhaltung wie auch der Käseproduktion hat. Für Aloys Wellke, der im Gespräch gern seine Französischkenntnisse zur Schau stellt, wäre es eine Möglichkeit gewesen, dort einen Neuanfang zu suchen. Das bedingt allerdings, abgesehen davon, dass er seine Entscheidungen nach 1945 zu treffen hat und 1970 noch weit entfernt ist, dass er einen Zugang zu französischen Medien hat.

Eine andere offene Möglichkeit: Noch zu DDR-Zeiten und nach der Wende hielt sich im Bereich Mönchgut auf der Insel Rügen eine bis aufs Mittelalter zurückgehende intensive Schafhaltung. Sie bot regimekritischen Landwirten eine Möglichkeit, sich dem Blick der Obrigkeit zu entziehen und im Gelände zu verschwinden. Mit der Hofübernahme um 1956 könnte Aloys sich seine bescheidene Hofgröße zunutze machen. Er könnte Schafe halten, Fremdenzimmer bereitstellen und sich so an den lokal sich entwickelnden Tourismus anschließen. Des Weiteren könnte er Tiere auf dem Hof halten, die für die Gegend exotisch sind (Esel, jetzt auch Lamas und Alpakas), Wanderungen anbieten, geführt oder nicht geführt. Diese Option hätte den großen Vorteil, dass er sich gegenüber seinen bäuerlichen Kollegen abgrenzen und sie mit alternativen Überlegungen belehren könnte. Doch auch diese Option ist eine der Unzeit.

Das alles sind Lösungen, »für die nichts spricht«, also offene Möglichkeiten. Eine andere Möglichkeit ergriff ein Bauersohn aus dieser Gegend in vergleichbarer Lage: Der Bauernsohn schlug sein Erbe aus und eröffnete mit geliehenem Pferd und Wagen in Bochum ein Speditionsgeschäft, welches sich rasch zu einem großen Unternehmen entwickelte. Wäre das also nicht auch für Aloys eine Möglichkeit gewesen?

Aloys gibt sich weltläufig. Er betont seine Kenntnisse im Spielen von Instrumenten (Orgel in der Kirche, Geige, aber nur mit Künstlerbogen, den er nicht hat, also entfällt das Spielen der Geige), auch des Schachspiels, dazu später mehr. Daraus kann man allerdings keinen Berufsentwurf gießen, der aus den vorgezeichneten Bahnen herausführt. Auch für das Selbstverständnis als »Ingenieur« findet er kein materiales Substrat. Beruflich hat Aloys Wellke somit keine Wahl, es sei denn, er würde sein bäuerliches Wissen veredeln, indem er die Schule für Landwirte besucht. Dort kann er Wissen erwerben, das auf seinem Hof wegen seiner geringen Größe nicht einsetzbar ist. Denn nach wie vor lautet das Credo in der Landwirtschaft: »Wachsen oder weichen.« Das ist Unsinn und nicht praktikabel, weil nicht krisenfest (Machum, 2005; Hennon u. Hildenbrand, 2005). Kleine Höfe haben in Krisenzeiten größere Überlebenschancen als die kapitalintensiven großen landwirtschaftlichen Aussiedlerbetriebe. Inzwischen heißt die Parole »Pluriaktivität«. Das ist ein Konzept, das dem nahekommt, was ich bei den vorherigen offenen Möglichkeiten skizziert habe.

Aloys, der über seinen Hof verfügen kann, nachdem er sich mit seinen Geschwistern geeinigt hat, sieht sich nun in der Lage, sich nach einer Heiratspartnerin umzusehen. Die damit verbundenen Schwierigkeiten habe ich bereits geschildert. Entgegen kommen könnte ihm die Option, unter den vielen Frauen, die bei Kriegsende nach Westdeutschland geflohen sind und vielfach in ländlichen Gebieten einquartiert wurden, eine zu finden, der der Hof der Familie Wellke nicht zu ärmlich ist und die auch von den dortigen Umständen nichts weiß. Das steuert auf eine Partnerwahl in der Ferne zu. Besser gesagt: Es wird ihm nichts anderes übrig bleiben, als sich um eine Frau zu bewerben, der diese Gegend fremd ist.

Es gelingt Aloys, eine Partnerin zu finden. Es handelt sich um eine Bauerntochter, Klara, 1918 in der Nähe von Bochum geboren, in einer Gegend also, in der die Industrielandschaft in ländliches Gebiet übergeht. Klara hat in einem Kloster eine hauswirtschaftliche Ausbildung absolviert und im Krieg mit Unterstützung von Zwangsarbeitern den elterlichen Hof geleitet. Dieser Hof verfügt im Ort über eine erhebliche Reputation: Man verkehrte mit dem Klerus und bot diesem auch Unterkunftsmöglichkeiten. Es geht also um einen Hof, der durch den erwähnten seigneuralen Lebensstil und ausgeprägten Bauernstolz gekennzeichnet ist. Nach der Rückkehr ihres Bruders aus dem Krieg war Klara entbehrlich geworden, wenn auch der Bruder mit einer schweren Hirnverletzung und zunehmend mit Alkoholismus zu kämpfen hatte. Es zeigt sich hier die Enge der bäuerlichen Lebenswelt: Der verantwortliche Landwirt auf einem Hof hat männlich zu sein, seine Schwester, weil weiblich, wird diesen Status nicht erringen können, auch wenn sie bereits die erforderlichen Leistungen erbracht hat. Die Stadt Bochum hat im Übrigen, wie erwähnt, traditionell eine enge Beziehung zu Eisental, weshalb die Bekanntschaft des Aloys mit Klara mutmaßlich auf Vermittlung zurückgeht.

Mit dem Schicksal einer unverheirateten Tante wollte sich Klara, deren ältere Schwester mit angemessener Mitgift verheiratet wurde, nicht zufrieden geben. Nachdem Aloys auf die mögliche Partnerschaft mit Klara aufmerksam gemacht worden war, erschien er gut gekleidet im Ruhrgebiet. Die Umworbene dachte bei sich: »Diesen Hering, den kannst du bändigen«, wie in launiger Stimmung beim Familiengespräch berichtet wird. Damit wird ein Licht auf die Beschaffenheit der sich anbahnenden Paarbeziehung geworfen. Klara wird damals eine stämmige Figur gehabt haben, Aloys wird eher schmächtig gewesen sein. Er lädt seine Zukünftige zu einer Wanderung in sein Heimatdorf ein, um zu testen, ob sie »geländegängig« sei[52], wie er ausführt. Anschließend kommt es zur Heirat. Klara tauscht also den Status einer Übriggebliebenen gegen den einer

---

52 Claude Lévi-Strauss testete seine Partnerinnen auf die nämliche Weise, indem er sie auf den Mont Aigoual in den Cevennen, 1.567 Meter hoch, führte, an dessen Fuß sich seine Eltern vor den Nazis versteckten (Loyer, 2017). Man kann den beiden Herren eine gewisse Umsicht bei der Partnerwahl nicht absprechen.

Bäuerin ein, wenn auch auf einem Hof mit problematischer Vorgeschichte. Die Hochzeit findet 1948 statt.

8.3 Erhebung zur dritten Generation der Familie Wellke

Weil konventionellem Verständnis entsprechend jede Ehe auf das Dritte, nämlich auf ein Kind, zielt, wird 1950 als einziges Kind aus dieser Ehe Frank geboren. Aloys Wellke, zum Zeitpunkt der Heirat 44-jährig, kommentiert diesen Sachverhalt mit der Bemerkung, er sei bis dahin ein »gesellschaftspolitischer Blindgänger« gewesen, ein Ausdruck, der im Nationalsozialismus üblich war und mir neulich (2020) wieder begegnet ist. Mit der Wahl der Partnerin wird die prekäre Außenseiterposition dieser Familie in Eisental weiter bekräftigt. Man kann den Sachverhalt einstweilen auch auf folgende Kurzformel bringen: *Bauerndünkel trifft auf armselige Verhältnisse*. Auch die Frage der Fremdheit ist hier in Betracht zu ziehen, mit der ich mich im ersten Teil dieses Buches ausführlich beschäftigt habe.

Zunächst zu Klara: Sie stammt von einem stadtnahen Hof, der Bestandteil der lokalen Honoratiorenschaft ist. Von dörflichen Verhältnissen wird sie bis dato über die Perspektive der eigenen Familie hinaus nichts mitbekommen haben. Gegenüber dem Dorf ist sie von ihrer eigenen Perspektive aus gesehen eine Fremde, die zudem keinen Ausweis für ihren hohen mitgebrachten Status hat, den sie im Dorf sichtbar machen könnte.

Nun zu Aloys: Er hat den Krieg, seinen Erzählungen zufolge, auf ausgesprochen idiosyncratische Weise verbracht (seiner Darstellung zufolge ist er in Frankreich ohne Auftrag mit einem Lkw herumgefahren), weshalb er im Dorf kaum Ansprechpartner für sein Erleben finden wird. Er ist der sprichwörtlich Fremde, der aus dem Krieg zurückkehrt.

Klara und Aloys erweisen sich aus der Dorfperspektive gleichermaßen als Fremde. Welche Bewältigungsmuster das auf diese Weise höchst individuierte Paar für seine prekäre Konstellation gefunden hat, wird Gegenstand der folgenden Kapitel sein.

9 Brennpunkte des In-der-Welt-seins der Familie Wellke

Ich beende nun die Genogrammanalyse und konzentriere mich auf Brennpunkte des In-der-Welt-seins der Familie Wellke, anhand deren es möglich sein wird, die wesentlichen Strukturelemente des alltäglichen Daseins dieser Familie nun in familiengeschichtlicher Perspektive zu beleuchten. Ich beginne mit dem Dorf Eisental.

9.1 Eisental und das Verhältnis des Ehepaars Wellke zu diesem Dorf

Eisental hat ca. 200 Einwohner und liegt – ich komme auf Ausführungen von weiter oben zurück – am Ende eines Tals. Die Straßen enden dort, jedenfalls im Winter, denn die über den Berg führende Straße zur nächsten Ortschaft wird bis heute im Winter bei Schneefall nicht geräumt. Es ist ein geschlossenes Fachwerkdorf, das Haus der Wellkes, ein zweistöckiges Fachwerkhaus, liegt im Dorfzentrum. Im unteren rechten Viertel sieht man ein großes Scheunentor und daneben einen laut Bildchronik später angebauten Stalltrakt, aus Stein gemauert, der allenfalls groß genug ist, um ein Zugpferd zu beherbergen. Sollten die Wellkes in der Milchwirtschaft (es gab seit 1848 eine Molkerei in Steintal) oder in der Fleischproduktion tätig gewesen sein oder einen Handel mit Kälbern betrieben haben, müssten sie ihre Kühe außerhalb des Dorfes in einer Feldscheune untergebracht haben, im Dorf gibt es dafür keinen Platz. Heute wird in Eisental die Modernisierung der Landwirtschaft durch einige Aussiedlerhöfe, die den Ort umgeben, sichtbar. Es gab damals im Ort die üblichen Dorfhandwerker, eine Kirche (die Einwohner sind bis heute ausnahmslos katholischen Glaubens). Eine Eisenbahn hat einen Haltepunkt 2,2 Kilometer von Eisental entfernt.

Eisental ist also eines jener Dörfer, für welches heutigen Zeitgenossen als Erstes der Begriff der »Gemeinschaft« vorschwebt (vgl. Teil 1, Kapitel II, 6). Jedenfalls ist festzustellen, dass man in einem solchen Ort jeweils wahrnehmen kann, was beim Nachbarn gekocht wird. Streitigkeiten in den Familien werden niemandem verborgen bleiben.

Gehe ich nun von Vermutungen zu belastbaren Fakten, soweit vorliegend, über, so zeigt sich Folgendes: Der statushöchste Betrieb im Ort ist der Hof der Familie Althaus. 1895 wird einem »Landwirt Althaus« ein Jagdschein ausgestellt. Das ist, noch vor dem Untergang der Monarchie, ein Privileg, das seinerzeit den Feudalherren vorbehalten war. Um 1903 amtierte in Steintal ein Lehrer namens Althaus, möglicherweise ein Abkömmling der Familie Althaus, die damit dokumentieren würde, dass es ihr gelungen ist, die Position eines Notablen im Dorf zu besetzen. Es gibt drei Gasthöfe (Gasthof Althaus, Gasthof Schmidt, Gasthof zur Post). Es gibt einen Bürger-/Schützenverein wie auch eine lokale Fußballmannschaft. Lokale Öffentlichkeit ist also vorhanden.

In den 1920er Jahren wird im Nachbarort ein Arbeitslager im Zusammenhang mit dem weiblichen Reichsarbeitsdienst eingerichtet. Dieses Lager dürfte Bewegung in das Dorfleben gebracht haben, denn der Reichsarbeitsdienst wurde von den Teilnehmerinnnen (vielleicht auch von den Männern) als eine willkommene Gelegenheit betrachtet, aus der Enge der Herkunft auszubrechen und entfernt von der Familie bisher unbekannte Lebenswirklichkeiten zu erkunden (gemäß Zeitzeugin). Ganz zu schweigen von den dadurch eröffneten Möglichkeiten im Verkehr zwischen den Geschlechtern.

Für das *Verhältnis des Ehepaars Wellke gegenüber Eisental* ist folgende Gesprächspassage aufschlussreich (A = Aloys, K = Klara):

»A: Wenn ich nach'm Bauern geh kann ich mich nur über ihren(.) eh weltlichen
     Zustand unterhalten weil ich das ja auch kenne ne ... wa (das is schwierig ne
K: ((Lachen))
K: [(...) (-)
A:] der Kampf mit der Witterung nich wahr und dann verdirbt das (.) Heu ne
K:]ja das alltägliche Leben
A: und dann kommt die Ernte nicht trocken rein, und dann isses Vieh krank nich
    das kennen wir ja alles ne dann haben sie mich die erste Zeit auch schon mal
    geholt auch wie ich beim Unternehmer (.) gearbeitet hatte (sagten) du bist doch
    Schweizer gewesen (,) hier der Nachbar der (k) da kalbt ne Kuh geh mal hin ich
    sag ich arbeit doch (nicht) bei den Leuten ham sie dir denn was gegeben
[...]
A: (das ist) ja [kein Umgang für uns im [Dorf wenn ich denen was über Technik
    erzähle und so
K:]jo (-)   ] Kirche und sonst (-)
A: weiter ne das verstehn [die Leute ja im Dorf nicht (.) ja
K: [die verstehn das nicht die ham ja nur Landwirtschaft«

»Wenn ich nach'm (dialektal: zum) Bauern geh«: In diesen fünf Worten steckt die für das In-der-Welt-sein der Familie Wellke maßgebliche Struktur. Aloys geht »zum Bauern«, befindet sich also außerhalb von dessen Welt, und er spricht zudem ein anonymes Kollektiv an. Infolgedessen reduziert er die Welt des Dorfes auf einen universalistischen Sozialzusammenhang, wo doch jedes Dorf aufgrund seiner strukturellen Voraussetzungen eine Welt des Partikularen ist (s. Teil 1, Kapitel II, 5). Als das Haus noch im Dorfzentrum stand (ich werde weiter unten auf Änderungen eingehen), reichte es, vor die Tür zu treten, und Aloys stand mitten in dieser Welt. Er musste damals nicht »zum Bauern« gehen. Er schaut am Morgen aus der Tür, sieht den Nachbarn vorübergehen, wundert sich, dass er nicht in Arbeitskleidung ist, fragt ihn, ob er auf dem Weg in die Stadt sei, und gibt sich mit der Antwort zufrieden. Den Rest denkt er sich, es wird wohl wieder ein Kredit fällig sein. Aloys steht mit seiner Äußerung »zum Bauern gehen« nicht nur außerhalb dieser Welt, sondern er steht auch außerhalb der Welt des alltäglichen Besorgens im Dorf. Mit anderen Worten: Er steht außerhalb von dessen Lebenspraxis. Seine Welt ist die Technik, ist das, was hier außerhalb des alltäglichen Lebens steht. Klara pflichtet ihm bei.

Summarisch kann, bezogen auf diesen Text, überdies gesagt werden, dass die Zeitebenen für Aloys verschwimmen. Zum Zeitpunkt des Familiengesprächs schreiben wir das Jahr 1981. Allerdings ist die Welt, die er gesprächsweise aufruft, die der Jahre um 1950. Ich mache das an folgenden Indikatoren fest:
1. Mit dem Aufkommen verschiedener Silagetechniken haben sich die Vieh haltenden Bauern von den Witterungsbedingungen weitgehend unabhängig machen können. Auf längere Schönwetterperioden beim Heuen sind sie nun nicht mehr angewiesen.
2. Seit der nach 1950 einsetzenden Modernisierung auf den Höfen müssen sich die Landwirte mit technischem Wissen versehen, um ihren Maschinenpark in Schuss zu halten. »Ingenieure« sind sie jetzt selbst.
3. Schließlich bringen Kühe ihre Kälber ohne Assistenz zur Welt. Komplikationen können auftreten, wenn das Kalb ungünstig liegt. Darauf hat der Landwirt ein Auge, und er lässt Kühe, bei denen die Zeit des Kalbens absehbar ist, in der Nähe des Hofes grasen, um bei Bedarf zu Hilfe zu eilen. Einen »Schweizer« nach dem Modell der 1920er Jahre, zumal einen, der sich technisch im Auswechseln von Röhren an veralteten Rundfunkgeräten für versiert hält, braucht es nicht[53]. Mit seiner angemaßten Kompetenz steht Aloys demnach draußen vor der Tür, nachdem er sich selbst dorthin gestellt hat, indem er sich von dem dörflichen »do ut des« (ham sie dir denn was gegeben?) absentiert hat.

Soweit zum inhaltlichen Teil dieser Sequenz, bei der Klara ihrem Mann assistiert, wobei ihre Äußerungen mit denen ihres Mannes verschwimmen. An anderen Stellen spricht sie genauso abfällig über die Nachbarn auf ihrem elterlichen Hof, Bergleute und Flüchtlinge in der Nachkriegszeit, deren Armut und Bedürftigkeit es sind, was ihren Unmut erregt. In der familiengeschichtlichen Erzählung weiß Klara nur von ihren Geschwistern zu berichten, außerdem, dass sie zur Hochzeit in Eisental mit einem prächtigen Brautschmuck erschien. Aus Sicht der Dorfbewohner wird dieser nicht viel wert gewesen sein, Kriterien der Bewertung fehlten. Sie hätte die Dorfbewohner mehr beeindrucken können, wenn sie eine zwanzigköpfige Kuhherde sowie einige Hektar Land vor sich hergetrieben hätte.

---

53 Ich räume gern ein, dass ich, je mehr ich mich mit diesem Fall beschäftige, einen Affekt gegen Aloys Wellke entwickle, der sich insbesondere an seine Überheblichkeit bei gleichzeitiger Inkompetenz heftet, wenn mich auch die Hilflosigkeit des Ehepaars Wellke angesichts der desolaten Lage und Zukunft ihres Sohnes anrührt. – Das ist für die Deutung so lange kein Hindernis, wie diese Affekte nicht im Dunklen bleiben, sondern reflektiert werden.

Die ausgewählte Sequenz vermittelt auch einen Eindruck davon, auf welche Weise dieses Paar sich im Dorf positioniert hat: Zunächst ist Klaras mitgebrachter Dünkel zu nennen, denn der Status des Hofs, von dem sie abstammt, steht weit oberhalb dessen, was ein lokaler Hof, auch der der Althaus, in Eisental für sich beanspruchen kann. Sie hat in ihrem Mann mit seinen Größenideen einen gleich gelagerten (seelenverwandten) Gefährten gefunden. Auf dieser Grundlage kann das Paar sich gemeinsam über die Dorfbewohner erheben. Damit stehen sie in einem markanten, nicht zu übersehenden Kontrast zu ihrer Lebensform als Kleinbauern. Aus diesem Spannungsverhältnis wird sich der Stand dieses Paares im Dorf speisen, der als »Folie à deux« beschrieben werden kann.

Das Außenseitertum der Familie Wellke ist auf der einen Seite fester Bestandteil ihrer Wirklichkeitskonstruktion, die auch in die psychiatrischen Krankenakten Eingang gefunden hat. Auf der anderen Seite decken sich diese Wirklichkeitskonstruktionen nicht mit der faktischen Alltagsrealität dieser Familie. Während unserer Beobachtungen konnten wir regelmäßig Nachbarn antreffen, die auf einen Schwatz vorbeikamen oder etwas vom eben Geschlachteten vorbeibrachten. Einmal verabschiedete sich Aloys mitten während einer Beobachtung, um einem Dorfbewohner zu dessen Namenstag seine Aufwartung zu machen.[54] Als er dann zurückkam, ließ sich Klara Bericht über die Anwesenden erstatten. Sie waren durchweg männlich. Das ist ein Beispiel für eine gelebte Vergemeinschaftung des Paares, bezogen auf Aloys geht es um die Gleichaltrigen aus seiner Jugendzeit. Mit wem Klara sich trifft und ob sie sich überhaupt mit jemandem trifft, wissen wir nicht.

Mit Rückblick auf die Genogrammanalyse fasse ich zusammen: Als Schüler einer Realschule befand sich Aloys auf dem Weg zu einer Biografie, die nach Ansicht des Dorfes unkonventionell war. Er musste diesen Weg jedoch aus Gründen, die er nicht zu vertreten hatte, abbrechen. Nun war es ihm nicht möglich, an diesen vorgezeichneten Weg einen geeigneten Anschluss zu finden. Er verbindet sich schließlich mit einer Frau, deren Biografie mit seiner eigenen vergleichbar ist: Vorbereitet auf eine Position als wirtschaftende Bäuerin auf einem statushohen Hof, werden ihre Aspirationen durch den Zweiten Weltkrieg zerstört. Was sie durch die Einheirat auf Aloys' Hof retten kann, ist die Hülle ihrer Erwartungen, die sich nach kurzer Zeit als armselig erweist. *Die Bewältigungsmuster, die das Paar für diese prekäre Situation findet, bestehen in Abgrenzung von der unmittelbaren Umgebung und im Rückzug in ein Wolken-*

---

54 In sehr traditionalen katholischen Gegenden wird vom Namenstag mehr Aufhebens gemacht als vom Geburtstag.

kuckucksheim (sie, Klara Wellke, ist die verhinderte Groß-Bäuerin, er, Aloys Wellke, ist der verhinderte Ingenieur). Das ist der Rahmen, aus dem heraus Frank sich zu individuieren hat. Man wird ihn sich merken müssen.

9.2 Die Verwandtschaft

Diese Darstellung wäre unvollständig, würde ich nicht über die bisherigen Randbemerkungen hinaus auch einen Blick auf die Verwandtschaftsbeziehungen der Familie Wellke werfen. Es könnte ja sein, dass von dort her Korrekturen ihres alltäglichen Verhaltens kommen, von denen vor allem Frank profitieren könnte. Um es kurz zu machen und bereits Erwähntes zu wiederholen: Der Abwertung entgeht auch die Verwandtschaft nicht. Wer nicht abgewertet werden kann, wird allenfalls in einem Nebensatz erwähnt. Damit wird die Isolation dieser Familie gegenüber ihrer sozialen Umwelt unter Einschluss der Verwandtschaft total. Um dies exemplarisch deutlich zu machen, gebe ich aus den vorliegenden Beobachtungsprotokollen zwei Geschichten vom 18. Mai 1982 wieder, die eine betrifft einen von uns mitgebrachten Kuchen und die andere eine von Verwandten mitgebrachte Gemüsesuppe.

Am Ende eines unserer Besuche bei der Familie Wellke boten wir, meine Kollegin Daniela Klein und ich, an, beim nächsten Mal zur Kaffeetafel einen Kuchen beizusteuern. Als wir den Kuchen mitbrachten, stand bereits ein von Klara gebackener Kuchen auf dem Tisch. Man zeigte sich verwundert, dass Daniela Klein über eine Küche verfügte und auch in der Lage war, einen Kuchen zu backen.[55] Dann wird der Kuchen gelobt (»wenn wir Rhabarberkuchen essen, müssen wir nichts für die Verdauung einnehmen«). Wir deuteten dies als Indikator für ein Verschwimmen im Familienmilieu und prägten

---

[55] Franks Eltern hatten festgestellt, dass Daniela Klein zum Zeitpunkt der Beobachtungen noch unverheiratet war, und daraus geschlossen, dass sie nicht über einen eigenen Haushalt verfüge, auf diese Weise eine dörfliche Perspektive einnehmend (nur wer verheiratet ist, verfügt dort über einen eigenen Haushalt, vorher lebt er/sie noch im Elternhaus). Dass später daraus von Seiten Klaras Hoffnungen geschöpft wurden, dass Daniela Klein eine mögliche Partnerin für Frank wäre, sei der Vollständigkeit halber erwähnt, aber nicht weiter ausgedeutet, denn dieser Vorgang ist kompatibel mit der bereits herausgearbeiteten Familienstruktur (weit über die Familiengrenzen hinaus orientiert, ohne von diesen Bereichen genaue Kenntnis zu haben) und nicht dazu geeignet, bisherige Überlegungen zu falsifizieren. Rein pragmatisch könnte man auch deuten, dass aufgrund der Abgeschlossenheit der Familie jemand wie die Beobachterin die einzige weibliche Person ist, die in den Verkehrskreis von Frank vorstößt und dem Alter von Frank entspricht. Da muss man, wird sich Klara als Mutter gedacht haben, zugreifen. Dass über die Pragmatik der Verheiratung im Sinne eines Versorgtseins auch emotionale Belange eine Rolle bei Partnerschaften spielen, scheint ihr entgangen zu sein, denn sie geht von sich selbst aus (zur Abgrenzung von Versorgungsehe und Liebesehe vgl. Burkart u. Kohli, 1992).

dafür den Begriff des »Familienleibs«, ohne davon in der Fallrekonstruktion weiteren Gebrauch zu machen. Ansätze von Verschwimmen hatten wir bereits im sprachlichen Bereich identifiziert. Der Kuchen wurde zurückgewiesen bzw. ignoriert, danach bekamen wir folgende Geschichte zu hören und kamen nicht umhin, sie auf den eben zurückgewiesenen Kuchen zu beziehen:

Aloys und Klara erzählen vom vorangegangenen Besuch von Klaras Schwester und deren Mann. Die beiden seien für vier Wochen in Eisental gewesen und hätten im Anbau gewohnt. Sie seien beide auch schon alt. Während der letzten beiden Wochen seien sie zum Mittagessen ins Dorf gegangen, wozu Aloys bemerkt: Wenn sie hier gekocht hätten, wären sie weit billiger weggekommen. Unklar bleibt bei dieser Bemerkung, ob Alois die entgangene Tischgemeinschaft vermisst hatte oder die aus seiner Sicht gegebene Geldverschwendung anprangert. Ich werde darauf zurückkommen. Klara dazu: Einmal hätten die Verwandten einen ganzen Topf voll Gemüsesuppe mit Speck drin mitgebracht, und die hätten sie (sprich: der Familienleib) nicht gemocht. Nachdem Aloys im Anschluss an diese Erwähnung noch einige weitere Themen ins Gespräch gebracht hat (Falklandkrieg, Friseurbesuch, Haarwuchs, Zigarettenholen für Frank im Dorf, Einkaufen, Medikamente für Frank), kommt er auf die Geschichte mit der Gemüsesuppe zurück, wenn auch von seiner Frau erinnert, dass davon schon die Rede gewesen sei. Er ergänzt: Er habe die Suppe dann in den Bach geschüttet, so hätten die Forellen auch etwas davon gehabt.

Ich interpretiere diese Geschichte wie folgt: Der Familienleib lässt es nicht zu, dass im Sinne einer Grenzüberschreitung von außen mittels Nahrung in diesen eingedrungen wird, weder von Seiten Fremder noch Verwandter. Die Geschichte mit der Gemüsesuppe interpretieren wir als impliziten Kommentar zum mitgebrachten Kuchen. Er würde nach unserer Abreise dasselbe Schicksal erfahren, der Familienleib würde vor ihm gesichert werden. Dass Aloys diese Geschichte nach einer Zeit wieder aufgreift, deute ich so, dass er gedanklich am inhaltlichen Verlauf des Gesprächs nicht teilnimmt und aus seiner Ich-bezogenen Perspektive die Themen setzt. Was er zur Geschichte mit der Gemüsesuppe noch beizusteuern hat, ist mehr oder weniger die Pointe. Andersherum: Es ist ihm daran gelegen, zu der Geschichte die ihr gemäße Coda beizusteuern, es dauert lediglich eine Zeit, bis er darauf kommt. Was sich hier durchsetzt, ist das Verlangen nach einer Gestaltschließung und damit nach der Realisierung einer guten Form, zu der es sonst, wie erwähnt, nicht kommt.

Fazit: Ausgangspunkt für die Erwähnung dieser beiden Geschichten war die Frage nach den Beziehungen zur Verwandtschaft. Es war dann der Rhabarberkuchen, der diese Beziehung zur Sprache gebracht hat, bezogen auf die Verwandtschaft Klaras. Wir erfahren, dass Aloys aus pekuniären Gesichtspunkten es lieber gesehen hätte, wenn die Schwägerin und der Schwager im Haus gegessen hätten. Ob damit ein gemeinsames Essen intendiert gewesen wäre, wird aus seiner Äußerung nicht deutlich. Andererseits wird eine vergleichbare Situation gemeinsamen Essens, die Vergemeinschaftung stiftet (Simmel, 1908) abgewiesen, indem die Gabe (Mauss, 1950/1968) (die Gemüsesuppe) unter Verweis auf ein Geschmacksurteil (das mögen wir nicht) zurückgewiesen und dem Tierreich überantwortet wird. Somit finden Abgrenzungen in der Familie Wellke nicht nur gegenüber dem Dorf, sondern auch gegenüber der Verwandtschaft statt. Das gilt nicht nur für die Verwandtschaft Klaras, wie soeben zu sehen war, sondern auch gegenüber der Verwandtschaft von Aloys. Seine Schwestern erwähnt er nur, um ihren sozialen Status deutlich zu machen (die in der Umgebung lebenden und verheirateten Schwestern besitzen jeweils ein Haus; eine Schwester, die im Münsterland lebt und eine akademische Ausbildung hat, wird als Besitzerin eines großen Autos mit Wohnwagen etikettiert, was ihre beruflichen Erfolge aussticht). Von gegenseitigen Besuchen ist hier nicht die Rede. Wenn es dazu kommt, wird Klaras Verwandtschaft besucht, insbesondere ihre ältere Schwester, von der wir wissen, dass es die Familie mit ihr besser gemeint hat als mit Klara. Um sie handelt es sich in der Geschichte mit der Gemüsesuppe, womit auch die Ausgestaltung dieser Beziehung beschrieben wäre. In der familiengeschichtlichen Erzählung bleiben diese Personen durchweg namenlos.

Was die Ausführungen zur Verwandtschaft anbelangt, geht es hier auch darum, welche Möglichkeiten Frank hat, außerhalb der Eltern-Kind-Beziehung Bündnispartner für die Einnahme einer Position außerhalb der Familie zur Beförderung des Ablösungsprozesses zu finden. Familiensoziologisch drängt sich hier der Gedanke an das Avunkulat auf. Damit ist die privilegierte Position vom Bruder der Mutter für den Neffen gemeint (Lévi-Strauss, 1981). Allerdings ist dieser Bruder, der nach der Rückkehr aus dem Krieg seine Schwester Klara, der bäuerlichen Sitte gemäß, vom Hof verdrängt hat, bereits der Verachtung von Seiten Aloys' anheimgefallen, und auch Klara wird nicht sonderlich gut auf ihn zu sprechen sein. Wollte Frank diesen Weg beschreiten, müsste er sich zunächst gegen die Eltern stellen.

9.3 Das Haus

Wie man der Chronik historischer Fotos aus Steintal und angrenzenden Dörfern entnehmen kann, lebten die Wellkes ursprünglich in der Dorfmitte, unmittelbar bei der Kirche und beim ältesten Hof im Ort. Das änderte sich 1965. Frank war zu diesem Zeitpunkt 15 Jahre alt und in der Lehre. Das Land hatte beschlossen, dem allgemeinen Bildungsnotstand (definiert über den spärlichen Besuch weiterführender Schulen) abzuhelfen und Schulen auf dem Land einzurichten, damit der Zugang zu weiterführender Bildung auch Dorfkindern ermöglicht würde. Dafür wurden »Mittelpunktschulen« gebaut, zu denen die Kinder mit dem Bus zu befördern waren. Also benötigte man im Dorf einen Buswendeplatz. Nachdem der zunächst angefragte Landwirt sich weigerte, Haus und Grund abzugeben, bot Aloys sein Haus an, damit es abgerissen und stattdessen ein Buswendeplatz eingerichtet werde. Dieser Platz besteht heute noch und heißt »Wendeplatz«. Das Land bezahlte seinerzeit für das Haus 50.000 DM, das sind nach heutigem Stand (08.05.2020) 106.716 €.[56]

Nun hätte das Ehepaar Wellke, genauer gesagt Aloys Wellke die Gelegenheit beim Schopf ergreifen können, denn letztlich formuliert er den Sachverhalt so, als habe er allein diese Entscheidung zu vertreten, sodass man auch hier in Anlehnung an Bertolt Brecht die Frage stellen könnte, wer das siebentorige Theben erbaute. Man hätte jetzt das Dorf verlassen, beispielsweise in die Nähe der Fabrik, in welcher Aloys damals beschäftigt war, dreißig Kilometer entfernt, ziehen können. Entsprechende Überlegungen sollen damals angestellt und verworfen worden sein. Es bestand kein Wunsch, sich aus diesem Dorf, zu dem die Beziehungen als denkbar schlecht und aus der Perspektive von Außenseitern dargestellt werden, zu entfernen. Man ist an die abgelehnte Umgebung nicht nur gebunden, sondern mit ihr auch *verstrickt*.

In Verbindung mit dem Hauskauf machte das Land zur Bedingung, dass ein Neubau auf der Gemarkung von Eisental ein Bauernhaus sein sollte. Dafür haben die Wellkes einen Platz ausgesucht, der ungünstiger nicht gelegen sein kann: Unterhalb des Dorfes und knapp jenseits der Siedlungsgrenze wurde ein neues Haus – zu einem guten Teil in Eigenarbeit unter Beteiligung von Frank – errichtet, das in den Abmessungen etwa dem abgerissenen Haus entspricht. Das Haus liegt im Talgrund am Rand eines Bachs (der, wie erwähnt, im Bedarfsfall Speisen aufnimmt, die von der Verwandtschaft oder von Besuchern stammen und für überflüssig erklärt wurden). Der größte Nachteil dieser Lage ist, dass das Haus in den Wintermonaten von der Sonne nicht erreicht wird. Als weiterer von der Familie Wellke empfundener Nachteil gilt, dass direkt am Haus der Weg zum Friedhof entlang führt. Da das größte Fenster des Hauses direkt auf diesen Weg geht, das untere Stockwerk also vom Weg aus einsehbar ist, wurde eine getönte, Durchsicht erschwerende Scheibe eingebaut.

---

56 Man beachte die Ironie, dass die Familie Wellke, deren tragische Situation heute auf die Entscheidung des Anton Wellke zurückgeführt werden kann, gegen den Alltagsverstand im Dorf den eigenen Söhnen eine höhere Bildung zukommen zu lassen, vierzig Jahre später eine Entscheidung trifft, die geeignet ist, den Zugang zu höherer Bildung *für alle* zu unterstützen. Anton Wellke Sr. erscheint so als Pionier, aber das wird niemand im Dorf wahrgenommen haben.

An die behördliche Auflage, wieder ein Bauernhaus einzurichten, haben sich die Welkes nicht gehalten. Sie bauten ein Zweifamilienhaus mit der Absicht, dass im zweiten, zunächst unbewohnten Teil Frank mit seiner Familie einziehe. Auf diese Weise wurden, in vollständiger Übereinstimmung mit dörflichen Gewohnheiten, Fakten für dessen weiteren Lebensverlauf geschaffen. Einstweilen aber wurde dieser Hausteil vermietet. Ich komme darauf zurück. Abgesehen davon, dass der Verwendungszweck des neu errichteten Hauses behördlichen Vorgaben nicht folgt, was dem lokalen Brauchtum entspricht – wer nimmt schon Behörden ernst? –, errichtete Aloys ohne Genehmigung zwei Garagen auf seinem Grundstück, weshalb sie wieder entfernt werden mussten. Offenbar verfügte er nicht über das nötige Verhandlungsgeschick, das in solchen Fällen erforderlich ist, um den Schaden gegen die Zahlung eines (meist geringen) Entgelts wiedergutzumachen.

Da seinerzeit noch nicht absehbar war, wann Frank heiraten und eine Familie gründen würde, er war immerhin erst 15 Jahre alt, wurde der freie Teil zunächst an familienfremde Mieter vermietet, mit denen es jedoch bald zum Streit kam. Der Hintergrund dürfte sein, dass man auf dem Land nicht vermietet und auch nicht mietet, es sei denn, man ist aus finanziellen Gründen dazu gezwungen oder noch nicht so weit, mit dem Bau eines eigenen Hauses zu beginnen, weshalb ein Mietverhältnis grundsätzlich eine Übergangsphase mit absehbarem Ende darstellt. Zu Mietern haben Vermieter daher ein ambivalentes Verhältnis. Man braucht sie, aber sie sind lästig. Entsprechend war diesem Mietverhältnis keine Dauer beschieden. Die Nachfolgelösung bestand darin, diesen Hausteil an einen von Klaras Neffen zu einem Jahrespreis von 5.000 DM zu vermieten. Dieses Mietverhältnis dauert an und bestand zu Beginn unserer Studie, 1981, noch immer[57]. Das zeigt zunächst, dass Verwandtschaftsbeziehungen innerhalb dieser Familie gegenüber den Beziehungen zu lokalen Fremden verlässlicher sind.

Wie erwähnt, wird die Geschichte vom Haus ausschließlich aus der Perspektive von Aloys erzählt, und er äußert in diesem Zusammenhang in erstaunlicher Selbsteinsicht: »*Irgendwas macht man ja im Leben, wenn es auch keinen Zweck hat.*« Schließlich sei das Haus im Dorf baufällig gewesen, vor dem Auszug sei alles zusammengefallen, und man habe das Haus schnell verlassen müssen, bevor die Wände umgefallen seien. Offenbar ist im Falle eigener Entscheidungen, die retrospektiv problematisiert und fatalistisch eingeschätzt werden, auch die Abwertung das Mittel der Wahl. Er kann auf diese Weise eine

---

57 Anlässlich einer Besichtigung 2019 stellte ich fest, dass sich das Haus in fortgeschrittenem Verfall befindet, was auch mit der ungünstigen Lage zu tun hat. Es scheint sich niemand darum zu kümmern, an den Klingelschildern war ein holländischer Name zu lesen. Das heißt: Mit dem Tod von Franks Eltern sind die Beziehungen von Klaras Seite zu Eisental erloschen.

retrospektiv als Fehlentscheidung eingeschätzte Entscheidung verdecken. Auch über Alternativen wurde nachgedacht, offenbar bis heute. Wie erwähnt, habe man am Standort der Fabrik, in der Aloys beschäftigt war, ein Haus kaufen können, jedoch sagt Aloys: »Man muss bleiben, wo man ist, man hat das gebaut, man ist hier groß geworden, auch Frank.« Aloys führt weiter aus, er fühle sich im Kohlenpott unwohl, könne die Luft dort nicht vertragen (vom blauen Himmel über der Ruhr, wie Willy Brandt 1961 ihn forderte und damit auch Erfolg hatte, hat er noch nichts gehört). In Fragen möglicher Wohnorte richtet sich Klara an Frank:

»K: Würdest du denn nach [ihr Heimatort] ziehen?
F: Ja, wenn wir ein ruhiges Plätzchen wie hier finden könnten
A: Ich hätte nach dem Krieg dort (Heimatort Klaras) noch ein halbes Jahr helfen können, Kriegsschäden beseitigen
K: wär ja schön, ne«

Wie gewohnt, kann oder will Aloys dem Austausch seiner Frau mit seinem Sohn nicht folgen und folgt seinen eigenen Gedanken[58]. Schließlich haben die Sprecher zu der Frage möglicher Wohnorte nicht nur das Problem, die anliegenden Zeitbezüge (damals, 1965, als Entscheidungen anstanden, vs. heute, nach dem Zusammenbruch bzw. »Unfall« Franks) zu würdigen. Sie haben dazu auch ein volatiles Verhältnis: Das Ruhrgebiet käme infrage, auch Marburg (nicht erwähnt wird, dass während eines längeren Aufenthalts Franks im regional zuständigen psychiatrischen Krankenhaus und seiner Beschäftigung in einer Werkstatt für Behinderte die Eltern dort in einen Nachbarort zogen). Diese Volatilität zeigt, dass die Wellkes hinsichtlich ihrer möglichen Wohnorte völlig unentschlossen sind. Das weist auf ein Dilemma hin: Hier (in Eisental) wollen sie nicht sein, dort (an beliebig ins Gespräch gebrachten Orten) auch nicht. Weiter oben habe ich für dieses Dilemma den Begriff der »Verstrickung« ins Gespräch gebracht. Als *Fazit* ergibt sich somit: *Die Familie Wellke ist mit ihrem Heimatort ambivalent verstrickt. Sie ist an ihn gebunden und stellt kontinuierlich ihr Verhältnis zu ihm infrage.*

---

58 Spätestens an dieser Stelle sollte ich daran erinnern (vgl. Fußnote 32), dass Aloys Wellke zum Zeitpunkt der Untersuchung 1981/82 76 Jahre alt war und möglicherweise mit Phänomenen des Hirnabbaus zu rechnen war. Das ist allerdings kein Grund, die Äußerungen von Aloys als Zeugnisse eines Hirngestörten zu betrachten, zumal ein entsprechender fachlicher Befund nicht vorliegt.

9.4 Das Zimmer

Bei unseren Besuchen in Eisental trafen wir Frank, wenn wir an der Tür läuteten, jeweils im oberen Stockwerk an, von wo er sich nach unten ins Wohnzimmer der Familie begab. Im oberen Stockwerk bewohnte Frank zunächst ein, dann zwei Zimmer. Auf Drängen seiner Mutter wurde das zweite Zimmer als Schlafzimmer dazu genommen, weil er ein starker Raucher war und nicht in einem verrauchten Zimmer schlafen sollte.

Das Aufenthaltszimmer, wie ich es nennen will – das Schlafzimmer habe ich nicht gesehen –, ist wie folgt ausgestattet: Links von der Tür befindet sich ein Regal mit Unterhaltungselektronik, dahinter eine Couch, für welche das Regal einen Sichtschutz bietet. Zwischen dem Regal mit der Elektronik und der Wand zur Rechten, an welcher sich ein Bücherregal befindet, steht ein Heimtrainer. Im Bücherregal stehen Werke von Karl May, des Weiteren fallen eine gehäkelte Umhängetasche sowie eine Melodika ins Auge. Dieses Musikinstrument ist mit Zahlen präpariert, um ohne Notenkenntnis darauf spielen zu können. Im Regal mit der Unterhaltungselektronik finden sich einige Sampler aus der Populärmusik. Daneben steht aber auch eine Platte von Joan Baez (1965), seinerzeit ein Schlüsselwerk der entstehenden Folkszene, die sich gerade im Übergang zur Gesellschaftskritik befand. Es ist mir ein Rätsel, wie diese Platte das Interesse Franks und den Weg in dieses abseits gelegene Tal gefunden hat. Möglicherweise hat ihn ein Mitpatient in Marburg darauf aufmerksam gemacht.

Überblicksweise stellt dieses Arrangement die Kernbestände des In-der-Weltseins der Familie Wellke dar: Karl May und Joan Baez stehen für die undurchschaute und unerreichbare Ferne. Die Melodika entspricht dem unerfüllten Geigenspiel des Vaters, der auch von sich angibt, mitunter in der Kirche das Harmonium gespielt zu haben. Der Heimtrainer schließlich steht für den rasenden Stillstand. Die gehäkelte Umhängetasche verschafft die Möglichkeit, Einkäufe zu tätigen, was ein Verlassen des Hauses voraussetzt. In diese Welt schließt sich Frank jedoch mitunter für Monate ein. Die Dauer eines dieser Zeiträume können wir genau datieren: vom 20. Mai bis zum 16. Juli hat Frank das Haus mit Ausnahme von Arztbesuchen nicht verlassen.

Der Einschluss wird auf der einen Seite von den Eltern tatkräftig gefördert. Sie (bzw. Aloys, beauftragt von Klara) beschaffen ihm alles, was er in seiner Klause benötigt. Wir konnten, wie oben bereits erwähnt, eine Szene beobachten, in der Klara Wellke ihren Mann ins Dorf schickt, um Zigaretten für Frank zu beschaffen (= am Automaten zu ziehen). Auf der anderen Seite gibt es Anzeichen für einen Ausschluss im Einschluss: In seinem Zimmer hält Frank einen kleinen Vorrat mit Würfelzucker sowie Erdnüssen versteckt, den er vor seiner Mutter schützen will. Es wird auch berichtet, dass Frank die Absicht hatte, einen zum Wohnmobil umgebauten VW-Bus zu kaufen (vgl. die Joan-Baez-Platte, die auf einen Zusammenhang zum Woodstock-Festival 1969 und die damit verbundene Hippiebewegung und ihren Lebensstil verweist). Man hatte ein entsprechendes Angebot entdeckt, Frank nahm es mit seinem Vater in Augenschein, und sie verwarfen – nicht weiter überraschend – dieses Projekt. Es ist auch einmal davon die Rede, dass Frank in der Nacht mit dem Auto ohne Ziel aufbrach. Unterwegs parkte er am Straßenrand und las ein Buch. So wurde er von der Polizei entdeckt, die auf der Suche nach jemand anderem war, und nach Hause zurückgebracht. Das ist der einzige Versuch des Ausbruchs aus dem Familienheim nach dem gescheiterten Eintritt in die Bundeswehr, von dem wir wissen.

9.5 Ein Rundgang mit Frank durch das Dorf

Während einer unserer Beobachtungen interessierte mich, wie Frank sich in Eisental orientiert. Ich schlug einen Spaziergang durch den Ort vor. Dieser Vorschlag erzeugte große Unruhe in der Familie, und nach langem Hin und Her, bei dem es unter anderem um das passende Schuhzeug ging, um das Klara sich intensiv kümmerte, konnten Frank und ich aufbrechen. Maßgebliche Agentin der Ängstlichkeit war bei diesem Vorfall die Mutter. Sie hatte geäußert, Frank befürchte, wieder krank zu werden, wenn er das Haus verlasse. Übermütig schlug ich diese Aussagen in den Wind (»wir werden sehen«). Vermutlich aufgrund meiner doktoralen Autorität konnte sich die Mutter letzten Endes auf mein Vorhaben einlassen.

Ich überließ Frank die Führung, denn schließlich war er der Ortskundige. Frank führte uns am Ortsrand entlang. Bis zum Spielplatz, ca. 100 Meter weit folgte uns die Mutter. Zuletzt sei er vor anderthalb Jahren im Dorf gewesen, wurde vorher mitgeteilt, nun nimmt er mit Interesse die inzwischen eingetretenen Veränderungen wahr. Speziell scheint ihn die Herstellung von Ordnung zu interessieren, jedenfalls vermerkt er, wenn ein Hof »ordentlich« aufgeräumt ist. Das ist ein Handlungsmuster, das von Landwirten auf Sonntagsspaziergängen bekannt ist, aber auch insofern ein Licht auf Franks In-der-Welt-sein wirft, als Wandel ihn offenbar beunruhigt.

Unterwegs begegnen wir einigen Dorfbewohnern, die Frank erstaunt anschauen, um nicht zu sagen, anstarren, ihn jedoch nicht grüßen, was für dörfliche Verhältnisse außergewöhnlich ist. Möglicherweise hat das mit meiner Anwesenheit als Fremder im Dorf zu tun – ein Fremder, den man Frank nicht zuordnen kann. Solche Diskrepanzerlebnisse verschlagen mitunter den Virtuosen des Vertrauten die Sprache. Frank steuert den Zigarettenautomaten an, zieht sich dort eine Packung, nachdem er sich vor unserem Aufbruch dafür von der Mutter hatte Geld geben lassen, und wir kehren ins Haus zurück.

Während dieser Zeit war Daniela Klein bei den Eltern geblieben. Ich zitiere aus ihrem Beobachtungsprotokoll:

»Frau W. geht einige Male vom Wohnzimmer zum Küchenfenster, sagt schließlich, sie sehe die beiden gar nicht, wo die wohl hingegangen seien; Herr W. sagt: Frank werde schon zurückfinden, er kenne sich ja aus. Frau W. sagt, das sei das erste Mal seit einem Jahr, dass Frank raus ginge, das läge daran, dass er einmal angeschnallt worden sei, da habe er schreckliche Angst gehabt. Aloys: Das sei doch gar nicht nötig gewesen, ihn anzuschnallen«[59].

Während die Mutter, wie das Zitat zeigt, unruhig herumläuft, spielen Daniela Klein und Aloys Schach und folgen damit Danielas Vorschlag. Aloys fragt vor dem ersten Spiel, ob er ihr eine Dame oder zwei Türme vorgeben solle. Daniela Klein sagt, man könne ja einfach einmal anfangen, worauf er ihr den Schäferzug erklärt.[60] Wenn Alois der Spielpartnerin den Schäferzug erklärt, könnte es sein, dass er sie vor einem Anfängerfehler bewahren will. Ich überlasse es dem Leser, sich seinen Teil dazu zu denken. Die beiden spielen insgesamt drei Spiele. Aloys sagt vor dem dritten Spiel: »Noch eins und dann kommen die Herrschaften hoffentlich auch bald wieder«, worin sich wohl der Ärger spiegelt, den ich mit meinem Vorschlag, mit Frank das Haus zu verlassen, bei den Eltern erzeugt habe.

Die protokollierte Schilderung zeigt, dass Franks Einschluss im Haus wenig mit seiner Krankheit zu tun hat. Seine Gefährdung außerhalb der Familie ist eher eine elterliche Projektion, da die Eltern sich nicht vorstellen können, dass ihr Sohn sich selbstständig außer Haus bewegen könne, nicht einmal im Heimatdorf. Dafür kann es Gründe geben, man erinnere sich der Äußerung eines Dorfbewohners, solche Leute wie Frank hätte man früher vergast. Offenbar haben sie noch nicht den Mut gefunden, die Fähigkeit Franks zur Orientierung im Dorf

---

59 Hier kommt ein weiterer Aspekt des Krankheitsverständnisses bei den Eltern von Frank Wellke zum Ausdruck: Erstens war aus ihrer Sicht die Erstmanifestation einer Psychose bei Frank ein »Unfall«, der der Bundeswehr anzulasten sei, und die psychiatrische Behandlung ein Fehler, der dem Behandlungssystem anzulasten sei. Fixieren ist übrigens eine sehr in die Autonomie des Patienten eingreifende Maßnahme, die, wenn *regelgerecht* durchgeführt, des Hinzuziehens eines Richters bedarf. Von Fixieren ist in den vorliegenden Krankengeschichten nicht die Rede, vielleicht wird es auch unterschlagen, um kritischen Nachfragen ganz im Sinn Garfinkels (2000) von vorne herein den Boden zu entziehen.
60 Laut Wikipedia (2019) handelt es sich beim Schäferzug um die »schnelle Überrumpelung von Anfängern im Schachspiel«.

einmal zu testen, wie sie auch nicht den Mut gefunden haben, das ungeliebte Dorf zu verlassen, einmal abgesehen von dem Umzug in die Nähe der psychiatrischen Klinik.

Die bezüglich des Rundgangs mit Frank durchs Dorf gemachte Beobachtung führt zurück zu dem weiter oben verhandelten Thema, demzufolge Frank sich wünschte, seinen Wehrdienst dazu zu benutzen, um »möglichst weit weg« von zu Hause zu kommen. Nach dem dort eingetretenen »Unfall« kam es dann jedoch immer mehr zum Einschluss innerhalb der Familie, besiegelt durch seine zunehmende Infantilisierung innerhalb und außerhalb des Hauses. Dazwischen lag eine Phase, in welcher der Vater versuchte, aus eigener Kraft Frank an den ihm bekannten Arbeitsstellen eine berufliche Rehabilitation zukommen zu lassen, die allerdings scheiterte.

Zusammenfassend stelle ich also fest: Klara Wellke dominiert die Ausgestaltung von Franks Einschluss innerhalb der Familie, Aloys Wellke übernimmt die Orientierung außerhalb der Familie. Am Ende dieses Prozesses dominiert die Mutter den Innenbereich, im Außenbereich fungiert der Vater als Chauffeur.

9.6 Erfinden und dichten

Zeitweise befasst sich Frank während seines Aufenthalts im Zimmer mit dem Dichten und Erfinden. Zwar schreiben die Eltern diese Aktivitäten einer Phase zu, die ein Psychiater als manisch beschreiben würde. Psychiatrisch ist diese Phase jedoch nicht dokumentiert. Ich behandle die damit verbundenen Aktivitäten vor jeder Etikettierung als Sachverhalte aus eigenem Recht. Sie mit dem Verweis auf »manische Zustände« zu entwerten käme mir nicht in den Sinn: Denn immerhin gestaltet Frank hier das, was ihm qua Familiensituation und Familiengeschichte *vorgegeben* ist, und macht es zum *Aufgegebenen*.

Frank Wellke hat den von ihm so genannten »Pulvermotor« erfunden und die dafür notwendigen Konstruktionszeichnungen angefertigt. Er hat also den Vorschlag eines Berufsschullehrers übernommen, sich nicht als Kraftfahrzeugmechaniker, sondern als technischer Zeichner (und darüber hinaus als Erfinder) zu begreifen. Im Rückzug auf das eigene Zimmer hat er nun seine bereits vorhandenen Fähigkeiten ausgebaut. Wie er mir erklärt hat, liegt dem Pulvermotor der Gedanke zugrunde, dass bei einem Verbrennermotor (Diesel) Kraftstoff eingespritzt werden müsse, der beim Diesel unter Druck zur Explosion komme. Da könne man ja gleich Pulver benutzen, um den Wirkungsgrad zu erhöhen. Diese Erfindung reichte Frank beim Deutschen Patentamt in München ein. Die Eltern äußern sich dazu wie folgt (ich zitiere aus dem Beobachtungsprotokoll vom 19.03.1982):

»Klara Wellke erzählt lachend, dass Frank Patente in München angemeldet habe, die seien auch alle mit Nummern registriert worden. Ich stelle an Frank die Frage, was für Patente das gewesen seien. Aloys und Frank fangen gleichzeitig an zu erklären. Frank verstummt zunächst und setzt mehrmals wieder an, während sein Vater bereits die Konstruktion eines Drehkolbenmotors[61] erklärt. Klara ermahnt ihren Mann, Frank doch das Wort zu überlassen, darauf verstummt er. Frank zählt nun seine verschiedenen Erfindungen auf. Es sind insgesamt sechs, darunter ein Pulvermotor. Er erklärt genau die Konstruktion (s. oben). Ich frage, ob das denn funktioniere, darauf antwortet Frank lachend: Nein, das müssten die Zuständigen am Patentamt ausprobieren. Klara und Aloys erklären, man müsse erst 400 DM bezahlen, dann würde das ausprobiert. Sie fahren fort mit einer Erzählung über die Zeit, als Frank die Erfindung gemacht habe. Er sei damals sehr aktiv gewesen, habe Tag und Nacht erfunden, Zeichnungen gemacht und gedichtet. Frank dazu: »Damals war ich immer am Dichten, heute mitnichten.« (Man beachte die Reflexivität in dieser Bemerkung.) Sein Vater sagt dazu, das sei manchmal schon wieder zu viel gewesen, was er damals alles gemacht habe. Frau Wellke nimmt dies zum Anlass, einen Verwandtenbesuch im Kohlenpott vorzuschlagen, und lenkt damit vom Thema ab. Aloys lehnt einen Besuch entschieden ab mit der Begründung, die Verwandten wünschten das nicht, sie seien schon sehr alt und könnten sich nicht um Frank kümmern. Klara widerspricht entschieden.«

Psychiatrisch könnte man das Phänomen des Erfindens als einen »schizophrenen Konkretismus« abtun, damit wäre allerdings nichts für das Fallverstehen gewonnen. Auch das Abtun des Erfindens als Derivat einer manischen Phase, wie die Eltern das tun, trägt nicht zum Fallverstehen bei. Frank arbeitet, wie erwähnt, mit dem Material, das ihm zur Bewältigung aufgegeben ist, und das Resultat ist nicht nur das Erfinden, sondern auch das Dichten. Ich stelle gleichzeitig fest, dass Frank nicht einmal im Erfinden eine Eigenständigkeit ausprägen kann. Diese wird ihm unverzüglich vom Vater streitig gemacht, der sich zum Sprecher seines Sohnes aufschwingt.[62]

---

61 Was mit dem vorliegenden Thema nichts zu tun hat: Aloys bezieht sich vermutlich auf den Wankelmotor, der ab 1960 als große Innovation im Gespräch war, sich jedoch in der Serie nicht durchsetzen konnte. Wie oft, geht es auch hier darum, dass Aloys sich vordrängt, um seine Bildung zu demonstrieren, auch um den Preis, zu seinem Sohn in Konkurrenz zu treten und ihn ins Abseits zu stellen.
62 Eine der Erfindungen habe ich zu Gesicht bekommen. Es handelte sich um eine freihändig gezeichnete, unbeholfene Konstruktionsskizze, ohne erkennbare Bemühungen um Genauigkeit, sowie um eine Beschreibung dessen, worin die Erfindung bestand.

In der Situation des Rückzugs befasst sich Frank abgesehen vom Erfinden auch mit dem Dichten. Eines seiner Gedichte konnte gesichert werden. Es entstand während des stationären Aufenthalts Franks an der psychiatrischen Klinik der Philipps-Universität Marburg. Der damals behandelnde Arzt, der seinerzeit an unserem Forschungsprojekt »Familiensituation und alltagsweltliche Orientierung Schizophrener« teilnahm und auch die Familie Wellke für eine Familienstudie vorschlug, stellte uns dieses Gedicht zur Verfügung, das es nun zu deuten gilt. Ich gebe es wieder, ohne durch die Korrektur von Fehlern in den vorliegenden Text einzugreifen. Der Text liegt als handschriftliches Dokument vor, mit Kugelschreiber auf ein DIN-A5-Blatt geschrieben.

»Es rauschen die Beume vom Plöhn, das man meint es gebe hier wie in Beiern auch ein Fön.
Es scheint sie geben sich die Hand, und der Martin ist in der Wirtschafft im Winter, aus rand und Band.
Die Holzhacker im alten Hagen, haben vom Schützenfest noch so fieles[63]) manches Wort zu sagen.
Die Glocken leuten zum Gebet, doch der Bauer meht.
Sie möchten noch vor dem Regen das Heu einfahren, dan konnen sie sich das Gebet ersparen.
Den beim Erntedankfest, daß ist doch klar, sind sie Gott sehr nah.
So machten es die alten Germanen, die in dieses Land reinkamen.
Die Berge singen in nächtlichen Reimen, daß sie den Bösen auf der Stelle festleimen.
Das er sich nicht mehr bewegen kann, ist den da wirklich etwas dran?«

Vor die Inhaltsanalyse des Gedichts setze ich eine formale Analyse. Zunächst: Wo hat es Frank im alltäglichen Leben mit Reimen zu tun? In der Popmusik, bei Karnevalsreden oder bei Familien- und Vereinsfeiern. Zum Übergang von der alltäglichen Sprache zur gereimten Sprache bei Frank lässt sich zudem Folgendes festzustellen: In den genannten Beispielen ist der Rahmen des Reimens vorab gegeben. Im Alltag trifft man auf Reime beispielsweise in Form von Bauernregeln: »Ist der Mai kühl und nass, füllts den Bauern Scheuer und Fass«,

---

63 Ursprünglich schrieb Frank: »vieles«. Das strich er dann durch und ersetzte das Wort durch »fieles«. Aber auch hinsichtlich dieser Schreibweise war er sich unsicher, gab dann das Wort »vieles« bzw. »fieles« auf und ersetzte es durch »manches«. Zweierlei zeigt diese Korrektur: erstens, dass Frank an korrekter Schreibweise interessiert ist und sich um diese bemüht, zweitens, dass durch den Wechsel von »vieles« zu »manches« eine Sinnverschiebung in Kauf genommen wird: »vieles« ist lediglich eine unbestimmte numerische Aussage, während »manches« offen lässt, was da noch zu sagen wäre, und damit latent bedrohlich wirkt.

»Mairegen bringt Segen«, oder in Form von Werbesprüchen »Willst du dich mit Schmeling messen, musst du eine Bockwurst essen«, zu lesen am Bahnhofskiosk in Naumburg vor dem Umbau. Gereimte Sprache hebt sich, um zu einem ersten Befund zu kommen, aus dem Alltäglichen heraus und gewinnt dadurch an Gewicht.

Zu bedenken ist auch der Kontext, in dem dieses Dokument in meinen Besitz gelangt ist: Zunächst nimmt der behandelnde Arzt durch Zutun von Frank davon Kenntnis und kann damit einen Einblick davon gewinnen, mit welch bedeutendem Patienten er es hier zu tun hat. Seine Bedeutung unterstreicht er durch die Tat des Dichtens. Dadurch unterscheidet sich Frank von seinem Vater, der Bedeutung immer nur prätendiert. Zudem zwingt das Reimen zur aktiven Gestaltung von Sprache. Es genügt, hat man sich erst einmal einem Reimschema verschrieben, das einfache Vorsichhinplappern nicht mehr. Dann ist noch die Frage, welches Reimschema gewählt wird. Im vorliegenden Fall ist es das Schema, dass Sätze aneinandergereiht werden, die intern als Reime strukturiert sind. Schließlich ist ein Versmaß nicht zu erkennen. Kurz gesagt: das Dichten des Frank Wellke findet auf einem einfachen Niveau von Textgestaltung statt.

Nach dieser formalen Analyse komme ich nun zur Analyse des Gedichtinhalts. Die erste Strophe beginnt zugleich mit einer Setzung und einer Dezentrierung: Bäume rauschen, wenn sie durch Wind bewegt werden. Vom Wind ist nicht die Rede, stattdessen erfolgt ein Gedankensprung, möglicherweise um des Reimes willen, zum Fö(h)n. Vom kahlen Plöhn gibt es zwei Berge dieses Namens, der eine schließt Eisental nach Westen hin ab und sorgt dafür, dass der von Westen kommende Regen von Eisental ferngehalten wird, was zur erwähnten Trockenheit in dieser Gegend führt, der andere liegt gegen Osten zu. Eine Föhnwetterlage ist in dieser Gegend allenfalls bei Extremwetterlagen bekannt, weshalb Frank klugerweise das Bundesland Bayern heranzieht, wo tatsächlich immer wieder Föhnwetterlagen beobachtet und im überregionalen Wetterbericht der damaligen Fernsehprogramme mitgeteilt werden. Um eine unmittelbare Naturbetrachtung kann es sich in dieser Zeile nicht handeln, dichtender Weise denkt sich Frank in sein Heimatdorf, einhergehend mit der bereits erwähnten Dezentrierung: Ich bin zwar dort, in Eisental, zugleich aber auch in Bayern, und ich dichte hier in Marburg. Die dichterische Freiheit lässt hier wie auch andernorts in diesem Gedicht solche Sprünge zu.[64]

---

64 Zwischengedanke: Hat Frank die Gedichtform gewählt, um die ihn bewegenden Gedanken, die sich alltagsweltlicher Rationalität widersetzen, in eine Ordnung zu bringen? Sollte dieser Gedanke zu bejahen sein, müsste man dieses Gedicht als Resilienz- bzw. Bewältigungsleistung betrachten.

In der zweiten Strophe bleibt Frank in seinem Dorf, aber nicht faktisch. Was dort geschieht, scheint nur so. Frank hat einen anthropomorphisierenden Blick auf die Bäume. Die Natur erscheint ihm als belebt und mit menschlichen Umgangsformen ausgestattet. Dem folgt ein Gedankensprung zu einer bestimmten Person, zu Martin, der bisher in unseren Beobachtungen und Gesprächen mit der Familie keine Rolle spielte. Es war immer nur von einem Herbert die Rede. Martin wähnt Frank im Gasthaus, sofern Winter ist. Der Winter ist eine Jahreszeit, in der für Landwirte nicht viel zu tun ist. Sie haben jetzt Zeit für einen Wirtshausbesuch. Martins Ordnungsgefüge, durch den alltäglichen Arbeitsablauf gesichert, löst sich im Wirtshaus auf.

Von Martin springen Franks Gedanken zu den Holzhackern, die typischerweise im Winter ihre Arbeit aufnehmen, oder davor, wenn sie das Brennholz für den Winter vorbereiten. Frank bleibt also in der Jahreszeit. Aber schon bei der Erwähnung des Schützenfests verlässt er wieder den Winter, denn in Eisental findet das Schützenfest traditionsgemäß am ersten Sonntag im August statt. In einem so kleinen Ort wie Eisental ist das Schützenfest eine Veranstaltung, die alle Bewohner betrifft, auf der gern auch lokale Dispute ausgetragen werden, insbesondere, wenn der Alkoholpegel steigt. Frank verbleibt im Bereich der verbalen Auseinandersetzung und berichtet aus der Position eines intimen Kenners dieser Vorgänge.

Auch mit der nächsten Strophe bleibt Frank im Dorf, jetzt geht es um dessen sakrales Zentrum und seine Regeln. Dagegen verstoßen jene Bauern, die das kirchlich unterlegte sonntägliche Arbeitsverbot unterlaufen. Das »doch« unterstellt eine Ordnungswidrigkeit, die zur damaligen Zeit insofern aufgehoben wurde, als beim sonntäglichen Gottesdienst am Ende der Predigt bei passender Wetterlage der Pfarrer Heuarbeiten erlaubt hat – oder eben nicht. Jedenfalls zu jener Zeit, als der Bauer noch von mindestens drei sonnigen Tagen abhängig war, um das Heu trocken in die Scheune zu bringen, und sich noch an kirchliche Vorgaben gehalten hat. Ich habe oben ja bereits festgestellt, dass sich auch Aloys Wellke vorzugsweise, wenn es um das Leben im Dorf geht, gedanklich in den 1950er Jahren bewegt, als die Bauern noch Bauern und noch nicht Landwirte waren. Inzwischen hat sich das landwirtschaftliche Leben im Dorf nachhaltig verändert, Flurbereinigung und Aussiedlung haben ihre Spuren hinterlassen, von denen Frank, wie sein Vater, nichts mitbekommen hat. Frank bleibt somit in Übereinstimmung mit dem Stil seiner Familie bei einem Thema, bei dem die bäuerliche Arbeitswelt aus der Zeit vor seinem »Unfall« 1968 und das Früher das Geschehen beherrscht. Den Bruch zu dieser Zeit markiert er implizit dadurch, dass er feststellt, dass ein Bauer, der sein Heu eingebracht hat, höheren Beistands nicht mehr bedarf. Zwischen dem Alltäglichen und dem Transzendenten unterstellt Frank eine vom Pragmatismus geprägte Beziehung, mithin einen Säkularisierungsprozess, der inzwischen das Dorf erreicht hat, während in Franks Gedicht im Zusammenhang mit dem Erntedankfest der Glaube wieder in sein angestammtes Recht eintritt.

Und erneut folgt eine Dezentrierung: Vom Katholizismus in der Mitte des 20. Jahrhunderts gelangt Frank zu den »alten« Germanen, die allerdings Zugezogene sind. Nun öffnet Frank wieder den Fokus der Beobachtung, er kommt zurück auf den eingangs erwähnten Hausberg, den »kahlen Plöhn«, erweitert allerdings auch diesen Fokus insofern, als diesem Berg eine Beziehung zu einem Bösen unterstellt wird. Diese Beziehung gestaltet Frank derart, dass die Berge den Bösen, der hier personalisiert ist, bannen können. Dabei bleibt offen, ob die Berge willentlich singen, um den Bösen zu bannen, oder ob sich das Bannen nebenbei ergibt. Gleichwohl äußert der Autor Zweifel an der Fähigkeit der Berge, den Bösen zu bannen, und entsprechend endet das Gedicht mit einer Frage.

Ich fasse zusammen: Frank hat einen zur Dezentrierung neigenden Bezug zu seinem Heimatort. Er bringt das dörfliche In-der-Welt-sein zur Sprache. Den beiden Bergen, die das Dorf umschließen und denselben Namen tragen, unterstellt er, dass sie die Heimat böser Kräfte sind. Es sind Kräfte, die von den Bergen nicht sicher gebannt werden können. Sie sind eine Quelle der Gefahr, die in diesem Gedicht allerdings die Qualität einer Anmutung hat bzw. diffus bleibt.

Psychiatrisch gesprochen, kann in diesem Gedicht eine Wahnstimmung beobachtet werden, die allerdings nicht in Form einer wuchernden Geschwulst, um ein Bild von Blankenburg (2007b, S. 58) zu verwenden, überhandnimmt. Es ist aktuell »nur« eine Stimmung. Folge ich Wolfgang Blankenburgs Überlegungen zur »Verselbstständigung eines Themas zum Wahn« (2007b), stellt sich der eben beschriebene Sachverhalt wie folgt dar: Die Welt wird als unheimliche entworfen. Der Wechsel vom partikularen Bezug, vom konkreten Berg Plöhn zu den Bergen im Allgemeinen verweist auf eine Verallgemeinerung des unheimlichen Weltbezugs. Dieser Verallgemeinerung des Weltbezugs mit dem Vorzeichen des Unheimlichen baut Frank vor, indem er sein Erleben in der Form von Reimen gestaltet. Das hat zum Ergebnis, dass er seine Welterfahrung nicht ausklammert, sondern einklammert. Anderes haben wir bei Frank auch nicht beobachten können, den wir nie in einem akuten Stadium erlebt haben. Sein lebensgeschichtlich gegebenes Thema (die bäuerlich/dörfliche Lebenswelt) zieht sich durch sein Erleben, jedenfalls zu dem Zeitpunkt, an dem er sich in der Klinik befindet. Jedoch beherrscht die Wahnstimmung, wenn auch gebändigt, Franks Alltagsvollzüge, sobald er im Elternhaus weilt, indem er der Kraft der Berge, den Bösen zu bannen, misstraut und das Haus nur in Begleitung verlässt.

An dieser Stelle bietet sich ein *Rückblick* an auf Klara und Aloys und die Frage, welche Bewältigungsmuster sie für ihre prekäre Konstellation gefunden haben (Teil 2, Kapitel II, 9.1):[65] Sowohl Klara wie auch Aloys Wellke gelingt es nicht, Höhe und Weite ihres Daseins in eine angemessene Relation zu bringen. Klara Wellke kann ihre Herkunft aus einer angesehenen bäuerlichen Familie und den damit verbundenen Dünkel (Höhe) nicht in Einklang bringen mit ihrer Existenz als Kleinbäuerin im unteren Bereich der Rangskala des Dorfs Eisental (Weite). Aloys Wellke ist der Übergang vom Gymnasiasten in spe (Höhe) zum Kleinbauern oder zu einer anderen Existenzform, die an dem im Rektoratsschüler angelegten Potenzial anschließen würde (Weite), nicht gelungen. Die herangezogenen Muster der Bewältigung einer solchen Situation des Entgleisens der anthropologischen Proportion mit der Folge einer Disproportion der anthropologischen Proportion bestehen in der Abwertung der Umgebung (Klara und Aloys) sowie dem Aufbau einer auf Genialität gestützten Scheinexistenz (Aloys). Ob allerdings Klara und Aloys ihr Dasein als missglückt einschätzen, ist eine andere Frage. Die Anzeichen sprechen dagegen.

Ich beziehe die Überlegungen auf die von Ludwig Binswanger (1956/1992) vorgeschlagenen, den Überlegungen in Klammern beigefügten Grundbegriffe, die bereits im ersten Teil ausgeführt worden sind, und zitiere sie zur Erinnerung noch einmal:
- *Weite:* »Der Zug in die Weite entspricht in der horizontalen Bewegungsrichtung mehr der ›Diskursivität‹, dem Er-Fahren, Durchwandern und Besitzergreifen von ›Welt‹, der Erweiterung des Gesichtskreises, der Erweiterung der Einsicht, Übersicht und Umsicht hinsichtlich des ›Getriebes‹ der äußeren und inneren ›Welt‹« (S. 244).
- *Höhe:* Demgegenüber entspricht der »Zug in die Höhe mehr der Lebenswelt nach Überwindung der ›Erdenschwere‹, nach Erhebung über den Druck und die ›Angst des Irdischen‹, zugleich aber auch nach der Gewinnung einer höheren Sicht« »von wo aus der Mensch das ›Erfahrene‹ zu gestalten, zu bändigen, […] sich anzueignen vermag« (S. 244).

Krankheitswertig ist der Zustand auf der Ebene der Elterngeneration noch nicht. Er kann erst umschlagen in Krankheit, wenn die Disproportion von Weite und Höhe im »unverhältnismäßigen Überwiegen der Höhe der Entscheidung über die Weite der ›Erfahrung‹« besteht: »Einsam und ohne Rücksicht auf die

---

65 Ich skizziere hier vorab einige Gedanken zur daseinsanalytischen Interpretation des untersuchten Falls. Im folgenden Kapitel werde ich darauf detaillierter eingehen. Doppelnennungen sind dabei unvermeidlich, sie sollen dem Leser die Lektüre erleichtern.

Erfahrung erklimmen sie eine *bestimmte* Sprosse der ›Leiter der menschlichen Problematik‹ und bleiben auf derselben stehen« (S. 246). Genau das ist bei Aloys und Klara Wellke der Fall. Ihr Verhalten ist nicht krankheitswertig, weil es ihnen gelingt, ihre Handlungsautonomie über Jahrzehnte hinweg aufrechtzuerhalten. Diese ist erst gefährdet, als eine massive Krise eintritt, jedoch wird es dem Paar gelingen, einen fragilen Status quo auch unter den Rahmenbedingungen von Verstiegenheit (siehe Teil 2, Kapitel II, 13) aufrechtzuerhalten. Die Krise besteht in der Erstmanifestation einer schizophrenen Psychose bei ihrem Sohn Frank, die Klara und Aloys durch die Etikettierung des Vorfalls als »Unfall« sowie durch anhaltende Disqualifikation des psychiatrischen Handlungssystems aus ihrer Wahrnehmungswelt verweisen.

Ein Ausweg aus der Verstiegenheit dieses Paares hätte auf den beiden Seiten Folgendes erfordert: Klara hätte sich darüber im Klaren werden müssen, dass sie ihre Position als unverheiratete Tante auf einem angesehenen Hof gegen die einer verheirateten Bäuerin auf einem vergleichsweise armseligen Hof mit einem – aus der Sicht des Dorfes – üblen Leumund eingetauscht hat. Das hätte, neutral und nüchtern formuliert, bedeutet, eine Gewinn- und Verlustrechnung aufzumachen, Bilanz zu ziehen und mit der Bilanz seinen Frieden zu schließen. Zumindest aber hätte sie von ihrem Dünkel Abstand nehmen, ihn sozial verträglich zum Ausdruck bringen müssen, um einen angemessenen Verkehr mit dem Dorf zu begründen.

Aloys wiederum stand nach dem Krieg vor der Aufgabe, sein erworbenes Bildungskapital (Bourdieu) ohne belastbaren Abschluss umzumünzen in eine demgemäße Tätigkeit. Dafür gab es aber weder in seinem unmittelbaren noch in seinem mittelbaren Umfeld geeignete Schubladen. Kreativität war gefragt, für die er allerdings im engen Radius seines Bezugsfeldes keinen angemessenen Ansatzpunkt fand. Um seinen biografischen Aspirationen das nötige Umfeld zu verschaffen, hätte er das Dorf und die Gegend verlassen und damit dem väterlichen Vorbild folgen müssen.

In Summe liegt also hier der Fall vor, dass wir auf der Ebene der Eltern des Patienten Disproportionen entdecken, die noch nicht in dieser Generation, sondern erst in der nächsten eine verheerende Wirkung entfalten werden. Ich spreche dabei bekanntlich nicht einen *Kausal*zusammenhang, sondern einen *Wirkungs*zusammenhang an. Und schon gar nicht geht es mir um Schuldfragen. Klara wie auch Aloys sind in Lebensumstände hineingestolpert, die sie als fertige, von ihnen nicht mehr veränderbare vorgefunden haben. Diese zu verändern, hat ihnen die Kraft gefehlt. Dem Diktum von Karl Marx (1852/1964): »Die Menschen machen ihre eigene Geschichte, aber sie machen sie unter vorgefundenen Umständen« (S. 226), haben sie nicht entsprechen können. Wenn irgendwo diesem Paar eine Verantwortung zuzuschreiben ist, dann die, dass beide es sich zu einfach in ihrem Leben gemacht haben. Aber wer hat das Recht, diese Kritik zu erheben? Weiter oben habe ich eine erstaunliche Selbsteinsicht des Aloys zitiert: »*Irgendwas macht man ja im Leben, wenn's auch keinen Zweck hat.*«

Betrachten wir einmal in diesem Zusammenhang die Aussage: »Die Menschen machen ihre eigene Geschichte.« Hans Blumenberg (1998), fragt: »Was heißt: der Mensch macht die Geschichte?« Und legt zwei Antworten auf diese Frage vor: Die einen sagen: »Der Mensch macht die Geschichte, aber er weiß nicht, was dabei herauskommt.« Andere sagen: »Der Mensch macht die Geschichte, aber er macht nicht die Bedingungen, unter denen er sie macht« (S. 63). Um mit dieser Frage weiter zu kommen, dürfe man bei der Beschreibung geschichtsträchtiger Situationen im Sinne des: Und dann geschah das und dann das usw., nicht stehen bleiben. Recht hat Blumenberg. Jedoch hat er nicht in Betracht gezogen, dass man durch eine sequenzanalytische Vorgehensweise dem im zweiten Punkt genannten Problem entgehen kann. Ich wiederhole: Man versetzt sich in eine geschichtsträchtige Situation eines Lebensablaufs (Blumenberg macht nicht klar, ob er eine großräumige Geschichtsschreibung, eine Geschichtsschreibung der großen Männer im Auge hat. Bei mir geht es eher um die »kleinen« Leute). Nachdem man sich in eine geschichtsträchtige Situation eines Lebensablaufs versetzt hat, fragt man nach den objektiv gegebenen Möglichkeiten eines Handelns in dieser Situation und setzt dieses Verfahren so lange fort, bis man zu einer Fallstrukturhypothese gelangt ist. Dabei setzt man früh genug an, um noch dahinter zu kommen, wer die Bedingungen gemacht hat, unter denen jemand seine Geschichte macht. Man erfasst zu diesem Zweck, wie bei den Grundlagen der Genogrammarbeit in meinem Sinn beschrieben (Teil 2, Kapitel II, 7), drei Generationen.

An dieser Stelle könnte nun die Kasuistik der Familie Wellke abgeschlossen werden. Ich nutze aber mein Privileg, zweckfrei an diesem Fall weiterzuarbeiten, um die Falldarstellung zu diversifizieren. Zunächst fahre ich mit der Genogrammarbeit fort: Zum Zeitpunkt der Geburt ist Franks Vater über vierzig, die Mutter über dreißig Jahre alt, Aloys etikettiert sich selbst als einen »bevölkerungspolitischen Blindgänger«, der er nun nicht mehr ist. Das Paar isoliert sich im Dorf und pflegt zahlreiche Geschichten der Abgrenzung. Der staatliche Mord an dem älteren Bruder wird nicht erwähnt, er muss anderweitig erschlossen werden. Ohne ein Gespräch mit dem Leiter des erwähnten lokalen Stadtmuseums und ohne den Zugang zum Zeitschriftenarchiv dieses Museums wäre mir diese Information, einer der Schlüssel zum Verständnis der Familiengeschichte Wellke, verborgen geblieben. Gesichert wurde sie mit Unterstützung der Gedenkstätte Hadamar.

Bezüglich einer vierten Generation gilt es nun, sich das, was Frank in der dritten Generation zu bewältigen hat, zu vergegenwärtigen: Franks Aufgabe besteht darin, sich in der auf das Außenseitertum angelegten Familiengeschichte und Familiensituation zu individuieren. Wie kann ihm das gelingen? Wenn eine der zentralen Entwicklungsaufgaben darin besteht, sich von der Familie abzulösen, ist Frank mit einer widersprüchlichen Anforderung, bezogen auf seine spezifische Familienherkunft, konfrontiert: Soll seine Verselbstständigung gelingen, muss er sich um einen gewöhnlichen Lebensentwurf, bezogen auf die Familienumwelt, bemühen. Genau dieser Aufgabe stellt er sich: In der Jugendzeit praktiziert er Sportarten, die ihn in Kontakt mit den Gleichaltrigen im Dorf bringen, spielt Fußball und übt sich im Skispringen, wo er es auf Weiten von um die dreißig Meter bringt. Obendrein lernt er Automechaniker und ist damit ein gefragter Mann bei seinen Altersgenossen, die auf die nötigen Kenntnisse warten, damit sie ihr Moped frisieren können. Frank bewegt sich demnach in einem kontinuierlichen Hochseilakt, der sich umso dramatischer entwickeln wird, je mehr der Zeitpunkt der Ablösung von der Familie näherkommt. Dieses Dilemma muss Frank latent bewusst gewesen sein, denn er bemüht sich, seinen Wehrdienst weit von der Heimat entfernt abzuleisten. Nach einer Situation des Orientierungsverlusts beim Militär verbringt er einige Monate in einer psychiatrischen Klinik in der Nähe der Kaserne. Im weiteren Verlauf verlässt Frank das Haus nicht mehr – bis auf verschiedene Klinikaufenthalte sowie Aufenthalte in einer Werkstatt für Behinderte. Er stirbt im Alter von 69 Jahren in einem psychiatrischen Großkrankenhaus, dessen Leiter nicht bereit war, mir Akteneinsicht zu gewähren, weshalb an dieser Stelle die Falldarstellung bis auf den Besuch des Grabs der Eltern unvollständig bleiben muss.

10 Daseinsanalytische Interpretation

10.1 Die Patientenperspektive

In der Generation von Frank spitzen sich die aufgeschichteten Handlungsmuster zu. Im Widerstreit zwischen radikalem Abschluss gegenüber der unmittelbaren Umwelt und der Orientierung auf eine weit entfernt gelegene, nebulös bleibende Umwelt *entwickelt sich die Ablösung von der Familie zur Katastrophe.*

Es ist nun die Gelegenheit, erneut auf Binswangers Grundbegriffe der daseinsanalytischen Ordnung einzugehen, die auf die Schizophrenie bezogen sind (vgl. Teil 1, Kapitel IV, 13). In der akuten Phase dominiert die *Inkonsequenz der Erfahrung.* Wie früher schon, kann sich Frank auch bei der Bundeswehr in einem alltäglich verweilenden Umgang mit dem Gegebenen nicht einrichten. Ein probates, wenn auch problematisches Mittel in solchen Situationen ist die *Aufspaltung der Erfahrung in die Alternative entweder/oder.* Er flüchtet. Hinsichtlich der Proportionen des Daseins wählt Frank, bezogen auf die Höhe des Daseins, die *Verstiegenheit.* Das führt zu schwer auszuhaltenden Spannungen, die in der *Deckung* ihre Auflösung finden. In der Deckung soll die abgewertete, unerträgliche Seite des Daseins zum Verschwinden gebracht werden. Frank gelingt dies durch den Rückzug aus dem Dorf und der sonstigen Welt sowie durch den Einschluss im Elternhaus, wo er die Höhe seines Daseins durch Dichten und Erfinden bedient. Die auf Wolfgang Blankenburg zurückgehende Futur-II-Perspektive kann mit diesem Verlauf nicht in Einklang gebracht werden. Die Frage »Wozu wird diese Krankheit einmal gut gewesen sein?« muss unbeantwortet bleiben. Alles, was bei Frank nach dem »Unfall« bei der Bundeswehr folgt, trägt zu einem chronischen Verlauf bei, der von den Eltern nach Kräften gefördert wird. Auch die von Frank gezeigten Anzeichen für Resilienz sind zu diskret, um eine nachhaltige Wirkung entfalten zu können.

10.2 Die Familienperspektive

Zunächst sei festgestellt, dass sich die Frage nach der anthropologischen Proportion in Bezug auf den Patienten Frank Wellke bereits in den vorangegangenen Generationen stellt, was so viel heißt, dass das Thema der Disproportionalität sich bereits zwei Generationen früher, bei Anton Sr., aufschichtet.

Klara Wellke ist aufgrund des seigneuralen bäuerlichen Lebensstils in ihrer Herkunftsfamilie »hoch hinaus«. Insbesondere ist sie das in Bezug auf den lebensweltlichen Hintergrund ihres Mannes. Daraus erhellt, dass es sich bei »hoch hinaus« um eine relationale Kategorie handelt. Demgegenüber ist ihr Mann, Aloys, durch die väterliche Entscheidung, seinen beiden Söhnen den Besuch einer weiterführenden Schule zu ermöglichen, auf den Pfad des »hoch hinaus« geschickt worden. Diesen muss er aber aufgrund eines lokalen Zwischenfalls abbrechen. Das Hoch-hinaus-Wollen in dieser Generation steht in einem eklatanten Kontrast zu der dörflichen Lebenswelt und ihren natürlichen Selbstverständlichkeiten (das ist der Bereich der Weite des Daseins).

Es hätte intensiver Entwicklungsarbeit durch das Paar bedurft, um Höhe und Weite des Daseins in einen Einklang (in eine Proportion) zu bringen. Dazu ist es jedoch nicht gekommen. Klara und Aloys Wellke sind auf der Höhe hängen geblieben, davon wollten sie nicht lassen. Jedoch war das mit der ihnen gegebenen Weite nicht vermittelbar.

10.3 Familiale und individuelle Bewältigungsmuster

Nachdem in den vorherigen Unterkapiteln zuerst die Perspektive des Patienten und dann seiner Familie, das heißt seiner Eltern, kurz ausgeführt wurden, geht es nun um die Bewältigungsmuster der Familie und ihrer Individuen. Das Bewältigungsmuster des Ehepaars Wellke in seiner prekären Situation im Dorf besteht in Folgendem:
- Alles, was nicht in die eigene Vorstellungswelt passt, wird verleugnet. Dazu gehört zum Beispiel der Euthanasie-Tod des Bruders bzw. des Schwagers sowie die psychotische Episode des Sohnes, die als »Unfall« etikettiert wird.
- Dazu kommen eigenwillige Wirklichkeitskonstruktionen, die der alltäglichen Erfahrung nicht standhalten, einschließlich der Annahme, das ganze Dorf sei den Wellkes feindlich gesonnen, sowie der Selbstbeschreibung als geistige Elite und der daraus resultierende Dünkel gegenüber dem Dorf. Klara Wellke kann ihre Prägung durch das Aufwachsen in einem seigneuralen bäuerlichen Elternhaus dadurch retten. Sie findet auch einen Partner, der ihr dabei assistiert, indem er ihr auf diesem Weg, wenn auch in anderen Gefilden, folgt. Der Preis dafür allerdings ist hoch.

In der Summe ist das Ergebnis des Bewältigungsmusters eine schwer zu übersteigende Entwicklungsblockade, die sich zunächst beim Paar bemerkbar macht, woraus sich jedoch nicht unbedingt eine Problematik entwickeln muss. Jedes Dorf hat seine Sonderlinge und weiß damit umzugehen. Als es jedoch um die Ablösung des Sohnes von den Eltern geht, wirkt sich diese Blockade verheerend aus. Nun kommt der Tag der Abrechnung zwischen Eltern und Kind herbei (Stierlin, 1980).

Bezogen auf Frank ist eine logische Folge des bisher Ausgeführten, dass das Paar ein Gummiseil ausbildet, das beim Sohn seine maligne Wirkung entfaltet, der auch schon als Kind mit den Selbstverständlichkeiten alltäglichen Umgangs außerhalb der Familie mitunter nicht zurechtkommt. Frank nimmt schon früh wahr, wie prekär der Rahmen seines Aufwachsens ist, in den er hineingestellt wurde. Später bleibt auch er in der Höhe hängen, selbst wenn er einen einsamen, aber vergeblichen Kampf der Bewährung in der Weite seines Daseins sucht.[66] Der Inkonsequenz der Erfahrung in einer ländlichen Lebenswelt entgeht er dennoch nicht, die Unmittelbarkeit des Aufenthalts bei den Dingen war ihm

---

66 Die Erfindung eines Pulvermotors, der eine Ableitung des Dieselmotors ist und in landwirtschaftlichen Familien eine zentrale Rolle spielt, betrachte ich als ein Dokument des Versuchs Franks, sich an die dörfliche Lebenswelt anzuschließen.

nicht gegeben. »Du hättest technischer Zeichner werden sollen«, war eine gut gemeinte Feststellung des Lehrers in der Berufsschule. Sie kommt allerdings zu spät und verweist auf einen Lebensweg, der ihn im günstigsten Falle in ein Unternehmen in der nächsten Stadt hätte führen können. Das wäre eine Entwicklung heraus aus dem Dorf und in ein städtisches Neubaugebiet, mit Familie und Haus und ortsüblichem Kompaktwagen gewesen. Stattdessen prallt die familienüblich angestrebte Höhe eines Daseins, das die Wahl von Alternativen nicht zulässt, an der alltäglich erfahrbaren Unmittelbarkeit des dörflichen Lebens ab. Damit ist ein Missverhältnis beschrieben. Im Scheitern von Franks Ausbruchsversuch in Richtung Bundeswehr wird dieses Missverhältnis dramatisch zur handgreiflichen Realität.

Franks Lösung der Problematik besteht in der Aufspaltung der Erfahrung in ein Entweder-oder. Seine beiden Zimmer im Elternhaus werden zum Refugium seiner Höhenflüge. Dort lebt er das Leben eines Dichters und Erfinders. Die Welt außerhalb verliert ihren Realitätsakzent gegenüber dieser verstiegenen Idealbildung. Die gängigen Bewältigungsmuster angesichts eines solchen Daseins im Sinn Ludwig Binswangers sind aus Sicht des Patienten:
- Der Suizid(versuch): Er tritt bei Frank bei der Erstmanifestation einer als schizophren diagnostizierten Psychose in Erscheinung, danach nicht mehr.
- Der Ausstieg aus dem Alltäglichen: Er reicht so weit, dass Frank nicht einmal mehr den Weg zum Zigarettenautomaten antreten kann, außer in Begleitung, und umfasst die Vollversorgung durch die Eltern.
- Schließlich zeitweise der Rückzug in die Wahnstimmung: Sie gestaltet sich bei Frank unter anderem in dichterischer Form. Der Rückzug in den Wahn trägt dazu bei, dass Franks Elend auf Dauer gestellt wird. Vermutlich sind es gerade die verbliebenen Autonomiepotenziale, die im Dichten zum Vorschein treten und die Situation seines Elends verlängern.

Was wäre die Alternative gewesen? Frank hätte die Position eines verschrobenen Dauerbewohners auf einer der Langzeitstationen des regional zuständigen psychiatrischen Landeskrankenhauses oder in einem der später ausgegliederten Heime einnehmen können. Jedoch hat er das Leben im Elternhaus als die bequemere Lösung vorgezogen.

10.4 Der Ertrag der Mehrgenerationenperspektive

Das Fallbeispiel zeigt, dass der Frage nach den »Formen missglückten Daseins« im Familienrahmen nachzugehen ist, will man ihre Genese verstehen. Die Rekonstruktion von drei Generationen war erforderlich, um das am Horizont sich aufschichtende Unheil frühzeitig zu erkennen, das über die Familie Wellke hereinbrechen wird. Es wäre allerdings verfehlt, die Familie ausschließlich als Opfer zu betrachten. Das Drama stellte sich nicht ohne deren Mitwirkung ein. Ethnografische Beigaben präzisieren das Bild.

Ich wage die Behauptung, dass die Familiengeschichte ohne den Vorfall mit dem Anschießen des vermeintlichen Ehebrechers zwei Generationen vor Frank anders verlaufen wäre. Und hätte Anton Wellke Sr. seinen beiden Söhnen keine höhere Schulbildung zur »Unzeit« zukommen lassen, hätte die Entwicklung ebenso eine andere sein können. »Unzeit« meint, dass Anton Wellke Sr., bedenkt man den damaligen Stand der Wertschätzung einer weiterführenden Bildung im bäuerlichen Milieu, mit seiner Entscheidung die Außenseiterposition dieser Familie in Eisental noch unterstrichen hat. Jedoch: »hätte, wenn und aber ...« Jede Entscheidung innerhalb einer Generation begründet einen Ausgangspunkt, mit dem die nachfolgende Generation zurechtkommen muss.

11 Der Bezug des untersuchten Falls zu den bekannten Langzeitverlaufsstudien im Fall von Schizophrenie

Am Ende der Abhandlung zum Fall Frank Wellke angelangt, gilt es nun die Frage zu stellen, wie sich der berichtete Fallverlauf zu den bekannten Langzeitverlaufsstudien (Bleuler, 1972; Huber, Gross u. Schüttler, 1978; Ciompi u. Müller, 1976) verhält. Diese Studien zeigten erstaunliche Übereinstimmungen: Heilungen, Besserungen und schwierige Verläufe haben demzufolge je ein Drittel Anteil am Gesamtbild.

Bei Frank Wellke wird wohl weder von Heilung noch von Besserung gesprochen werden können. Dass sein Verlauf ein schwieriger ist, wird in Bezug auf die Vorstellungen, die Luc Ciompi (1983) über den Verlauf einer schizophrenen Erkrankung in seinem Buch »Affektlogik« mitgeteilt hat (S. 328), verständlich zu machen sein. Ciompi sieht in »psychosozialen Einflüssen« die wesentlichen Impulsgeber für die Art des Verlaufs nach einer »akuten psychotischen Dekompensation«. Sie entscheiden über »volle Heilung/zunehmende ›Potenzialeinbuße‹/schwerste chronische Residualzustände« als mögliche Ergebnisse. Auf diese psychosozialen Einflüsse werde ich nun im dritten Teil des Buches eingehen.

Aus meiner Perspektive stehen in der Frage der Wirkungszusammenhänge des vorliegenden Verlaufs die Eltern des Indexpatienten im Mittelpunkt. Sie muss man im Blick haben, wenn man sich Gedanken über ein angemessenes therapeutisches Vorgehen macht.

Dritter Teil

I Therapeutische Möglichkeiten

Der Übergang vom zweiten Teil zum dritten Teil ist mit einem Bruch verbunden. Ging es bisher vorrangig um *ontologische* Fragen, müssen nun unvermeidlich *ontische* Fragen abgehandelt werden. Um die Erläuterung der Begriffe weiter vorne zu finden, kann man das Sachregister zu Hilfe nehmen.

Fragen der psychiatrischen Versorgung sind ontische Fragen, was möglicherweise der Grund dafür ist, dass ihnen Binswanger keine Aufmerksamkeit schenkt. Dabei geht es um die Volatilität dessen, was für richtig gehalten wird; es gibt Moden und Gesinnungsgemeinschaften mit klaren Regeln des Ein- und Ausschlusses. Der Streit um *ambulant oder stationär* ist dafür ein Beispiel. Der Leser wird gebeten, diesen Bruch bei seiner Lektüre zu bedenken.

1 Anthropologische Psychiatrie (Daseinsanalyse) und Sozialpsychiatrie

In den letzten Jahren hat die deutsche Sozialpsychiatrie die anthropologische Psychiatrie wiederentdeckt (Bock, Dörner u. Naber, 2014). Anspruchsvoller als das Werk von Bock et al. tritt die überarbeitete Dissertation von Samuel Thoma auf (2018). Es handelt sich um den dritten Band einer vom Psychiatrie-Verlag aufgelegten Reihe »anthropologische Psychiatrie«. Thoma bezieht sich im Großen und Ganzen auf dieselbe Literatur wie ich in den voranstehenden Kapiteln, gelangt aber zu völlig anderen Schlüssen. Seine Arbeit steuert auf das Thema des sozialen Raums als zentraler Kategorie seiner Arbeit zu. Ich halte das für einen Kategorienfehler: Der soziale Raum ist in meiner Sicht ein Aspekt des In-der-Welt-seins und diesem untergeordnet. Im Fall von Frank Wellke war ich lange versucht, den Abriss seines Geburtshauses und den Umzug in das neue Haus auf Heideggers Vortrag »Bauen, Wohnen, Denken« (1951) zu beziehen, verzichtete aber darauf, weil mit dem In-der-Welt-sein der Familie Wellke bereits das Nötige abgehandelt ist.

Woher kommt die Abstinenz gegenüber Heidegger bei Thoma? Sie kündigt sich bereits auf Seite 14 der Dissertation an, wo er sich zu den »abstrakten und teils ›verschwurbelten‹ Begriffen aus dem Kopf des Ludwig Binswanger«

äußert. Bei so viel Arroganz verschlägt es mir die Sprache. Ich kann sie wiederfinden, wenn ich mir die Äußerungen von Jürgen Kaube in der FAZ anlässlich des 250. Geburtstages von Georg Wilhelm Friedrich Hegel am 27.08.2020 vor Augen halte: »Denken ist keine Technik, um etwas abzukürzen. Niemand muss über die Wirklichkeit als Ganzes oder über besondere ihrer Bezirke nachdenken, aber wenn es geschieht, wird es nicht anders als schwierig sein können; beispielsweise durch Auflösung bequemer Dualismen, durch Negation von lieb gewonnenen Vorurteilen und durch Absehen von denkfauler Skepsis«[67].

Wie »verschwurbelt« – dem Autor ist bei diesem Begriff nicht ganz wohl, er setzt ihn in Anführungszeichen – die Begriffe Binswangers sind, wie konkret sie sein können, wenn man sie auf den Fall bezieht, kann man in den voranstehenden Kapiteln selbst prüfen. In der Tat schöpft Binswanger ausführlich aus dem teils obskuren und mutwillig unzugänglich formulierten Werk Heideggers. Auf die einschlägigen Zitate Binswangers bin ich eingegangen. Bei Thoma kommt Heidegger überhaupt nicht vor. Wenn Hannah Arendt Heidegger die Ehre gibt, bei seiner ersten Vorlesung nach Aufhebung seines Lehrverbots an der Universität Freiburg in der ersten Reihe zu sitzen, muss man sich nicht scheuen, dem Werk Heideggers die ihm gemäße Ehre zu erweisen. Wie er politisch gehandelt hat, ist eine andere Frage und hier nicht zu beurteilen.[68] Mit diesem Hinweis zur Bedeutung von Heidegger ist meine Rezeption der Bemühungen der derzeitigen Sozialpsychiatrie, sich mit der anthropologischen Psychiatrie zu verbinden, vorläufig und dieses Buch betreffend endgültig abgeschlossen.

2 Anmerkungen zum Thema Zeit in der Psychiatrie

Luc Ciompi hat 1990/2012 zehn Thesen zum Thema »Zeit in der Psychiatrie« formuliert. Für die Belange dieses Kapitels will ich einige davon herausgreifen, und zwar als Erstes die These 2: »*Wir können unsere Patienten erst ›mit der Zeit‹ verstehen*« (S. 15). Die voranstehende Genogrammarbeit und die darauf folgenden Arbeiten haben gezeigt, dass es gedauert hat, bis ich die Problematik dieses Falls umfassend erschlossen hatte. Die Annahme, man rekonstruiere »schnell

---

67 Vielleicht muss man die Sache nicht so hoch hängen, und es geht nur um die Essenz von Jean de Lafontaines (2015) Fabel über den Fuchs und die Trauben (S. 35). Im Übrigen muss die Vermutung politischer Inopportunität verworfen werden, zieht man Thoma (2014) in Betracht.
68 Wenn in diesem Buch Jean-Paul Sartre mit seinem Hauptwerk »Das Sein und das Nichts« (1943/2017) nicht zitiert wird, dann hat das weniger mit seinen bizarren, politischen Ansichten und Handlungen (für Details vgl. Onfray, 2015) zu tun als damit, dass ich für die vorliegenden Zwecke mit Heidegger und Binswanger besser bedient bin.

mal« ein Genogramm und wisse dann schon, wo der therapeutische Hebel anzusetzen sei, ist irrig. Die Genogrammarbeit kann auf ein Grundmuster hinweisen, das allerdings seinen eigenen Kontext hat, und obendrein dient sie der Begegnung, die ihre eigene Zeit braucht. Beim Fall Wellke bedeutet das: Das Grundmuster der »*widersprüchlichen Innen-Außen-Orientierung*« hat subtile Verbindungen zu Geschehnissen in der Familiengeschichte, zu spezifischen, zeitweise wirksamen Bewältigungsmustern, die man erst mit der Zeit erschließen kann. Werden sie vernachlässigt, kommt man nicht an sein Ziel, worunter ich Wirksamkeit versprechende therapeutische Interventionen verstehe.

Als Nächstes ist These 3 zu bedenken: »*Die Psychiatrie ist eine Disziplin der Geduld, der Langmut*« (S. 15). Meist hat man in der Psychiatrie genügend Zeit, um den Patienten zu verstehen. Einmalige kurzfristig ablaufende psychotische Episoden kommen vor, sind aber eher die Ausnahme[69]. Man darf nur nicht die Geduld verlieren und zu früh mit dem Verstehen aufhören. Unter den Bedingungen der stationären Psychiatrie ist es eine große Herausforderung, immer das Fallverstehen bei allen Patienten auf der Station im Blick zu haben und mit dem Fallverstehen am Ball zu bleiben[70]. Stellt man sich dieser Herausforderung, verschafft das immerhin die Gelegenheit, die Beziehung zum Patienten aufrechtzuerhalten (vgl. aber auch Teil 3, Kapitel I, 7.3, in dem ein Trost für all jene bereitgehalten wird, die mit dem Fallverstehen ohnehin auf dem Kriegsfuß stehen). Ich werde auf diese Punkte später zurückkommen und eine weitere der von Ciompi formulierten Hypothesen zum Thema Zeit in der Psychiatrie abhandeln.

Die Thesen 5 und 6 bespreche ich gemeinsam. These 6 lautet: »*Höhere Geschwindigkeit bringt keinen Zeitgewinn, bloß mehr Hektik!*« (S. 20). Mit dieser Aussage steht These 5 in enger Verbindung: »*Das Langsame ist wichtiger als das Schnelle*« (S. 19). Orientiert man sich an diesen beiden Thesen, muss man sich auf zwei Gegner gefasst machen: Als Erstes sind die Angehörigen des Patienten zu erwähnen, die mitunter, wie die Familie Wellke, ein mechanistisches Bild von einer psychiatrischen Erkrankung haben und der Auffassung sind, mit dem »richtigen« Medikament werde das Problem schon in den Griff zu bekommen sein.

Die Kostenträger sind die anderen Vertreter der Hektik in der Psychiatrie.

---

[69] Ich erinnere an die oben erwähnten Langzeituntersuchungen zu schizophrenen Verläufen, denen gemäß Verläufe wie der des Frank Wellke ungefähr einen Anteil von einem Drittel an der Patientenpopulation haben. Versorgungspolitische Veränderungen führen allerdings zu einer erhöhten Frequenz von Aufnahmen und Entlassungen.

[70] Diese Behauptung gilt allerdings nicht generell. Aufgrund der Verkürzung der Verweildauern gilt sie vor allem für forensische Abteilungen mit ihren typischerweise langen Verweildauern.

Ihr Anliegen ist es, die Aufenthaltsdauer der Patienten so gering wie möglich zu halten, um Kosten einzusparen. Einer Lebensqualität ist das nicht förderlich. Das Ergebnis einer solchen Einstellung ist nur eine höhere Geschwindigkeit der Drehtür zwischen einem Leben außerhalb des Krankenhauses und einem Leben innerhalb des Krankenhauses. Was diese Produzenten von Hektik ständig übersehen, ist die These 8: »*Jeder hat seine eigene Zeit*« (S. 23)[71]. Ich werde in den folgenden Kapiteln darauf achten, das Thema Zeit nicht aus den Augen zu verlieren und vor allen Dingen dem Thema der Zeit seinen ihm gemäßen Platz einräumen.

3 Daseinsanalyse

Die Daseinsanalyse ist nicht dafür bekannt, dass ihr die therapiebezogenen Resultate ihres Entwurfs einer anthropologischen Psychiatrie ein Herzensanliegen ist. Das konnte ich bereits 1974 erfahren, als ich Gelegenheit hatte, die Arbeit eines Schülers von Ludwig Binswanger, Roland Kuhn, kennen zu lernen. Kuhn war damals ärztlicher Direktor des kantonalen psychiatrischen Spitals Münsterlingen, ein Nachbarort von Kreuzlingen. Zwischen Kreuzlingen und Konstanz verläuft die Schweizer Grenze. Auf Mitarbeiterebene wurde Kuhn nachgesagt, er befasse sich nur mit einzelnen Patienten, und was dabei geschehe, wisse man nicht.

Von Wolfgang Blankenburg habe ich als wesentliche therapeutische Anregung die Trennung von Vorgegebenem und Aufgegebenem (Autonomie- und Heteronomie-bezogene Herangehensweisen) mitgenommen. Von seiner therapeutischen Praxis habe ich nicht viel erfahren, denn auf der Privatstation war ich nicht tätig. Eine Ausnahme ist der Metzger, über den ich im ersten Teil berichtet habe. Ich wage die Behauptung, dass dort die wirksameren therapeutischen Ideen von mir kamen. Um nicht missverstanden zu werden: Es geht mir nicht um den Kampf um die besseren Deutungen, denn der Klinische Soziologe ist selten dem erfahrenen Psychiater überlegen. Meine Ideen waren deshalb nützlicher, weil ich über Jahre in der gemeindepsychiatrischen Arbeit die Gelegenheit hatte, das In-der-Welt-sein dieses Patienten kennen zu lernen. Von dort aus konnte ich Anregungen zur Verbesserung seiner desolaten Situation entwickeln, ohne Erfolg allerdings, wenn man unter Erfolg Strukturtransformation versteht. Mit der Zeit gelang es dem Patienten jedoch, mit der

---

71 Auch das Verfassen von Büchern über Genogrammarbeit hat seine eigene Zeit. Man kann nicht erwarten, gleich mit dem ersten Buch den großen Wurf zu landen. Man tastet sich heran. Andere setzen sich lieber hin und warten, bis ihnen der ultimative Einfall kommt. Das kann dauern. Denn die dem Denken gemäße Weise des Reisens ist das Wandern, wie der Dichter sagt. Dann und wann lässt der Wanderer ein Buch fallen.

von ihm gewählten Lebensform zurechtzukommen. Über das Niveau unterstützender Maßnahmen kam ich nicht hinaus.

Nimmt Ludwig Binswanger, wie im dritten Band seiner ausgewählten Werke (1994), Fragen der Therapie in den Blick, setzt er sich mit der Psychoanalyse Freuds auseinander. So positioniert sich auch das Institut für Daseinsanalyse in Zürich. Dort wird die Daseinsanalyse als »phänomenologisch-psychoanalytische Psychotherapie« deklariert, deren Hauptanliegen die »Ressourcenaktivierung, Problemaktualisierung, motivationale Klärung, Problembewältigung« sei. Als Methode gilt die phänomenologische Hermeneutik (sfdp, o. J). Als Klinischer Soziologe spricht mich das, mit Ausnahme des Verweises auf die Hermeneutik, nicht an.

Jean Oury, um einen Antipoden zu Kuhn zu nennen, war bis zu seinem Tod Gründer und ärztlicher Leiter der Klinik La Borde in Cour-Cheverny (Loire, France; vgl. Hildenbrand, 2019). Er war nicht nur Psychoanalytiker Lacan'scher Prägung und sehr an der Daseinsanalyse interessiert, was mir als Schüler Wolfgang Blankenburgs einen guten Zugang zu ihm verschaffte, sondern auch an der institutionellen Ausgestaltung psychiatrischer Behandlung interessiert. Dabei orientierte er sich an Hermann Simon (1929), an dem spanischen Anarchosyndikalisten François Tosquelles wie auch am Situationsbegriff des französischen Strukturalismus (Claude Lévi-Strauss). Oury vertrat die Auffassung, man müsse das Krankenhaus zerschlagen und um jeden Patienten herum neu aufbauen.[72] Das werde ich nun am Fall der Familie Wellke, bei der ich keinen therapeutischen Auftrag hatte, gedankenexperimentell durchspielen.

4 Gemeindepsychiatrie

Die Rekonstruktion von psychiatrischen Fällen ohne therapeutischen Bezug ist unbefriedigend. Im besten Fall begibt man sich in die Position des Anatomen, der alles kann und alles weiß, aber leider zu spät. Im schlimmsten Fall handelt es sich um Voyeurismus.

Als ich die Familienstudie Wellke durchführte, war ich mit einigen Mitstreitern gerade damit beschäftigt, in einem benachbarten Landkreis eine Einrichtung zur gemeindepsychiatrischen Versorgung aufzubauen, die sich später als Kernbestand eines »Gemeindepsychiatrischen Verbunds« herausstellen

---

72 Vgl. das Interview mit Oury am Ende des Films »La moindre des choses«. Un film de Nicolas Philibert, 1997; DVD bei Editions Montparnasse, 2002; vgl. auch Verein für psychoanalytische Sozialarbeit, 1993; Hildenbrand 2019.

sollte. Allerdings kamen die »Empfehlungen« zur Reform der Versorgung im psychiatrischen Bereich (1988) drei Jahre, *nachdem* eine Expertenkommission der Bundesregierung diese Erkenntnis gewonnen hatte (Hildenbrand, 2018a, Kap. 3.3). Wir haben sozusagen mit der Nase am Boden, *bottom-up*, den gemeindepsychiatrischen Verbund *avant la lettre* erfunden. Man möge mir nachsehen, dass ich auf diese Pionierleistung stolz bin.

Als ich damit begann, mir Gedanken zur Therapie von Frank Wellke zu machen, stand ich unter dem Eindruck der Sorge der Eltern um den Verbleib ihres Sohnes nach ihrem Tod. Sie waren damals immerhin 75 (Aloys) bzw. 63 (Klara) Jahre alt. Im ersten Schritt schlug ich Frank vor, uns in der entstandenen Einrichtung zu besuchen, um sie einmal kennen zu lernen. Seine Hemmungen, das Elternhaus zu verlassen, kannte ich damals schon, daher brachte ich ihn mit einem Verwandten aus einem Nachbardorf zusammen, der ihn jeweils mitnehmen könne, da auch er unsere Einrichtung besuchte. Das Verhältnis der Familie Wellke zur Verwandtschaft wie manch anderes, das solchen Vorschlägen entgegenstand, kannte ich damals noch nicht. Diese Vorschläge verliefen durchweg im Sand[73]. Auf Grundlage einer detaillierten Kenntnis der Fallstruktur muss ich heute sagen, dass unsere Vorschläge von der Ernsthaftigkeit der vorliegenden Probleme weit entfernt waren. Nur eine konzertierte Aktion hätte eine Chance gebracht, der Familie nachhaltig zu helfen. Die im Folgenden genannten alternativen Zugangsweisen, die ich gedankenexperimentell ins Gespräch bringen werde, wären aus heutiger Sicht angemessener gewesen.

5 Genogrammarbeit: Leistungsfähigkeit und Grenzen

Orientiert am Fall Wellke, komme ich zu folgenden Erkenntnissen: Mit einer Genogrammarbeit kann man erfahren, wie es um das In-der-Welt-sein eines Patienten und seiner Familie bestellt ist. Bringt man überdies damit die Frage nach der anthropologischen Proportion, dem Verhältnis von Höhe und Weite des Daseins, in Verbindung, weiß man schon viel. Die Fragen, die anhand des Genogramms im sequenziellen Vorgehen behandelt werden können, sind die folgenden:
– Wie wurden im Prozess des Entwurfshandelns offene und problematische Möglichkeiten realisiert, verworfen oder übersehen?

---

[73] Aus heutiger Sicht hätte ich vorab feststellen können, dass für die Eltern diese Einrichtung nicht infrage kommt, was auch für alle anderen Einrichtungen gilt. Sie haben es auch nicht für nötig befunden, sie in Augenschein zu nehmen.

- Welche Umstände können zu Verschiebungen oder Friktionen in der anthropologischen Proportion geführt haben?
- Schließlich die therapeutisch motivierte Frage: An welcher Stelle in der Gegenwart können Fragen der Wahl vor allem zwischen Handlungsentwürfen neu gestellt und – von Seiten der Klienten – beantwortet werden?

Nun ist die Aufgabe, zu klären, welche Darstellungsform einer Genogrammarbeit im vorgelegten Sinn gemäß ist. Die wissenschaftliche Form, darin folge ich Jaspers, ist jedenfalls dafür nicht geeignet. Dichterische und poetische Formen kommen der Sache näher. Ich maße mir nicht an, in der Falldarstellung oben über die Narration und eine nichtlineare Darstellung hinausgekommen zu sein. Von dichterischen oder poetischen Formen kann hier nicht gesprochen werden, wenn ich mich auch bemüht habe.

Zusammenfassend ist zu bedenken: Die Leistungsfähigkeit einer Genogrammarbeit ist begrenzt. Mit ihrer Hilfe kann man die grundlegenden Strukturen des In-der-Welt-seins des jeweiligen Falls und seine anthropologische Proportion transparent machen, mehr aber auch nicht. Es gilt, die Abstraktheit der Strukturen auf die Konkretheit von Handlungsinterventionen herunterzubrechen. Jedoch wage ich es, für diese Arbeit in Anspruch zu nehmen, dass sie einen begrenzten Beitrag zu leisten in der Lage ist, einer Lösung des »Rätsels« (Ciompi, 2021, S. 95 ff.) der Schizophrenie im Fall der Familie Wellke etwas näher zu kommen.

Ich stelle mir nun Folgendes vor: Angenommen, wir hätten damals schon so viel gewusst wie ich heute. Dann hätten wir der Familie Wellke empfohlen, einen Umzug an den Standort unseres gemeindepsychiatrischen Verbunds ins Auge zu fassen. Damit hätten wir eine Krise erzeugt, die ein Einfallstor in die therapeutische Arbeit mit dieser Familie geboten hätte. Dafür hätten wir allerdings einen niedergelassenen, erfahrenen Familientherapeuten benötigt, den es nicht gab. Behutsam hätten wir dann mit Frank einen Platz im Betreuten Wohnen (wir bevorzugten damals betreutes Einzelwohnen oder, je nachdem, gemeinsames betreutes Wohnen mit einem Mitpatienten) suchen können. Im Lauf der Zeit haben wir gelernt, dass manche Patienten durch Einzelwohnen überfordert sind und das Wohnen in einer Gruppe bevorzugen. Manche ziehen sogar das Leben in einem Wohnheim vor, weil es in Krisenzeiten mehr Schutz als die Situation im Einzelwohnen oder im Wohnen in einer Wohngruppe bietet. Für diese Fallspezifika muss man eine Lösung parat haben, seine eigenen Präferenzen muss man einklammern: Richtschnur ist der Patient in seiner Fallspezifik. Notfalls muss man die Einrichtung, um die Sprache der Psychothérapie Institutionnelle zu verwenden, zerschlagen und neu um den Patienten herum aufbauen. Genau das haben wir von Anfang an in dieser Einrichtung gemacht, wofür ich oben den Begriff des *bottom-up* benutzt habe.

Trotz aller Bedenken ist die Genogrammarbeit in dreierlei Hinsicht im therapeutischen Prozess unverzichtbar:
1. Das Interesse, das ein Therapeut an einer Familiengeschichte zeigt, dient zunächst der Begegnung. Der Umfang, der in diesem Vorgehen der Familie eingeräumt wird, tut dazu ein Übriges.
2. Durch das mäeutische Vorgehen wird die Familie in reflexive Prozesse über Möglichkeiten des Entwurfshandelns verwickelt, womit latent ein Modell für das Entwickeln weiterer Prozesse des Umgangs mit Handlungsmöglichkeiten transportiert wird.
3. Die Genogrammarbeit dient der Herstellung einer *struktural* (vgl. meine Ausführungen zu Roland Barthes in Teil 2, Kapitel II, 2) orientierten Übersicht über ein Familiengeschehen. Konturen werden sichtbar, ohne deren Kenntnis der Therapeut mit der Stange im Nebel stochert.

Die in den folgenden zwei Kapiteln in den Blick genommenen institutionellen Einbettungen von Genogrammarbeit sehe ich als geeignet an, um auf der therapeutischen Handlungsebene den Ansatz der Genogrammarbeit zur Geltung zu bringen.

6 Familientherapie

Im Fall der Familie Wellke ist der thematische Fokus eines familientherapeutischen Herangehens eindeutig: Thema ist das »Leaving Home«, also die Ablösung des Patienten von der Familie. Mit dem Fokus auf das Herangehen von Jay Haley (1981) mache ich auch deutlich, dass allerlei kontinentaleuropäische Auswüchse des familientherapeutischen Ansatzes, die mit dem Stichwort des »Systemischen« verbunden sind, in meinem Denken keine Rolle spielen[74]. Jedoch teile ich Haleys Abstinenz in Bezug auf die Thematisierung von Vergangenem nicht. Diese Abstinenz ist bei Haley verbunden mit einem (fast) erklärungsbedürftigen Affekt gegen die Psychoanalyse. Bei seinem Landsmann G. H. Mead (1932/1969) hätte Haley zum Beispiel lesen können: »Das Neue folgt – wenn es in Erscheinung tritt – immer aus der Vergangenheit, doch bevor es auftritt, folgt

---

74 Einer meiner Konstanzer soziologischen Lehrer, Carl Mayer, emeritierter Professor an der New School of Social Research (University in Exile, New York), zitierte Niklas Luhmann mit dem lakonischen Satz: »In meinem System haben Menschen keinen Platz« (aus eigener Erinnerung aus dem Jahr 1974).

es per definitionem nicht aus der Vergangenheit« (S. 230). Das ist wieder ein Fall, wo einer meint, die Welt neu erfinden zu müssen, ohne einen Anschluss an bereits Gedachtes zu suchen. Da die Epigonen solcher Ansätze in der Regel selbst nicht belesen sind, fällt ihnen das meist nicht auf[75]. Möglicherweise hat Haleys Affekt gegen die Psychoanalyse auch in deren Auftreten seinen Ursprung. Der Schulenstreit innerhalb der psychoanalytischen »Bewegung«[76] kann mitunter abstoßende Formen annehmen (Ginzburg, 1995).

Man könnte in Bezug auf Frank Wellke auch auf den Gedanken kommen, er sei ein Nesthocker. Frank ist allerdings kein Nesthocker, sein Hocken im Nest ist Resultat der Verfasstheit seiner Herkunftsfamilie, die darin besteht, dass Klara und Aloys Wellke um ihr Heim einen Gummizaun gezogen haben. Diesem Umstand wird der englische Titel eines Buchs von Dulberger und Omer (im Druck) gerecht: »Resisting Entitled Dependence«.

Hinsichtlich der Ablöseproblematik im Zusammenhang mit Schizophrenie und Familientherapie konnte ich eine eindrucksvolle Erfahrung machen, die in der gebotenen Kürze als Fallbeispiel mitgeteilt werden soll:

Während einer der Tagungen des Ausbildungsinstituts für systemische Beratung und Therapie Meilen/Zürich kam ich mit Helm Stierlin und Fritz Simon ins Gespräch und behauptete, dass Familien Schizophrener, anders als bei Stierlin (1980) postuliert, nicht notwendig innenzentriert sein müssen. Wir hätten auch eine »veröffentlichte« (das ist das Gegenteil einer innenzentrierten Familie und hat nichts mit Veröffentlichung zu tun, es handelt sich um die oben bereits erwähnte Hoteliersfamilie) zu bieten. An Ort und Stelle war eine Lösung der Frage nicht zu finden. Fritz B. Simon schlug vor, ich solle doch bei Gelegenheit mit dieser Familie in Heidelberg vorbeikommen. Nicht lange danach kam es dazu. Mitten in einer akuten Phase, als Bernhard Hofmann bei uns in der Klinik war, konnte ich ihn und seine Eltern bewegen, mit mir nach Heidelberg zu fahren. Fritz B. Simon war an diesem Tag durch Krankheit verhindert, dafür übernahm Gunther Schmidt das Familiengespräch. Es fand in einem Raum mit Einwegspiegel statt, dahinter saßen Ausbildungskandidaten des Heidelberger Instituts und übernahmen die Funktion eines »Reflecting Teams« (Messmer, o. J.).

---

75 Ersatzweise beleidigen sie alle, die auf bereits Vorhandenes hinweisen, als Leute, »die ihre Bildung amortisieren wollten«.
76 Folgende Anekdote verdient es, an dieser Stelle weitergegeben zu werden: Sigmund Freud und Ludwig Binswanger unterhielten eine fachlich-freundschaftliche Beziehung. Freud reiste sogar einmal nach Kreuzlingen, nutzte die Gelegenheit jedoch nicht, um Jung in Zürich zu besuchen. Von Freud erhoffte Jung, dass er ihm die Ehre eines Besuchs in Zürich erweise (nachzulesen im Briefwechsel zwischen Freud und Binswanger, 1992, S. 99).

Gunther Schmidt setzte unmittelbar am Ablösungsthema an und verwickelte Bernhards Eltern in ein Gespräch, das durch zirkuläre Fragen (Simon u. Rech-Simon, 1999) dominiert war. Sein wesentlicher Fokus lag auf Bernhard und seinem Unwillen, sich von der Familie zu lösen. Den Grund dafür postulierte Schmidt darin, dass Bernhard mit den Eltern noch eine alte Rechnung zu begleichen habe, weil sie seinen Bruder beim Aufbau ihres Hotels und anderer Geschäfte bevorzugen würden, während Bernhard in ein Internat geschickt worden sei. Seither wedle er ständig mit Schuldscheinen, um zu erreichen, dass ihn seine Eltern fallweise als für sein Verhalten nicht verantwortlich oder als für sein Verhalten verantwortlich erklären würden. Komme es jedoch zu einer Verantwortungszuschreibung, fahre Bernhard seine psychotischen Symptome wieder hoch. Dabei griff Schmidt Bernhards Vorstellung auf, dass der KGB (das Gespräch fand 1986 statt, den KGB gibt es immer noch, er trägt jetzt einen anderen Namen) ihn nach Heidelberg gebracht habe und nun vor dem Fenster auf ihn laure. An eine Szene kann ich mich fast wortgetreu erinnern: Gunther Schmidt an Bernhard Hofmann: »Herr Hofmann, ich frage Sie jetzt, wann für Sie der Zeitpunkt gekommen ist, von zu Hause auszuziehen. Sie können mir antworten oder irgendwas von den Russen erzählen.« Bernhard signalisierte brummend seine Zustimmung zu der Frage. Doch bevor er sich dazu äußern konnte, platzte seiner Mutter der Kragen, und sie rief aus: »Das stimmt doch gar nicht, was der Doktor da sagt!« Vater Hofmann saß dabei und beobachtete die sich entwickelnde Szene schweigend.

Nach einer knappen Stunde unterbrach Schmidt das Gespräch und unterhielt sich mit dem »Reflecting Team« auf der anderen Seite des Einwegspiegels. Vom Team hinter den Spiegeln zurück bei der Familie Hofmann erörterte Schmidt das Für und Wider seiner Hypothese. Sie bestehe in der Beobachtung, dass Bernhard eine geniale Strategie gefunden habe, alte Familienprobleme durch sein Krankheitsverhalten zu seinem eigenen Vorteil, in Form einer Balance von Autonomie und Abhängigkeit, zu steuern. Er polarisierte diesbezüglich zwischen sich und dem Team. Seine Hypothese sei, dass Bernhard durch sein Verhalten die Familie zu Kooperationen in diesem Spiel ermuntere. Das Team ziehe diese Hypothese hingegen in Zweifel und biete andere, entgegengesetzte Überlegungen an. Schmidt hielt also an seiner eigenen Hypothese weiterhin fest. Beim immergleichen Wiederholen seiner Hypothese, woran der hypnotherapeutische Anteil der Vorgehensweise von Schmidt deutlich wurde, ging es Schmidt darum, die Familie zu ermuntern, über das Gesagte und Geschehene nachzudenken. Er sei gern bereit, die Familie zu einem weiteren Gespräch zu empfangen. Dazu kam es nicht.

Dafür, dass es im Fallbeispiel zu keinem weiteren Gespräch mit Schmidt kam, mag verantwortlich sein, was Luc Ciompi (1990/2012) in der zweiten These zum Thema Zeit (»wir können unsere Patienten erst ›mit der Zeit verstehen‹«) geschrieben hat: »Während der Psychoanalytiker in einem langwierigen Prozess die erstarrten Fühl-, Denk- und Verhaltensprogramme – und somit sozusagen die Vergangenheit – in der aktuellen ›Übertragung‹ emotional ›aufzuwärmen‹ und zu labilisieren sucht, um sie so der Beeinflussung und Veränderung wieder zugänglich zu machen, meint der Systemtherapeut, sich diesen Umweg durch direktes Agieren und Manipulieren in der aktuellen Familiensituation ersparen zu können. Was wirksamer und dauerhafter ist, ist in Ermangelung gültiger Untersuchungen und Kriterien leider nach wie vor eher eine Sache des Glaubens als des gesicherten Wissens« (S. 16 f.).

Meiner Ansicht nach gelingt es Schmidt beim im Fallbeispiel vorgestellten Gespräch mit dem Patienten Bernhard nicht, in einen Prozess der Begegnung zu gelangen. Darauf kommt es ihm, wenn ich das richtig einschätze, auch nicht an. Vermutlich deshalb kommt es auch nicht zu einer Fortsetzung des therapeutischen Prozesses, die erforderlich wäre, um bei den Familienmitgliedern in einem angemessenen Zeitrahmen immer wieder Veränderungen zu induzieren, die sie in den langen Zwischenräumen zwischen den Beratungen erproben könnten. Die Aufspaltung möglicher Deutungen in einander gegenüberstehende Positionen halte ich für ein günstiges Mittel, die Familie dahingehend zu bewegen, dass sie zu einer eigenen Einschätzung herausgefordert wird.

Einige Jahre später führte ich mit einem Doktoranden eine Nachuntersuchung bei der Familie Hofmann durch (Steffens, 2004), deren Ergebnis ich, vor allem auch im Vergleich zur Familie Wellke, hier ebenfalls mitteilen möchte:

Bernhard war gerade von einer Reise nach Florida zurückgekommen, die er allein durchgeführt hatte. Allerdings sei es ihm dort nach sechs Wochen Einsamkeit langweilig geworden. Wir erfuhren, dass er jetzt in einer Werkstatt für Behinderte arbeitete. Die Situation in der Familie hatte sich entspannt, war jedoch dominiert durch die Sorge der bereits betagten und durch Krankheiten geplagten Eltern, im Alter für ihren Sohn nicht sorgen zu können. Ich treffe hier also eine Situation an, die mir aus der Familie Wellke bereits bekannt ist.

Die mit dem Team aus Heidelberg erörterte Frage »Innenzentrierung oder Veröffentlichung?« wurde aus meiner Sicht dadurch aufgelöst, dass bei der Familie Hofmann, wie Gunther Schmidt herausarbeiten konnte, eine *sekundäre Innenzentrierung* zu beobachten ist, die nach dem dramatischen Einbruch der als schizophren diagnostizierten Psychose bei Bernhard ihren Anfang nahm. In ihrer Not haben sich die Eltern um den Sohn geschart, womit ein Stadium erreicht wurde, das wir bereits bei Frank Wellke beobachten konnten, wenn auch die familiengeschichtlichen Voraussetzungen bei ihm andere sind. An weiterer Klärung war man in Heidelberg nicht interessiert, man beließ es bei der Erfahrung, auf die es ja im Kern ankommt. Auch ich hatte kein Interesse daran, konzepthuberisch an der Sache weiterzuarbeiten.

Eine komplementäre Herangehensweise zum Heidelberger Vorgehen wäre die Arbeit mit *Familiengeheimnissen* gewesen, die, wenn sie unterbleibt, die Entwicklung der Familie behindern kann, wie Evan Imber-Black (2002) schreibt. Dazu gehört allerdings, dass man ein Familiengeheimnis kennt. In einem ihrer Beispiele erwähnt Imber-Black einen Patienten, der es sich zur Aufgabe mache, ein solches Geheimnis zu lüften. Das ist übereinstimmend mit unseren Beobachtungen, dass es oft die Indexpatienten sind, die Strukturverwerfungen in ihrer Familie entdeckt und an deren Reparatur ein Interesse entwickelt haben. Solchen Anstrengungen unterzieht sich Frank Wellke nicht. Evan Imber-Black weist darauf hin, dass Familiengeheimnisse, sofern sie den Therapeuten bekannt sind, nicht »auf Teufel komm raus« gelüftet werden sollten. Es gelte, den richtigen Zeitpunkt dafür zu finden.

Im Fall der Familie Wellke bin ich es, der das Geheimnis kennt. Jedoch arbeite ich nicht in einem therapeutischen Rahmen, sondern in einem ethnografischen, und ich sehe mich nicht veranlasst, die Familie mit ihrem Geheimnis zu konfrontieren. Das hätte auf ein Bloßstellen hinauslaufen können. Mit der Ethik ethnografischen Arbeitens verträgt sich das nicht. Jedoch ist der Ethnograf gehalten, für eine Solidität seiner Daten zu sorgen, weshalb es auch nicht verwerflich ist, dass er Nachforschungen an öffentlich zugänglichen Quellen anstellt. Dem kann entgegengehalten werden, dass ich nach meinem Zufallsfund die Familie sachte darauf hin hätte lenken können, das Familiengeheimnis zu lüften. Auch das habe ich unterlassen. Es war nicht mein Auftrag.

Wäre ich jedoch therapeutisch unterwegs gewesen, hätte ich nicht die Zeit gehabt, im Stadtmuseum oder am Standesamt zu recherchieren. Das Geheimnis wäre verborgen geblieben. Wenn es aber doch offenbar geworden wäre, hätte ich die Nachricht von der Gedenkstätte Hadamar, in welcher mir die Tatsache der Vernichtung des Bruders Anton und auch der genaue Todestag mitgeteilt wurde, auf den Tisch der Familie legen und sie damit konfrontieren können. Allerdings wäre ich damit in einen Legitimationsnotstand geraten: Zu Recht hätte man mich fragen können, was ich in der Familiengeschichte herumzuschnüffeln habe. Matthias Krisor pflegte in diesem Zusammenhang Erving Goffman zu zitieren, der vom »Recht auf Informationsvorbehalt« gesprochen habe. (Ich konnte dieses Zitat bei Goffman nicht finden.) Dieses Recht gilt, ohne dass ich weiter auf diesen Punkt eingehen möchte, auch für Imber-Blacks Ansatz, es sei denn, man hat vorab mit den Klienten ausgehandelt, dass es unter

Umständen um die Arbeit an Familiengeheimnissen gehen könne. Was auf die Eröffnung des Geheimnisses hin in der Familie Wellke geschehen wäre, steht in den Sternen. Die jeweilige Intervention hätte sich an solchen Reaktionen zu orientieren gehabt. Jedoch hätte ich, nachdem die Familie die Sache erst einmal verarbeitet gehabt hätte, zu dem gegriffen, was Imber-Black Ritual nennt. Zwei mögliche Interventionen fallen mir dazu ein:
1. Das wäre die schwächere Intervention: Ich hätte nach einem Foto von Anton Wellke gefragt. Die Familie hätte ich ermuntert, dieses Foto zu vergrößern, einzurahmen und an prominenter Stelle im Haus aufzuhängen.
2. Das wäre eine stärkere und entsprechend fragliche Intervention gewesen: Ich hätte den Eltern vorgeschlagen, zum Geburts- oder Todestag von Anton Jr. in der Lokalzeitung eine Anzeige erscheinen zu lassen. Den Text hätten wir gemeinsam entwerfen können. So wäre zur Sprache gekommen, was die Offenlegung dieses Geheimnisses für die Familie bedeutet.

7 Unkonventionelle Formen der stationären Behandlung

7.1 Alltag als Therapie, eine prototypische Einrichtung und weitere Beispiele

In Einklang mit meinem früher entworfenen Konzept »Alltag als Therapie« fokussiere ich nun stationäre Einrichtungen, die zwar als »tätige Institution« organisiert sind, sich jedoch keinen dezidiert medizinischen Auftrag gegeben haben. Den Prototyp einer solchen Einrichtung habe ich in Vermont (USA) mit der Spring Lake Ranch kennen gelernt, die ich bereits andernorts beschrieben habe (Hildenbrand, 2015). Ich greife im Folgenden auf diese Charakterisierung zurück und beziehe mich dazwischen immer wieder auf andere, mir bedeutsam erscheinende Einrichtungen:[77]

---

[77] Insgesamt kenne ich drei unterschiedliche stationäre Einrichtungen der psychiatrischen Versorgung, denen ich das Adjektiv »unkonventionell« zurechnen würde: Als Erstes wäre die »Psychothérapie Institutionnelle« in La Borde zu nennen, dann die »Freie Lebens und Studiengemeinschaft Melchiorsgrund« bei Alsfeld, die sich im Wesentlichen um Patienten mit Doppeldiagnosen (Sucht/Psychose) kümmert, dann die Spring Lake Ranch. Meine Einschätzung dieser Einrichtungen habe ich in Hildenbrand (2015) dargelegt, hier beschränke ich mich auf die Spring Lake Ranch.

Wayne A. Sarcka[78], Sohn eines finnischen Immigranten, erwarb zusammen mit seiner Frau im Jahr 1932 eine Ranch in Vermont, USA, die nach dem dazu gehörenden See Spring Lake Ranch heißt. Sarcka hatte damals ein bewegtes Leben hinter sich: Geboren 1890 als Väinö Albinus Saarinen in Finnland, übersiedelte er 1895 zusammen mit seinen drei Geschwistern und seiner Mutter zu dem bereits 1892 ausgewanderten Vater nach Vermont, änderte nach dem Vorschlag der Meldebehörde seinen Namen und lernte auf Anraten seines Vaters, der in einem Marmorbruch eine leitende Tätigkeit innehat, Steinmetz. Er gewann ein Stipendium für die Mt. Pleasant Academy in New York, verdiente sich dort als Hausmeister eines Studentenwohnheims und als Sportlehrer Geld dazu, begab sich mangels Aussichten auf ein Archäologie-Studium 1917 als Soldat zu den Ausgrabungsstätten in Mesopotamien (heute Irak), betreute im Auftrag der Britischen Armee (Mesopotamia Expeditionary Corps) rekonvaleszente Soldaten, die aufgrund eines seelischen Leidens kampfunfähig geworden (»Kriegszitterer«) waren, leitete ein Lager für diese Gruppe 1918, kehrte über weitere Stationen in Asien zurück in die USA, wurde mangels anderer Alternativen 1922 Fundraiser für Wohlfahrtseinrichtungen, heiratete 1928 und startete mit seiner Frau 1932/1933 die Betreuung psychisch Kranker auf der Spring Lake Ranch. Den Ursprung dieser Idee führte er auf seine Tätigkeit bei der britischen Armee zurück (Sarcka u. Man Sarcka, 2007, S. 103, alle Übersetzungen im Folgenden B. H.).

Zum Landwirt, der psychisch Kranke betreut, wurde Sarcka durch einen Psychiater aus New York, Dr. Glueck. Dessen Auffassung war es, dass Adoleszente dringend der Arbeit bedürften, um sich entwickeln zu können. Sein Vorbild dafür war Geel. Geel wiederum ist eine Stadt in Belgien, die – zurückgehend darauf, dass dorthin gepilgert wurde, weil man von einer in Geel verehrten Heiligen Wunder bei der Heilung von seelischer Krankheit erwartete – Pionierleistungen im Bereich der psychiatrischen Familienpflege erbrachte. Sarcka zitiert Dr. Glueck mit dem Satz, dass »wahrscheinlich 75 % aller psychisch Kranken auf Schloss und Riegel verzichten und gesund werden könnten, wenn

---

78 Bei den Ausführungen in diesem Abschnitt orientiere ich mich an der von Sarckas Tochter Elisabeth Man Sarcka herausgegebenen und verfassten Autobiografie des Ehepaars Sarcka (Sarcka u. Man Sarcka, 2007). Weitere Angaben entnehme ich Gesprächen, die ich 2009 auf der Spring Lake Ranch mit dem damaligen Geschäftsführer Jim Taggert, mit Michael Wells, dem langjährigen und inzwischen pensionierten Leiter der Einrichtung, sowie dessen Ehefrau geführt habe. Dazu kommen Informationen von Reinhard Kaul, leitender Arzt der Fachklinik Melchiorsgrund, mit dem ich zusammen Spring Lake Ranch besucht habe und der zwei Jahre zuvor dort auch Gelegenheit hatte, mit Freya von Moltke zu sprechen.

sie einem herausfordernden Leben im Freien und einer verstehenden führenden Person ausgesetzt wären«[79].

Spring Lake Ranch war für Dr. Glueck »ein Pionierunternehmen ohne Praxis, ohne öffentliche Akzeptanz und ohne Anleitung« (S. 103). Es ist zu ergänzen, dass diese Institution sich durch private Zuwendungen der Patienten bzw. ihrer Familien finanziert. Zu Zeiten unseres Besuchs waren für einen Monat 5.000 $ zu bezahlen. Die Bankenkrise 2009 brachte die Einrichtung in schwere Existenznöte.

Im Zentrum stand damals der Alltag des Bauernhofs unter den extremen Witterungsbedingungen Vermonts: Kalt und schneereich im Winter, heiß im Sommer. Stürme sind an der Tagesordnung. Sarcka und Man Sarcka schreiben: »Jede Herausforderung bringt Landwirte in Fahrt. Am besten war dafür ein Feuer – wir hatten viele davon! – oder jeder andere Vorfall, der schnelle Reaktion verlangte. Manchmal war ich versucht, einen Notfall herbeizuführen, und war mir sicher, dass uns das gut getan hätte« (S. 124). Sarcka betont durchgängig in der Darstellung seiner Episode auf der Spring Lake Ranch, dass er kein Fachmann für psychische Probleme ist und allein seinem gesunden Menschenverstand (Alltag) vertraute. Die elementaren Wirkprinzipien reformpädagogischen Handelns – Alltagsorientierung, Lebenspraxis, Entwicklung durch Krisenbewältigung – bringt er als Naturtalent bzw. durch seinen (unverstellten) gesunden Menschenverstand zur Geltung.

Sarcka wechselte 1952 in die Gesundheitspolitik des Staates Vermont und dann in die der USA. Er vernachlässigte zunehmend die nervenaufreibende Tätigkeit auf der Ranch, die er seiner Frau und seiner Tochter überließ, und wurde schließlich Anfang der 1960er Jahre von seinem Posten abgesetzt (mündliche Auskünfte).[80] Nun übernimmt Michael Wells die Verantwortung. Er ist von Beruf Psychologe und wurde im Geist der schottischen Tradition der *therapeutischen Gemeinschaft* sozialisiert. Zusammen mit Hans R. Huessy[81] schreibt

---

79 Das ist eine Position, die sich nicht von der Position unterscheidet, die die »Psychothérapie Institutionnelle« leitet und die in Deutschland eine Neuauflage in Gestalt der auf eine geschlossene Tür verzichtenden psychiatrischen Abteilungen an Allgemeinkrankenhäusern nach französischem Vorbild fand: siehe St. Anne in Paris (Ayme, 1991) und das Marienhospital in Eickel (Krisor, 1997).
80 Diese Informationen sind Sarckas Autobiografie nicht zu entnehmen.
81 Dr. Hans R. Huessy war als Professor für Psychiatrie an der Universität Vermont, College of Medicine, tätig. Dieses College ist in Burlington und damit ca. 150 Kilometer von der Spring Lake Ranch entfernt, die zur Gemeinde Cuttingsville gehört. Es gibt im Übrigen auch eine Verbindung zur Soziologie: Carl Mayer (vgl. Fußnote 74), der früher Dozent an der gewerkschaftseigenen Akademie der Arbeit in Frankfurt war und nach seiner Flucht aus Nazideutschland an der New School for Social Research in New York (University in Exile) Soziologie, nach der Emeritierung für ein Gastsemester an der Universität Konstanz lehrte, war Leiter eines

Michael Wells 1985 einen programmatischen Artikel über den eigenständigen Ansatz der Spring Lake Ranch.

Eugen Rosenstock-Huessy[82] setzte nach seiner Auswanderung nach Vermont 1933 seine Tätigkeit am Dartmouth College in Hanover/New Hampshire fort. Seine Frau Margit Huessy und sein Sohn Hans, 1921 geboren, folgten ihm bald nach. 1957, im Todesjahr von Margrit Huessy, kam Freya von Moltke über Südafrika nach Hanover und lebte mit Rosenstock-Huessy bis zu dessen Tod zusammen. Sie selbst starb 2009 an ihrem Wohnort unweit der Spring Lake Ranch, auf der sie bis kurz vor ihrem Tod mitarbeitete. Erst spät, so die Auskunft von Michael Wells anlässlich unseres Besuchs im Sommer 2009, soll Rosenstock-Huessy realisiert haben, dass das Konzept bzw. die gelebte Praxis der Spring Lake Ranch eine große Nähe zu seinen pädagogischen Ideen aufweist.[83]

Die Ära nach Wayne und Elizabeth Sarcka führt von der gelebten Praxis zum ausformulierten Konzept: 1985 schreiben Michael Wells und Hans R. Huessy einen Aufsatz zum Konzept der Spring Lake Ranch. Ihre Schrift beginnen sie mit einem Rückblick auf die Geschichte der Anstaltspsychiatrie und deren Nachfolger, die Gemeindepsychiatrie. Damit skizzieren sie den Verlauf der Psychiatriereform vom Asyl, wie es Erving Goffman beschrieben hat (Goffman, 1968), über die Enthospitalisierung bis zum Aufbau einer gemeindenahen Psychiatrie.

Forschungsprojekts über protestantische Kirchengemeinden im Nachkriegsdeutschland, an dem Peter Berger und Thomas Luckmann mitarbeiteten. Auf diese Weise muss Peter Berger, der in Boston lehrte, von der Spring Lake Ranch erfahren haben. Er selbst hat sie nie besucht, aber der Dritte im Bunde, Hansfried Kellner, Schwager von Peter Berger und Soziologe an der Universität Frankfurt, erinnert sich, dass er zwei Herren auf der Ranch beobachtet habe, die Holz sägten und sich dabei auf Latein unterhielten.

82 Eugen Rosenstock-Huessy war Leiter der Akademie für Arbeit in Frankfurt, wurde jedoch aufgrund seiner jüdischen Herkunft als Direktor von den Nationalsozialisten abgesetzt. Mit Helmuth James Graf von Moltke (als Mitglied des Kreisauer Kreises am 23.01.1945 von den Nazis ermordet) organisierte er auf dessen Gut in Kreisau/Schlesien jeweils im Sommer Zusammenkünfte von Studierenden und Arbeitern, damit sie ihre wechselseitigen Lebenswelten kennen lernen. Rosenstock legt Wert darauf, dass er aus eigenen Stücken in die USA ausgewandert ist und nicht von den Nationalsozialisten vertrieben wurde.

83 Um diesen Kontext lebendig geschildert zu bekommen, bietet sich ein kleiner Umweg an. Carl Zuckmayer und Alice Herdan-Zuckmayer lebten von 1941 bis 1946 im Exil durchgängig auf einer Farm, die ca. fünfzig Meilen von der Spring Lake Ranch entfernt liegt, und bewirtschafteten diese. Im Rahmen ihrer daneben betriebenen Studien besuchte Alice Herdan-Zuckmayer regelmäßig das Dartmouth College in Hanover, um in der Bibliothek zu arbeiten. Mit Freya von Moltke war sie bekannt. In ihrem Buch »Die Farm in den grünen Bergen« (Herdan-Zuckmayer, 1968) schildert sie eindrücklich die Lebensbedingungen auf einer solchen Farm, direkt vergleichbar mit denen auf der Spring Lake Ranch.

Wells und Huessy (1985) nehmen aber zunächst nicht das Großkrankenhaus nach dem Muster von Goffmans Asyl in den Blick, sondern dessen humanere Variante, die so aussieht, dass zu jedem Großkrankenhaus ein eigener Versorgungssektor, oft in Gestalt eines Gutshofs, gehört.[84] An dieser Variante, die an Hermann Simons *tätige Klinik* erinnert, schätzen Wells und Huessy, dass der Patient »zumindest die Befriedigung haben konnte, nützlich zu sein und sozialen Kontakt mit anderen, die in derselben misslichen Lage waren, zu haben« (S. 597). Dem im Zuge der Wende zur Gemeindepsychiatrie eingetretenen »Mischmasch an betreutem Wohnen, Übergangseinrichtungen, Wohnheimen« (S. 597) werfen sie vor, dass diese Institutionen im besten Falle ein Zuhause bieten. Nicht ausgeführt wird das Argument, dass in solchen Einrichtungen dem Fallverstehen keine Aufmerksamkeit geschenkt wird.[85] Meine eigenen Untersuchungen dazu (Hildenbrand, 1991) bestätigen das. Allenfalls wenige Einrichtungen im ländlichen Raum seien in der Lage, den aus den Großkrankenhäusern entlassenen Patienten »ein tragfähiges Leben innerhalb der Gemeinde zu bieten« (Wells u. Huessy, 1985, S. 597).

Dieses Leben, so reklamieren die Autoren, bietet die Spring Lake Ranch. Dort leben etwa dreißig Personen, die als psychisch krank diagnostiziert sind, sowie weitere dreißig, die sich aus Mitarbeitern und deren Familien zusammensetzen. Von den Patienten, die im Text von Wells und Huessy *Bewohner* (residents) und heute, wie wir bei unserem Besuch 2009 erfahren haben, *Gäste* heißen[86], wird erwartet, dass sie sich an fünf Tagen in der Woche täglich für fünf Stunden an laufenden Projekten beteiligen, die jeweils mit Arbeit im engeren Sinne zu tun haben. Ein solches Projekt wird in diesem Aufsatz geschildert (S. 606), und Michael Wells hat uns davon bei unserem Besuch erzählt und dabei weitere Details gegeben. Es scheint sich, wie das folgende Fallbeispiel verdeutlichen soll, um ein Vorzeigeprojekt zu handeln, das hoffentlich nicht das einzige ist:

---

84 Der Gutshof des Psychiatrischen Landeskrankenhauses Reichenau, um einen Bezug zu Deutschland herzustellen, wurde Ende der 1970er Jahre geschlossen. Parallel dazu wurde die »Arbeitstherapie« ausgebaut. Ich hatte noch Gelegenheit, einen Patienten kennen zu lernen, der im Gutshof bei den Schweinen arbeitete und darunter litt, dass der Geruch der Schweine unabweisbar den dort Tätigen unter die Haut ging, sodass sie doppelt diskriminiert waren: Einerseits als psychisch Kranke, andererseits als Stinker. Aber immerhin: Mit ihrer Tätigkeit hatten sie einen Sitz in einem Leben jenseits psychischer Krankheit.
85 Eine pauschale Ablehnung wird diesen Einrichtungen nicht gerecht. In seiner Jenaer Dissertation konnte Patrick Jung (2019) zeigen, dass gemeindepsychiatrischen Einrichtungen die Qualität der »verführerischen Banalität strukturbildender Orte« eignet. Im Zuge seiner Arbeit hat er auch den Fall einer Klientin der von mir mitgegründeten gemeindepsychiatrischen Einrichtung der ersten Stunde untersucht. Ich muss anerkennen, dass auch eine Betreuung ohne Fallverstehen zielführend sein kann.
86 In La Borde heißen sie »pensionnaires«.

Ein Bewohner, Robert, der mit einer Geschichte von fünf Hospitalisierungen und vier Diagnosen (Borderline, schizoaffektiv, manisch-depressiv, schizophren) auf die Spring Lake Ranch kam, hatte die Idee, mit einem Bautrupp unter seiner Anleitung einen Schuppen abzureißen. Auf derlei Ideen wartet das Personal auf Spring Lake Ranch: »Wenn (jemand) ein Talent zeigt, das verschüttet oder gerade im Entstehen ist, wird er ermuntert, dieses zu entwickeln« (S. 604). Das so gewonnene Bauholz wurde aufbereitet und zum Bau einer Apfelpresse wiederverwendet. Durch die Ausweitung dieser Abriss- und Wiederverwendungsaktivitäten auf die nähere und weitere Umgebung entstand ein eigener Erwerbszweig.

Zu Projekten, wie sie das Fallbeispiel von Robert zeigt, die jeweils von einer Person initiiert werden und mit dieser möglicherweise auch wieder verschwinden, kommen Angebote »in der Töpferei, Weberei, Musik, Skifahren, Autoreparatur, Gartenbau usw.« (S. 603)[87]. In diesen und vergleichbaren Tätigkeiten, zusammen mit dem gemeinsamen Wohnen von Mitarbeitern, ihren Familien und den Gästen in den verschiedenen Gebäuden auf dem Hofgelände, sehen die Autoren die Grundlage für das zentrale Wirkprinzip der Spring Lake Ranch: »Die Spring Lake Ranch ist ein Ort, an dem gesunde Menschen und psychisch kranke Menschen sich bemühen, ein gemeinsames Leben zu schaffen, welches für gewöhnlich allen nützt, die an dieser Bemühung teilhaben. In diesem Prozess dauerhaften Bemühens darum, ein Gemeinwesen zu schaffen, liegt der Nutzen«[88] (S. 598).

Das »Recht auf Arbeit« steht im Zentrum des Bemühens um das Gemeinwesen: »Es handelt sich nicht um eine Beschäftigungstherapie, auch nicht um Arbeit zugunsten einer einzelnen Person oder bestimmter Personen. Es handelt sich *um Arbeit zugunsten eines Gemeinwesens als Ganzem*« (S. 599; Herv. B. H.) In dem Zitat wird das Verhältnis der Spring Lake Ranch zum medizinischen Komplex deutlich: Von der Medizin grenzt sich der Hof deutlich ab. Man will

---

87 Die Nähe zu den Ateliers in La Borde, einer Einrichtung der »Psychothérapie Institutionnelle«, ist unübersehbar (Oury, 1986). Was mich zu dem Gedanken bringt, dass beginnend mit Hermann Simon alle Einrichtungen der psychiatrischen Versorgung, die als unkonventionelle organisiert sind, auf dieselben Grundmerkmale hinauslaufen: Es ist die Heranführung der Insassen an praktische Tätigkeiten des alltäglichen Lebens, die auch Interaktion mit anderen voraussetzen.
88 Im Original heißt es »*Community*«. Diesen Begriff mit Gemeinschaft zu übersetzen wäre irreführend, zumal die Gemeinschaft soziologisch für gewöhnlich der Gesellschaft gegenübergestellt und dieser Gegensatz moralisch aufgeladen wird. Wells und Huessy vergleichen dem gegenüber die Sozialform der Spring Lake Ranch mit der einer neuenglischen Kleinstadt und die Versammlungen auf dem Hof, in denen wichtige Angelegenheiten besprochen werden, mit den in der Kleinstadt üblichen Gemeindeversammlungen. Daher verwende ich den Begriff »Gemeinwesen«, der zudem den Vorteil hat, dass er im Sozialwesen eingeführt ist.

das, was hier geschieht, nicht Therapie nennen. Diagnose und Therapie sind Angelegenheit eines externen, beratenden Psychiaters (der, wie erwähnt, über längere Zeit Hans R. Huessy war[89]). Ihm kommt auch die Aufgabe zu, das auf dem Hof tätige Personal über die neuesten Entwicklungen in der Psychiatrie zu unterrichten. Bei diesen Unterrichtungen werden Krankheitsbegriffe und medikamentöse Behandlung diskutiert. Eine antipsychiatrische Haltung, wie sie in der sozialpsychiatrischen Bewegung – je weiter von der Praxis entfernt, desto kritischer – eine Zeitlang üblich war, trifft man hier nicht an. Der vorliegende Text lässt sogar vermuten, dass der Hof solchen Themen gänzlich indifferent gegenübersteht. An einer Stelle äußern die Autoren die Auffassung, dass psychische Erkrankungen nicht geheilt werden können. Bestenfalls könnten durch eine psychiatrische Behandlung Symptome beseitigt werden. An die Stelle symptombeseitigender Therapie, die sie dem Psychiater überlassen, setzen sie etwas anderes: »Accommodation« und »Care«, um die es im nächsten Unterkapitel gehen wird.

7.2 »Accommodation« und »Care«

Accommodation ist ein Begriff mit einem weiten Bedeutungshorizont. In der einfachsten Übersetzungsvariante kann er heißen: Unterkunft, Platz. Für Wells und Huessy (1985) bedeutet er: »Die Aufgabe, zu akzeptieren, dass man krank ist, dass man lernt, was diese Krankheit bedeutet, und sich auf die Grenzen einstellt, die sie dem Leben zieht« (S. 599). Zieht man jedoch die Beispiele von Betreuungsverläufen heran, die in diesem Beitrag gegeben werden, ergibt sich ein anderes Bild, was die Fortführung des oben beigebrachten Fallbeispiels von Robert erneut veranschaulicht:

Robert, Experte für die Gewinnung wiederverwendbaren Bauholzes, wurde vom psychiatrischen Konsiliarius mit der Diagnose »Aufmerksamkeitsstörung vom Residualtyp« belegt und auf eine Minimaldosis von 25 mg Imipramin zweimal am Tag gesetzt. Bei seinem Eintritt brachte Robert eine Medikation von Lithium, Phenotiazinen, Antidepressiva und Megavitaminen[90] mit. Während seines Aufenthalts

---

89 Von einem Neffen von Hans Huessy, dem Psychiater Urs Hepp, der seinen Onkel in den 1960er Jahren besucht hat, habe ich erfahren, dass Huessy auf einer Art Bauernhof lebte und dort ein durchaus unkonventionelles Leben führte.
90 Imipramin ist ein Antidepressivum. Lithium ist ein natürlich vorkommendes Salz, das zur Prophylaxe affektiver Störungen eingesetzt wird. Phenotiazin ist ein unspezifisches Neuroleptikum, das bei Psychosen eingesetzt wird, und Megavitamine sind, wie der Name sagt, Vitaminkombinationen zur »Stärkung der körpereigenen Abwehrkräfte« (Werbung; vgl. Wiki-

auf dem Hof führte er zweimal einen externen Alkoholentzug durch. Nach einem Jahr begann er, bei einem lokalen Zimmermann zu arbeiten, während er weiterhin auf dem Hof wohnte. Später zog er in das Haus dieses Zimmermanns, mit dem er sich angefreundet hatte. Was die beiden einander näherbrachte, war der Umstand, dass dieser Zimmermann in seiner Kindheit ähnliche Probleme entwickelt hatte wie Robert (S. 606).

Am Fall von Robert wird deutlich, dass sozialrechtliche Vorstellungen von einer medizinischen, sozialen und beruflichen Integration als einem linearen Prozess, an dessen Ende ein Verhalten steht, das dem entspricht, was in dieser Gesellschaft für normal gehalten wird, nicht weit führen. Am Ende kommt es darauf an, die Patienten darin zu unterstützen, *den ihnen gemäßen Platz im Leben zu finden*. Ein Weg dahin, das sei hinzugefügt, besteht darin, gemeinsam mit dem Patienten das ihm gemäße rechte Maß von Vorgegebenem und Aufgegebenem zu erarbeiten. »Care« bedeutet in diesem Zusammenhang, dass die Spring Lake Ranch einen Rahmen bietet, der es möglich macht, dass die Bewohner Entwicklungen wie die bei Robert beschriebenen in Gang zu setzen wagen. Der Hof bietet dafür den nötigen affektiven Rückhalt.

Zum Konzept der Spring Lake Ranch gehört des Weiteren die Annahme, dass »Verrücktheit« (»Madness«) »ein Teil der conditio humana« (S. 601) ist und dass die davon Betroffenen demzufolge ein Teil der menschlichen Gesellschaft sind und nicht außerhalb von ihr stehen. Wenn aber psychische Krankheit oder, unspezifischer, Verrücktheit als eine der Möglichkeiten des menschlichen Lebens angesehen wird, dann bricht die Gegenüberstellung von gesund und krank in sich zusammen, und eine andere Perspektive wird sichtbar: die der *Zumutbarkeit* (Blankenburg, 1997). *Zumutbarkeit* heißt, mit einem Bewohner in einem vielfach langen Prozess das rechte Maß zwischen Überforderung und Unterforderung herauszufinden. In den Worten von Wells und Huessy (1985), denen dieses Konzept nicht bekannt ist, wohl aber der Geist, dem es entstammt: »Der Bauernhof hilft dem Menschen, gesunde Wahlen zu treffen, muss aber auch akzeptieren, was wir für eine ungesunde Wahl halten« (S. 607). In jedem Fall bleibt die Aufgabe, mit dem Patienten bzw. Bewohner bzw. Gast »ein Element der Wahl wiederherzustellen und zu helfen, eine kluge Wahl zu treffen« (S. 607). Wählen heißt, sich in eine Zukunft hinein zu entwerfen und damit das zu realisieren, was den Menschen zum Menschen macht (vgl. Teil 1, Kapitel IV, 14).

---

pedia), für den vorliegenden Zweck, bei dem es um die Logik einer nichtpsychiatrischen Zugangsweise zur Behandlung psychiatrischer Patienten geht, reicht diese Informationsquelle völlig aus).

Zumutbarkeit heißt, nicht das zu wählen, was einem Normalmodell folgt, sondern das, was der spezifischen Situation und der des jeweils Wählenden (die im vorliegenden Fall eben die Situation eines psychisch Kranken ist) gemäß ist. In einem anderen, zeitgemäßen Wort: Die Spring Lake Ranch ist ein Ort der Inklusion. Wells und Huessy kamen ohne dieses Wort aus.

Wesentlich für die Entwicklung der Bewohner, die dadurch in Gang kommt, dass sie sich in die Zukunft hinein entwerfen und Wahlen treffen, ist, wie schon Wayne Sarcka betonte, die *Krise*. Die Sarckas, daran sei erinnert, ersehnten mitunter einen Brand, um Bewegung in das Geschehen zu bringen. Wells und Huessy arbeiten mit demselben Gedanken, wenn sie schreiben (und sich dabei auf die gewünschte hohe Personalfluktuation auf dem Hof beziehen): »Krisen entstehen, welche den Bewohnern Gelegenheiten eröffnen, Aufgaben des Personals zu übernehmen. Solche Zeiten sind oft Katalysatoren des Wandels und des Wachstums, nicht nur bei den Individuen, sondern auch bei der Institution als Ganzer. Natürliche Krisen wie Scheunenbrände oder verheerende Stürme können ebenfalls nützlich sein. Wenn die Dinge zu glatt laufen, besteht die Gefahr, dass die Bewohner selbstzufrieden werden, einen Patientenstatus annehmen, und das Personal wird zu autoritär und gönnerhaft« (S. 603).

Demgemäß muss die Bankenkrise 2009 für die Einrichtung ein willkommener Anlass für Transformation gewesen sein. Tatsächlich besteht die Spring Lake Ranch heute noch, und man stellt anhand ihrer Website fest, was zu Zeiten unseres Besuchs auch schon zu sehen war, dass die Einrichtung beginnt, in die Gemeinde zu expandieren und das gemeindepsychiatrische Angebot auszuweiten.

Wells und Huessy eröffnen den letzten Absatz ihrer Übersicht mit einem programmatischen Satz: »Es scheint, dass das, was auf dem Bauernhof therapeutisch ist, innerhalb des Lebens liegt, das gelebt wird. Dieses Leben ist einfach und grundlegend. Diejenigen, die kommen, gehören dazu, weil sie ihre eigenen Anstrengungen einbringen, um das Gemeinwesen am Laufen zu halten« (S. 608)[91].

Für Frank Wellke wäre eine solche Einrichtung der ideale Therapieort gewesen. Sein wesentlicher Fokus, um den herum er sein Leben organisiert, ist die Arbeit, wenn er auch mit Handlungsvollzügen, die auf Arbeit bezogen sind, nicht einmal mit Unterstützung des Vaters problemlos zurechtkommt. In Einrichtungen wie der Spring Lake Ranch gibt es jedoch genügend Mitarbeiter, die solche Schwierigkeiten wahrnehmen und gemeinsam mit dem Patienten an Lösungsmöglichkeiten arbeiten können. Bei derartig unterstützten Lösungs-

---

91 Vgl. das Interview mit Jean Oury am Ende des Films »La moindre des choses«, un film de Nicolas Philibert, 1997, sowie mit dem Verein für psychoanalytische Sozialarbeit (1993).

möglichkeiten lässt sich unter anderem realisieren, dass Problemlösungen nicht von heute auf morgen möglich sind, sondern in langwierigen, iterativen Prozessen durchgespielt werden müssen (vgl. Hildenbrand, 2015; für die Darstellung der Einrichtung Melchiorsgrund: Kaul-Seeger, 2019[92]). Es sind gerade solche Einrichtungen, die den Anforderungen, die aus Ciompis Thesen zum Thema Zeit in der Psychiatrie abzuleiten sind, entsprechen. Konkret auf Frank bezogen: Auf jedem Bauernhof gibt es Maschinen und Geräte, die irgendwann einmal kaputt gegangen und nach misslungenen Reparaturversuchen abgestellt worden sind. Man könnte Franks Aufmerksamkeit auf eine solche Maschine lenken und ihn ermuntern, das Fahrzeug wieder gangbar zu machen. Man wird allerdings behutsam darauf achten müssen, dass er nicht durch die Konstruktion eines Pulvermotors an Höhe gewinnt und an Weite verliert.

Im Anschluss möchte ich noch zum Vergleich auf den Melchiorsgrund, einer mit der Spring Lake Ranch direkt vergleichbaren Einrichtung in Hessen, die sich von jener dadurch unterscheidet, dass sie den Gegebenheiten des deutschen Sozialrechts unterliegt, eingehen. Dort hatte ich Gelegenheit, über viele Jahre die Verbindung von Genogrammarbeit und »Alltag als Therapie« in der Zusammenarbeit mit den Mitarbeitern zu erproben. Gegenüber der Spring Lake Ranch hat Melchiorsgrund den Vorzug, dass den Patienten nicht nur eine Fülle von Gewerken zur Verfügung stehen, um ihre Fähigkeiten zu erproben. Es wird dort auch auf hohem fachlichen Niveau Theater gespielt. Der leitende Arzt der Klinik nennt sich gern »Dorfschulze«, womit auch der bei der Spring Lake Ranch beobachtete Anschluss an die Vergemeinschaftungsform neuenglischer Gemeinden einen Nachhall findet. Der Arzt gibt Patienten die Gelegenheit, sich in Rollen zu erproben, die unter Umständen eine besondere Affinität zu ihrer Störung haben. Auch in der »Psychothérapie Institutionnelle« spielt die sommerliche Aufführung eines Theaterstücks eine zentrale Rolle. Damit ist das Ziel verbunden, dass möglichst viele »Pensionnaires« an der Aufführung teilnehmen können. Die Vorbereitung beschäftigen die gesamte Klinik über Monate, die Uraufführung findet unter Anteilnahme von Bürgern der nahegelegenen Stadt Blois statt[93].

Dass die bisher entfalteten Gedanken historische Wurzeln haben, zeigt folgendes Zitat aus Goethes »Wilhelm Meister« (2005): »Außer dem Physischen, sagte der Geistliche, das uns oft unüberwindliche Schwierigkeiten in den Weg

---

92 Diese Einrichtung hat ihre Tätigkeit unter ein Motto gestellt, das von Novalis' Aphorismus übernommen wurde: »Krankheiten, besonders langwierige, sind Lehrjahre der Lebenskunst und der Gemütsbildung.«

93 Als ich im Sommer 1993 mit einer Gruppe von Studierenden der Sozialarbeit diese Klinik besuchte, erhielten wir die Aufgabe, aus einem militärischen Tarnnetz und Buchenzweigen den Theatervorhang herzustellen. Merke: Der tätigen Klinik entgeht auch der Besucher nicht.

legt und worüber ich einen denkenden Arzt zurate ziehe, finde ich die Mittel vom Wahnsinne zu heilen sehr einfach. Es sind eben dieselben, wodurch man gesunde Menschen hindert, wahnsinnig zu werden. Man errege ihre Selbstständigkeit, man gewöhne sie an Ordnung, man gebe ihnen einen Begriff, dass sie ihr Sein und Schicksal mit so vielen gemein haben, dass das außerordentliche Talent, das höchste Glück und das höchste Unglück nur kleine Abweichungen von dem Gewöhnlichen sind; so wird sich kein Wahnsinn einschleichen, und wenn er da ist, nach und nach wieder verschwinden. Ich habe des alten Mannes Stunden eingeteilt, er unterrichtet einige Kinder auf der Harfe, er hilft im Garten arbeiten, und ist schon viel heiterer. Er wünscht von dem Kohle zu genießen, den er pflanzt, und wünscht meinen Sohn, dem er die Harfe auf den Todesfall geschenkt hat, recht emsig zu unterrichten, damit sie der Knabe ja auch brauchen könne. Als Geistlicher suche ich ihm über seine wunderbaren Skrupel nur wenig zu sagen, aber ein tätiges Leben führt so viele Ereignisse herbei, dass er bald fühlen muss, dass jede Art von Zweifel nur durch Wirksamkeit gehoben werden kann. Ich gehe sachte zu Werke, wenn ich ihm aber noch seinen Bart und seine Kutte wegnehmen kann, so habe ich viel gewonnen: denn es bringt uns nichts näher als dem Wahnsinn, als wenn wir uns vor anderen auszeichnen, und nichts erhält so sehr den gemeinen Verstand, als im allgemeineren Sinne mit vielen Menschen zu leben« (S. 311).

Man ahnt hinter dem erwähnten Geistlichen den elsässischen Pfarrer, Sozialreformer und Pietisten Oberlin, der bereits bei Georg Büchners »Lenz« (1839) seinen Auftritt hat. Gelebt hat er zwischen 1740 und 1826, war also Zeitgenosse Goethes und Büchners. Fallverstehen kommt in diesem Zitat nicht vor. Die Betonung liegt auf der *natürlichen Selbstverständlichkeit des täglichen Lebens im Werk.*

Spring Lake Ranch und Melchiorsgrund, an denen ich die voranstehenden Gedanken entwickelt habe, sind Bauernhöfe. Das soll jedoch nicht heißen, dass unkonventionelle Versorgungsangebote bei psychischer Erkrankung an vormoderne Lebensformen gebunden sind, auch wenn darin Vorzüge liegen, die den Belangen einer psychiatrischen Rehabilitation entgegenkommen, auf die hier nicht einzugehen ist.

Weiter oben habe ich ausgeführt, dass jede Arbeitswelt dazu tendiert, kleine Lebenswelten auszubilden, in denen ich ein therapeutisches Potenzial sehe. Dazu zählen auch, wie andere Beispiele zeigen, Krankenhäuser, Pfarrhäuser oder ein über eine Stadt verteilter Verbund von Hausmeisterdiensten und Fahrradwerkstätten. Statt eines Bauernhofs könnte ich mir einen Steinbruch oder einen Campingplatz vorstellen, die nach den Prinzipien der Spring Lake Ranch oder des Melchiorsgrunds zum Nutzen der Klienten betrieben werden könnten.

7.3 Psychiatrische Familienpflege

Um auf das weiter oben angerissene Thema des gemeindepsychiatrischen Verbunds zurückzukommen, will ich nun die Frage aufwerfen, ob mit dessen Tätigkeit eine familientherapeutische Arbeit in Einklang gebracht werden kann. In Einzelfällen haben wir in unserer gemeindepsychiatrischen Einrichtung mit Familien arbeiten können, für systematische Familientherapie fehlten allerdings die personellen Ressourcen.

Man kann, ohne dem folgenden Gedanken Gewalt anzutun, eine gewisse Linie von der Spring Lake Ranch zur psychiatrischen Familienpflege ziehen. Sie besteht »in der Integration eines psychisch Kranken in den Haushalt einer Gastfamilie bei finanzieller Entschädigung und regelmäßiger Betreuung durch psychiatrisches Fachpersonal« (Konrad u. Schmidt-Michel, 1989, S. 171). Die Protagonisten dieser Betreuungsform setzen auf die »alltagspraktische Kompetenz von Laien«, gesucht wird für den Patienten eine »mögliche ökologische Nische« (S. 172). Hier kommt die Genogrammarbeit ins Spiel, denn die Autoren Konrad und Schmidt-Michel betonen die »biografische Rekonstruktion der Patientenkarriere«, welche auf die »milieuhafte Situiertheit der Gastfamilie« zu beziehen sei (S. 177).

Bezogen auf Frank Wellke hätte das bedeutet, für ihn eine bäuerliche Gastfamilie im Übergang von der agrarindustriellen Landwirtschaft zu einer ökologisch betriebenen Landwirtschaft zu suchen. Dort hätte er sich unter Umständen einen Platz als verschrobener Mitbewohner schaffen können, womit er Anschluss an die Betreuung psychisch Kranker vor der Einführung der psychiatrischen Krankenhäuser gefunden hätte, als psychisch Kranke in der Landwirtschaft und anderen Gewerken als willkommene Arbeitskräfte mitgetragen wurden. Dass das auch vor der Einführung der Psychopharmaka funktioniert hat, hat Hermann Simon (1929) gezeigt.

Im Fall Frank Wellkes hätte man allerdings auch die Eltern »auf der Rechnung haben« und sie gemeinsam mit Frank in die Pflegefamilie aufnehmen müssen, weshalb in diesem Fall das Konzept der psychiatrischen Familienpflege zu erweitern gewesen wäre, ohne dass man das Etikett hätte aufgeben müssen: Eine alltagskompetente Familie hätte eine am Alltag und an der Last ihrer Geschichte gescheiterte Familie gepflegt. Vielleicht hätte man für Aloys Wellke auf dem erwähnten Bauernhof im Zuge der Umstellung auf eine ökologische Landwirtschaft einen Nischenarbeitsplatz finden können, ebenso für Klara.

In einer neueren Publikation zeigt Michael Konrad (2020), dass in der psychiatrischen Familienpflege Gastfamilien, die sich als »unkonventionelle Familien« (Funcke u. Hildenbrand, 2009) konstituiert haben, also als solche, die auf der Suche oder auf dem Weg sind, eine Familie zu werden, besonders geeignet sind. Auf einer vergleichbaren Suche ist der Adoleszent, auch er will seinen Weg ins Leben finden, weshalb es nicht weiter verwunderlich ist, dass Aufenthalte in Gastfamilien »vor allem Menschen mit einer schizophrenen oder affektiven Psychose« (Konrad, 2020, S. 10) vermittelt werden. Mit Blankenburg (1983) habe ich weiter oben die Schizophrenie als eine Krankheit am »Nicht-erwachsen-werden-Können« (Blankenburg, 1983, S. 35) bezeichnet, entsprechend lässt sich hier bei Konrad also ein Anschluss an die Überlegungen Blankenburgs finden.

Aus den voranstehenden Beziehungen (Gastfamilien als unkonventionelle Familien, Klienten auf einem unkonventionellen Lebensweg) ergibt sich, dass die aktuelle Form der Familienpflege ein Angebot der Wahl für den Personenkreis, zu dem auch Frank Wellke gehört, ist – gesetzt den Fall, man findet eine geeignete Familie. Die Überlegungen zeigen auch, dass man auf das Fallverstehen nicht verzichten kann, wenn man nicht Gefahr laufen will, ein Hilfeangebot fehl zu platzieren. Die einfache Gleichung: Gastfamilie = unkonventionelle Familie; schizophrener Klient = Klient im Ablöseprozess gilt nicht. Obendrein ist konsequent die Fallspezifik sowohl auf Klientenseite als auch auf Anbieterseite zu berücksichtigen. Was die Fallspezifik auf Klientenseite betrifft, hat Wolfgang Blankenburg (1983) auf Variationen hingewiesen, indem er die Frage stellt »Warum ist nun bei manchen Patienten fast ausschließlich das Prädikative, bei anderen in erster Linie das vorprädikative Weltverhältnis [wie bei Frank Wellke; B. H.] verändert?« (S. 41).

8 Wird das Fallverstehen überschätzt?

Die Fallbeispiele in den vorangegangenen Kapiteln haben Bedenkenswertes zutage gefördert. Der Heidelberger Gunther Schmidt ist unmittelbar in eine Interaktion mit der Familie Hofmann eingetreten und hat in kurzer Frist eine Antwort auf die Frage gefunden: »Was ist da los?« Diese Frage kann man auch als die Frage nach der Fallstrukturhypothese bezeichnen. Eine Genogrammarbeit hat Schmidt von vornherein, dem Heidelberger Usus folgend, nicht in Betracht gezogen. Und dennoch kam er zu einem Ziel, wenn dabei auch die Themen Zeit und Begegnung auf der Strecke blieben. Fazit: Es führen unterschiedliche Wege nach Rom; keiner dieser Wege kann von sich behaupten, alleinseligmachend zu sein. Es geht hier auch nicht um Glauben, sondern um fachliche Überzeugung.

Zurück zu mir: Den ursprünglichen Impetus zur Gründung einer gemeindepsychiatrischen Einrichtung bezog ich aus einer Passage aus dem Buch »Phänomenologie der Erfahrung« von Ronald D. Laing (1972). Dort zitiert er einen als schizophren diagnostizierten Freund. Dieser antwortet auf die Frage, welche Pflege man seiner Meinung nach während einer solchen Reise bereithalten sollte. Der Freund verglich in seiner Antwort das Durchleben einer psychotischen Episode mit einer Reise: »Du bist wie ein Schiff im Sturm. Es wirft einen Notanker aus beim Abwettern des Sturmes, um den Bug im Wind zu halten; aber es gibt auch ein Gefühl von Geborgenheit – äh – für die an Bord, zu glauben, dass man einen Notanker hat, der nicht auf dem Meeresgrunde liegt, sondern Teil der See ist, und der – äh – einem zu überleben hilft, und solange sie glauben, dass sie überleben werden als Schiff, solange können sie die Erfahrung des Sturmes durchhalten« (S. 149). Von Fallverstehen war damals noch nicht die Rede, aber dieses Zitat gibt einen Hinweis auf die Notwendigkeit von »Alltag als Therapie«, wenn der Freund betont, dass der Anker nicht auf dem Meeresgrund liegen, sondern Bestandteil der See – in meinen Worten: des alltäglichen Lebens – bleiben sollte.

Bei einer von Patrick Jung (2019) untersuchten Klientin aus unserer gemeindepsychiatrischen Einrichtung scheint das Rezept des »Alltags als Therapie« jedenfalls aufgegangen zu sein. Zu einer Fallstrukturhypothese sind wir bei ihr nicht vorgedrungen, das war auch nicht unser Anliegen. Der einfache Grund dafür ist der, dass der Rahmen der Betreuung eben kein therapeutischer Rahmen war und diesen auch nicht ermöglichte. Heißt das aber nun, dass in Fällen wie dieser Klientin Fallverstehen entbehrlich sei? Nein, keineswegs, das Fallverstehen ist eben nur anders, es ist auch auf ein anderes Ziel bezogen: Es geht darum, dem Klienten zu helfen, über die Runden zu kommen, anders gesprochen: zu überleben. Und das scheint, folgen wir dem Forschungsergebnis von Patrick Jung in seiner Dissertation »Die ›verführerische Banalität‹ strukturbildender Orte. Soziologische Perspektiven auf die Gemeindepsychiatrie in Deutschland«, im Fall der genannten Klientin gelungen zu sein. Ein solches Gelingen kann allerdings nur dann erwartet werden, wenn die Betreuer es schaffen, sich ein Bild vom spezifischen In-der-Welt-sein des Klienten zu machen.

8.1 Spezifika des Fallverstehens in gemeindepsychiatrischen Einrichtungen

Um zu verstehen, inwiefern ein Fallverstehen im Sinne des Verstehens des In-der-Welt-seins eines Klienten dazu beiträgt, dem Klienten zu helfen, ist es nötig, sich genauer anzusehen, welche Spezifika das Fallverstehen in gemeindepsychiatrischen Einrichtungen aufweist. Dafür ist es angezeigt, ein weiteres Fallbeispiel aus unserem gemeindepsychiatrischen Verbund vorzustellen. Es geht um einen Patienten, ich nenne ihn Heiko, gut ausgebildet in einem technischen Beruf, der sich mit der Zeit zum Stubenhocker entwickelt hat und überhaupt in der Entwicklung stagniert. An Ablösung von den Eltern ist nicht zu denken:

> Über Jahre hatten die Eltern von Heiko es nicht gewagt, in die Ferien zu fahren, weil sie ihren Sohn nicht aus den Augen lassen wollten. Jetzt nehmen sie unser Angebot an, dass der Sohn für die Zeit ihrer Ferien bei uns einziehen könne. Derweil können sie verreisen. Ihr Ziel sind die kanarischen Inseln.
>
> Kaum sind die Eltern weg, entwickelt Heiko manische Züge (seine Diagnose lautet »schizoaffektive Psychose«). Erst taucht er in abenteuerlicher Verkleidung auf und trägt Kleider, die einem Afrikaforscher angestanden hätten: Tropenhut, kurze Hosen, Buschhemd, alles in Khaki. In beiden Ohren trägt er Ohrringe in Papageienform. In Anbetracht dessen, dass die Eltern auf den kanarischen Inseln sind, passt da etwas zusammen: Es zeichnet sich eine in sich stimmige Gesamtgestalt ab. Anfänglich finden die Mitarbeiter das Verhalten von Heiko lustig. Es ist meine Aufgabe, ihnen nahezubringen, hinter dem Lustigen auch die Not zu sehen und sich auf einen möglichen Zusammenbruch vorzubereiten.
>
> Dann macht sich Heiko zur Aufgabe, den lokalen »Drogensumpf« auszutrocknen. Der örtlichen Polizei dient er sich als V-Mann an. Dort lehnt man dankend ab. Daraufhin geht Heiko nach Hause. Das Haus ist leer, die Eltern sind noch in den Ferien. Heiko bricht den Waffenschrank seines Vaters auf und macht sich, nun bewaffnet, auf die Suche nach dem von ihm vermuteten Drogensumpf, den es wohl gegeben haben wird. Wir sind ihm nur nicht begegnet, vermutlich verfügt Heiko über Erkenntnisse, die uns bis dahin verborgen geblieben sind. In der Einrichtung, in der sich Heikos Kriegszug inzwischen herumgesprochen hat, herrscht helle Aufregung über die aktuelle Entwicklung. Einige Mitarbeiter haben sich bereits auf die Suche nach Heiko gemacht.
>
> Am Abend erscheint Heiko erneut bei der Polizei und wird nicht ernst genommen. Daraufhin demoliert er die Wache. Die Polizei hält Rücksprache mit uns und folgt unserem Vorschlag, ihn zu der Station in der Marburger Klinik zu bringen, in der ich damals tätig bin.
>
> Am anderen Morgen treffe ich dort Heiko an. Er ist inzwischen zur Auffassung gelangt, wir und die Polizei hätten ihn auf der Station als V-Mann eingeschleust. Ich lasse ihn bei diesem Glauben und sorge dafür, dass seine Bewaffnung, jetzt nur noch ein Messer, das Gewehr hat er zu Hause gelassen oder die Polizei hat es konfisziert, im Arzneischrank der Station weggesperrt wird.
>
> Wir entlassen Heiko nach drei Wochen nicht nach Hause, sondern in einen kleinen Ort in der Nähe der Klinik, wo er inzwischen eine Arbeitsstelle und eine Wohnung gefunden hat.

Über das gängige psychiatrische Handeln gingen unsere Interventionen im Fallbeispiel von Heiko nicht hinaus, und dennoch konnte die vom Patienten selbst inszenierte Krise dazu genutzt werden, dass er die Entwicklungsaufgabe der Ablösung von der Familie (mit einem von uns gespannten Sicherheitsnetz) in Angriff nehmen konnte.

Auch dieses Beispiel liefert keine Antwort auf die Frage, ob das Fallverstehen eine unmittelbare Bedingung für psychiatrisches Handeln ist. Jedenfalls hatte Heiko bessere Ausgangsbedingungen als die anderen hier vorgestellten Fälle, immerhin hatten wir eine Antwort auf die Frage: »Was ist da los?« Dass Heiko bessere Ausgangsbedingungen hatte, sieht man schon am Verhalten der Eltern. Geduld und Langmut, wie Luc Ciompi (1990/2012) zum Thema Zeit in der Psychiatrie schreibt, waren im vorliegenden Fall nicht erforderlich. In der Krise beschleunigte sich das Tempo. Der günstige Verlauf hat vielleicht auch mit der günstigeren Ausgangslage der Problematik bei Heiko – schizoaffektiv im Vergleich zu als schizophren diagnostizierten Klienten – zu tun.

8.2 Fallverstehen und Diagnose

Ein letzter Versuch zur Frage: Fallverstehen ja oder nein? Angenommen, Fallverstehen sei ein anderes Wort für Diagnose. Dann stellt sich die Frage, was unter einer Diagnose zu verstehen ist. Jedenfalls nicht das, was in den gängigen diagnostischen Systemen wie ICD oder DSM unter Diagnose verstanden wird. Zur Verdeutlichung ein Beispiel: Im Übergang von ICD-9 (DGPN, 1979) zu ICD-10 (DIMDI, 2014) gab es einen Paradigmenwechsel. Auch dieser Paradigmenwechsel zeigte sich als ungeeignet, die Grundproblematik der herkömmlichen psychiatrischen Diagnostik, die der Idee folgt, man könnte psychische Erkrankungen nach dem System des Carl von Linné systematisieren, zu beseitigen. Auf ihn geht eine Taxonomie von Pflanzen, die nichts mit dem Humanen zu tun haben, zurück. Ich werde daher nun drei prominente Positionen im Rahmen der Kritik der Diagnostik referieren.

Die erste kritische Position, die ich vorstelle, bezieht sich auf folgendes Zitat: »Die objektive Psychiatrie stellt einen unobjektiven Versuch dar, weitgehend nicht objektive Vorgänge durch objektive Mittel zu kontrollieren« (Laing, 1989, S. 42). Wenn sich Laing hier gegen Objektivität wendet, dann spricht daraus die Sorge, dass der Klient im Diagnostizieren als Einzelfall aufgeht, der Patient *als* Einzelnes verloren geht. Laing weist nicht auf das Dilemma hin, welches unhintergehbar auf der Tagesordnung steht, wenn man zur Diagnose greift, und das zunächst darin besteht, dass der Patient und seine Angehörigen wie auch die Krankenkassen unbedingt wissen wollen, »was er hat«. Auch in der Kommunikation mit Kollegen wird in der Regel nach der Diagnose gefragt, und kann man darauf nichts Präzises sagen, wird man Stirnrunzeln ernten.

Eine zweite Position in diesem Dilemma lautet: Die psychiatrische Erkenntnis ist, wie jede medizinische Erkenntnis, nicht nur auf das Einzelne bezogen, sondern auch auf wissenschaftliches Wissen, und dieses zielt *unvermeidlich* auf das Allgemeine (Gadamer, 1993, S. 14 ff.). Um mit diesem Dilemma zurechtzukommen, präsentiert Wolfgang Wieland (2004) folgenden Vorschlag:

»Eine Diagnose ist stets eine singuläre Aussage, die nicht verallgemeinerungsfähig ist. Damit ist gemeint, dass als Subjekt der diagnostischen Aussage immer nur ein Individuum fungieren kann. Aussagen vom Typus der Diagnose lassen sich nicht über eine bestimmte oder unbestimmte Vielheit von Individuen machen. Erst recht kann eine Diagnose ihrer Form nach nicht darin bestehen, dass nur das Vorliegen bestimmter Begriffsrelationen behauptet wird. Die diagnostische Aussage ist vielmehr immer auf ein Individuum bezogen; es wird nicht durch einen Begriff oder eine Variable, sondern durch einen Namen bezeichnet« (S. 73). »Die praktischen Disziplinen bilden eine eigenständige, den theoretischen Disziplinen gegenüber gleichberechtigte Hemisphäre der Wissenschaften. Ihre Eigenart lässt sich nicht verstehen, wenn man sie nur dadurch charakterisiert, dass in ihnen Ergebnisse theoretischer Disziplinen angewendet werden. Es sind vielmehr Wissenschaften, deren Aufgabe schon von Hause aus darauf geht, in konkreten und individuellen Situationen vernünftig zu handeln« (S. 128).

Nun gilt es noch die dritte Position zum Thema Diagnose zu benennen. Im Gespräch mit Uwe Britten äußerten sich Tom Levold und Hans Lieb (2017) zu der Frage, »für welche Probleme Diagnosen eigentlich eine Lösung sind?«. Tom Levold benennt vier Probleme von Diagnosen: »Das erste ist die häufige und sprachlich fast automatisch mit der Vergabe einer Diagnose verbundene Ontologisierung. Das zweite hängt damit zusammen und besteht darin, dass mit einer Diagnose sprachlich ebenso automatisch eine Erklärung für das verbunden wird, was mit der Diagnose bezeichnet wird […] Ein drittes Problem ist, dass Diagnostikkonzepte immer auch Rollenzuschreibungen implizieren und Erwartungsadressierungen organisieren […] Was mir schließlich noch als viertes Problem einfällt, das ist die Pathologisierung des Normalen« (S. 54 ff.). In der Körpermedizin, einem ganz anderen Feld, heißt es: Behandlung ohne Diagnose ist Körperverletzung. Das leuchtet jedem ein, außer denen, für die Bachblüten das Mittel der Wahl bei jeder beliebigen körperlichen Irritation sind.

8.3 Die wesentliche Frage: Was ist da los?

Gilt der Satz aus der Körpermedizin »Behandlung ohne Diagnose ist Körperverletzung« auch bei seelischen Störungen? Kann man hier auf eine Diagnostik verzichten und mit der Stange im Nebel stochern? Ist der Verzicht auf eine Diagnostik gleichbedeutend mit dem Stochern im Nebel, oder gibt es noch etwas dazwischen?

In der Psychiatrie habe ich oft erlebt, dass nach der Chefvisite stundenlang Diagnose und Differenzialdiagnosen erörtert wurden, ohne dass ein greifbares Ergebnis dabei herauskam, außer dass Änderungen in der Medikation angeordnet wurden. Das Stichwort »Differenzialdiagnose« will ich noch einmal aufgreifen: Damit wird die Frage nach dem, was da los ist, um eine weitere Frage erweitert: »Was *könnte* da alles los sein?« Allein diese Frage ist ein sicheres Mittel dagegen, die Problematik eines Klienten vorschnell in eine Schublade zu stecken.

Meine Auffassung ist, dass keine Arbeit mit Klienten auf Antworten auf Fragen wie »Was ist da los?«, »Was könnte da los sein?« sowie »Was resultiert daraus?« verzichten kann. *Wie* man zu einer Antwort auf diese Fragen kommt, ist der Haltung des Therapeuten überlassen; der eine wendet sich dem Genogramm zu, der andere schöpft seine Einschätzung aus der Beobachtung der aktuellen Interaktion, der dritte zieht seine Schlüsse aus dem bisherigen Verlauf der Problematik, der Vierte übernimmt einfach die Befunde aus den Unterlagen, die der Patient mitbringt, der fünfte überlässt es dem Patienten, welche Diagnose er für sich für angemessen hält. Das habe ich auch schon auf einem Psychiatriekongress in Hamburg erlebt. Man muss sich nicht wundern, wenn man mit solchen Abstrusitäten in der Psychiatrie nicht ernst genommen wird.

Die bisherigen Ausführungen zur Diagnose klingen nach Relativismus. Alles andere als das ist gemeint. Die Antwort auf die Fragen »Was ist da los?«, »Was könnte da los sein?«, »Was resultiert daraus?« sind in meinem Verständnis nicht beliebig, sondern Ergebnis harter Arbeit von Verstehen und Verständigung.

Abschließend will ich darauf hinweisen, dass die berechtigte Kritik an der Diagnostik gern als Vorwand herangezogen wird, um überhaupt auf Diagnosen und die damit verbundene Denkarbeit zu verzichten. Nach meinen Erfahrungen hängt das damit zusammen, dass die Arbeit und die Übernahme von Verantwortung, die mit jeder Diagnose verbunden sind, gescheut werden. Die Alternative zur Diagnose aus meiner Sicht ist die Formulierung einer Fallstrukturhypothese auf knappem Raum.

II Epilog

Nun, da ich am Ende dieses Buches angelangt bin, melden sich erwartbar die Zweifel. Bertolt Brecht tritt auf. Schön, Bertolt, dass du mich besuchst. Ich kann dich doch duzen, wo deine und meine Großmutter aus derselben Gegend stammen. Von Oberkirch bis Achern dauert es knapp eine halbe Stunde, vorausgesetzt, man hat ein flottes Fahrrad und ist gut »im Strumpf«. Unsere Väter waren jeweils in der Papierherstellung tätig, dein Vater in leitender Position, mein Vater stand an der Maschine. Ich bin gerade in der Situation, ein Buch abzuschließen, und dabei lasse ich mich wie immer von deinem Gedicht »Der Zweifler« (1937/1993, S. 376 f.) belehren. Es wäre schön, du könntest es jetzt vortragen. – Wenn's denn sein muss? – Ich bitte darum.

»Immer wenn uns
Die Antwort auf eine Frage gefunden schien
Löste einer von uns an der Wand die Schnur der alten
Aufgerollten chinesischen Leinwand, so daß sie herabfiel und
Sichtbar wurde der Mann auf der Bank, der
So sehr zweifelte.«

Dein Zweifler hängt über deinem Bett an der Wand in der Chausseestraße 125 in Berlin, während mein Zweifler in meinem Hinterkopf sitzt und von dort aus kontinuierlich meckert wie eine Ziege.

»Ich, sagte er uns
Bin der Zweifler. Ich zweifle, ob
Die Arbeit gelungen ist, die eure Tage verschlungen hat.
Ob, was ihr gesagt, auch schlechter gesagt, noch für einige Wert hätte.
Ob ihr es aber gut gesagt und euch nicht etwa
Auf die Wahrheit verlassen habt, dessen, was ihr gesagt habt.
Ob es nicht viel-deutig ist, für jeden möglichen Irrtum
Tragt ihr die Schuld. Es kann auch zu eindeutig sein
Und den Widerspruch aus den Dingen entfernen; ist es zu eindeutig?
Dann ist es unbrauchbar, was ihr sagt. Euer Ding ist dann leblos.«

Mit deiner Dialektik kannst du mir gestohlen bleiben. Das klingt zwar alles sehr nett und anspruchsvoll, mir reicht es allerdings aus, von jeder Setzung auch das Gegenteil zu bedenken.

»Seid ihr wirklich im Fluß des Geschehens? Einverstanden mit
Allem, was wird? Werdet ihr noch?«

Ob ich noch werde? Das ist jetzt der dritte Versuch, mit einer erheblichen Angelegenheit fertig zu werden. Ich habe allerdings nicht vor, in dieser Thematik das Werden noch fortzusetzen. Das mit dem Fluss des Geschehens ist zudem so eine Sache, ich komme gleich darauf zurück. Auf die Wahrheit dessen, was andere sagen, verlasse ich mich nur selten, und wenn, dann auch nur nach sorgfältiger Prüfung. Ansonsten halte ich es mit der Wahrheit wie Franz Kafka (zitiert nach Arendt, 1953): »Es ist schwer, die Wahrheit zu sagen, denn es gibt zwar nur eine; aber sie ist lebendig und hat daher ein lebendig wechselndes Gesicht« (S. 377).

»Wer seid ihr? Zu wem
Sprecht ihr? Wem nützt es, was ihr da sagt?
Und, nebenbei:
Läßt es auch nüchtern? Ist es am Morgen zu lesen?« (S. 377)

Ob meine Ausführungen jemandem nützen, ist nicht meine erste Sorge. Mein Anspruch ist es, andere an meinen Überlegungen teilhaben zu lassen. Was sie damit anfangen, ist ihre Angelegenheit. Jeder pädagogische Impetus liegt mir fern. Was allerdings nicht heißt, dass ich mich nicht um Verständlichkeit bemühe. Und außerdem: Es ist eine gute Frage, ob dieser Text nüchtern lässt und am Morgen zu lesen ist. Wie dieser Epilog fällt mir vieles in einem alkoholfreien Rauschzustand des Nachts oder am frühen Morgen ein, ich begebe mich dann unter Umständen an den Schreibtisch und notiere die wichtigsten Gedanken. Manche davon überstehen die Nacht nicht. Wenn ich sie am Morgen lese und sie nüchtern nicht zu lesen sind, wandern sie in den Papierkorb.

»Ist es auch angeknüpft an Vorhandenes? Sind die Sätze, die
Vor euch gesagt sind, benutzt, wenigstens widerlegt? Ist alles belegbar?« (S. 377)

Es gibt nicht viel, woran ich anknüpfen könnte, denn das, was mich bewegt, ist weitgehend aus der Zeit gefallen. Daher sind Klassiker mein wesentlicher Referenzpunkt, womit ich auch wieder quer zur Zeit liege, denn in dieser herrscht der Wahn vor, die Welt würde ständig neu erfunden. Für mich dagegen gilt: »Lesen schützt vor Neuentdeckungen«.

»Durch Erfahrung? Durch welche?« (S. 377)

Bei der Frage nach der Erfahrung gebe ich dir unbedingt Recht. Jede Ausführung, insbesondere im Bereich der Klinischen Wissenschaften, die nicht auf Erfahrung, sondern auf dem Herbeten der immer selben Phrasen, orientiert an der ewig herrschenden Lehrmeinung gegründet ist, ist aus meiner Sicht wertlos.

»Aber vor allem
Immer wieder vor allem anderen: wie handelt man
Wenn man euch glaubt, was ihr sagt? Vor allem: wie handelt man?« (S. 377)

Dass Überlegungen im Kontext der Klinischen Wissenschaften nicht im Selbstzweck festhängen können, halte ich für unbestritten. Es sei denn, man wolle in das Fach des Wanderpredigers wechseln, wie es bei vielen meiner soziologischen Kollegen der Fall ist. Für Handlungsanweisungen stehe ich nicht zur Verfügung. Für sein Handeln muss der Leser selbst die Verantwortung übernehmen.

»Wir rollten zusammen den zweifelnden
Blauen Mann auf der Leinwand, sahen uns an und
Begannen von vorne.« (S. 377)

Du hast es gut. Du hast ein Ensemble hinter dir, mit dem du dich streiten kannst. Das Ensemble, das es mit mir ein paar Jahre ausgehalten hat, ist Geschichte. Sie waren froh, als sie mich Zausel losgeworden sind. Seither süffeln sie ausgiebig vom süßen Gift der Vereinfachung.

Wieder von vorn zu beginnen, am Ende eine vierte Version eines Buchs über Genogrammarbeit anzustreben, ist nach derzeitigem Stand der Erkenntnis nicht abzusehen. Ich strebe das auch nicht an, wie erwähnt. Ich habe nun das Genre gewechselt: Von »Science to Fiction«. Denn ich bin es leid, immer nur traurige Geschichten von katastrophalen Verläufen zu erzählen. Jetzt drehe ich den Spieß herum.

Hier eine kleine Übersicht: Anhand von Bernhard Hofmann, dem Hoteliersohn, und Frank Wellke, beide sind den Lesern dieses Buchs bekannt, habe ich eine Erzählung geschrieben, in der es darum geht, dass die beiden aus dem Krankenhaus, wo sie Zimmergenossen sind, ausbrechen und sich auf den Weg nach Süden machen. Sie schlagen den klassischen Pfad adoleszenter Selbstfindung ein. Der Titel lautet: »Unterwegs nach Süden und nicht weiter bis ans Meer«. Beiden gelingt es, in Übereinstimmung mit dem In-der-Welt-sein, das sie durch ihre Familien erfahren haben und dem sie sich durch Entwurfshandeln bisher nicht widersetzen konnten, Höhe und Weite ihres Daseins in Einklang zu bringen und den Ort zu finden, an dem sie es aushalten können. Für Bernhard Hofmann habe ich diesen Platz bereits gefunden, Frank Wellke ist bei den Jenischen angekommen. Von Strukturtransformationen dem Wortsinne nach kann in dieser Erzählung bei Bernhard nicht die Rede sein, bei Frank schon. Beide werden die Nische finden, in der sie es mit sich aushalten können. Dass solche gedankenexperimentellen Konstruktionen sich erfinden lassen, schließt dort an, wo es um die Frage ging, ob die Struktur alles ist oder ob auch unterhalb der Ebene der Struktur sich Wege finden lassen. Meine Erfindung zeigt, dass das der Fall sein kann. Aber eben auf der Ebene der Erfindung.

Dieser Schwenk zu den Jenischen ist mir eingefallen, weil er die Verbindung zu Franks Onkel Anton herstellt, dessen Vernichtung durch die Nazis im Familiengedächtnis geheim gehalten wird. Die Nationalsozialisten haben die Jenischen mit den Zigeunern in einen Topf geworfen, was sie ins KZ brachte. Diese Verbindung hat sich in der Erzählung erst spät herausgestellt, nach einem Besuch im Freiluftmuseum Hohenlohe, zu welchem Christel Köhle-Hezinger mich ermuntert hat. Frank wird sich in den Schaustellerbetrieb eines Paares einweisen lassen und ihn schließlich übernehmen. Auch eine Gefährtin wird er finden, mit ihr wird er eine Zweckgemeinschaft bilden.

Was, Bertolt, du willst schon gehen? Dann gebe ich dir noch einen Spruch mit auf den Weg (Zürcher Bibel, 2007, Jesaja 21, 11 f.), wenn's recht ist:

»Von Seir ruft man mir zu
Wächter, wie weit ist die Nacht?
Wächter, wie weit ist die Nacht?
Der Wächter hat gesprochen:
Es kommt der Morgen, und auch die Nacht.
Wollt ihr fragen, so fragt! Kommt wieder!«

Mach's gut.

Anhang

Genogramm der Familie Wellke

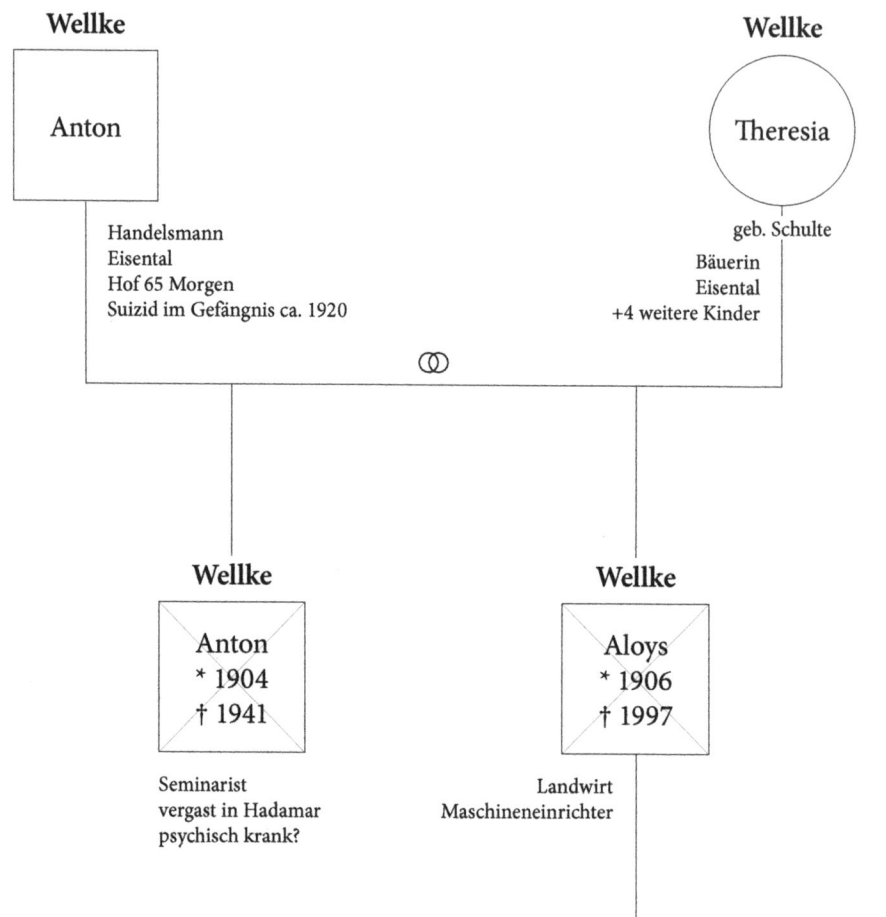

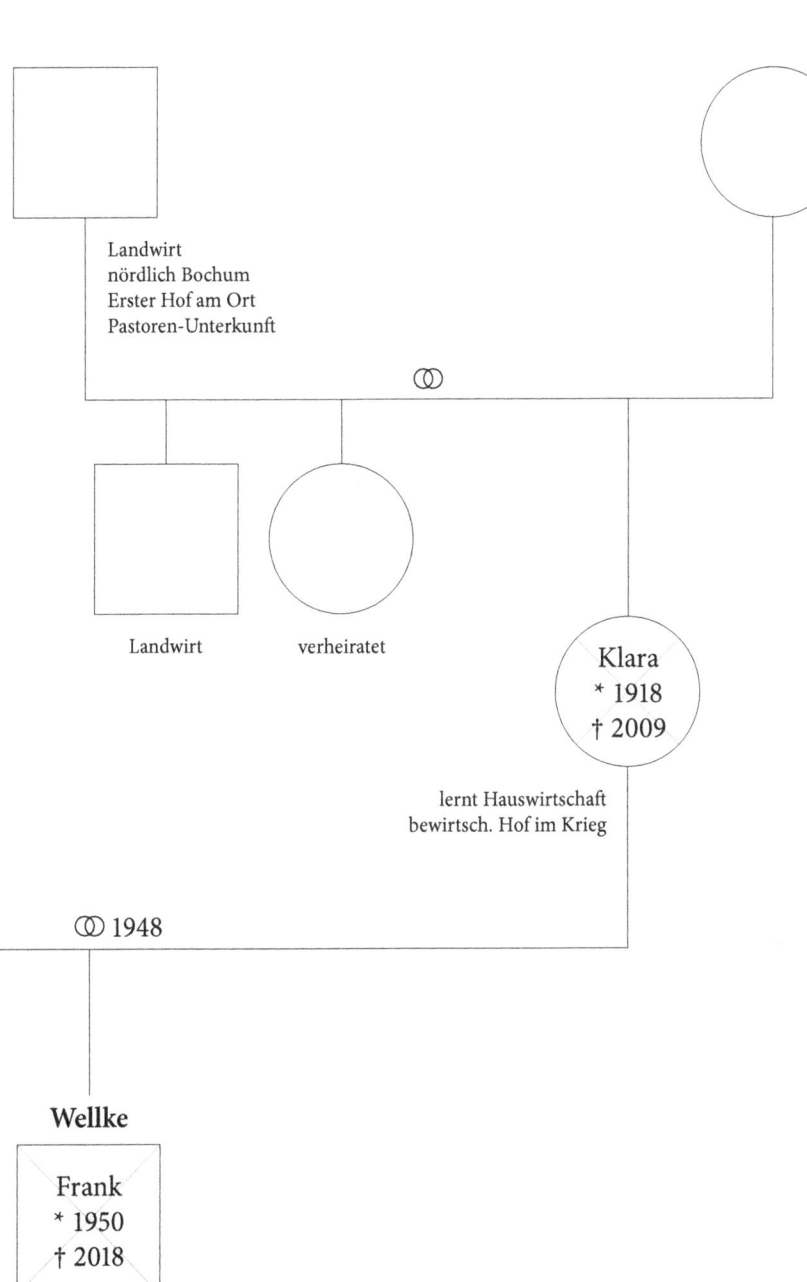

Literatur - Filme - Lieder

Arendt, H. (1953). Verstehen und Politik. Partisan Review, 20, 377 (4), 377–392.
Assion, P. (1987). Von Hessen in die Neue Welt. Frankfurt a. M.: Insel.
Augustinus (1986). De vera religione. Über die wahre Religion (Latein/Deutsch). Hrsg. u. übersetzt von Wilhelm Thimme. Stuttgart: Reclam.
Ayme, J. (1991). Der Alltag in der französischen Psychiatrie. In W. Hofmann B. Laufs (Hrsg.), Der Alltag der Psychiatrie. Le Quotidien de la psychiatrie (S. 7–19). Regensburg: S. Roderer.
Bales, R. F. (1951). Interaction Process Analysis. Cambridge/Mass.: Harvard University Press.
Barthes, R. (1966). Die strukturalistische Tätigkeit. Kursbuch, 5, 190–196.
Bateson, G. (1982). Geist und Natur. Eine notwendige Einheit. Frankfurt a. M.: Suhrkamp.
Bateson, G., Jackson, D. D., Haley, J., Weakland, J. H., Wynne, L. C., Ryckoff, I. M., Day, J., Hirsch, S. J., Lidz, T., Cornelison, A., Fleck, S., Terry, D., Searles, H. E., Bowen, M., Vogel, E. E., Bell, N. W., Laing, R. D., Foudrain, J. (1970). Schizophrenie und Familie. Frankfurt a. M.: Suhrkamp.
Baudelaire, C. (1981). Les fleurs du mal et autres poèmes. Paris: Garnier-Flammarion.
Bausinger, H., Jeggle, U., Korff, G., Scharfe, M. (Hrsg.) (1978). Grundzüge der Volkskunde (Bd. 34). Darmstadt: Wissenschaftliche Buchgesellschaft.
Berger, P. L., Luckmann, T. (1970). Die gesellschaftliche Konstruktion der Wirklichkeit. Frankfurt a. M.: S. Fischer.
Bichsel, P. (1997). Der Leser. Das Erzählen. Frankfurter Poetik-Vorlesungen. Darmstadt u. Neuwied: Luchterhand.
Binswanger, L. (1957). Schizophrenie. Pfullingen: Neske.
Binswanger, L. (1956/1992). Ausgewählte Werke. Band 1. Formen missglückten Daseins. Heidelberg: Roland Asanger.
Binswanger, L. (1993). Ausgewählte Werke. Band 2. Grundformen und Erkenntnis menschlichen Daseins. Heidelberg: Roland Asanger.
Binswanger, L. (1994). Ausgewählte Werke. Band 3. Vorträge und Aufsätze. Heidelberg: Roland Asanger.
Blankenburg, W. (1971). Der Verlust der natürlichen Selbstverständlichkeit. Ein Beitrag zur Psychopathologie symptomarmer Schizophrenien. Stuttgart: Enke.
Blankenburg, W. (1974/2007). Grundsätzliches zur Konzeption einer »anthropologischen Proportion«. In W. Blankenburg, Psychopathologie des Unscheinbaren. Ausgewählte Aufsätze (S. 119–135). Parodos: Berlin.
Blankenburg, W. (1981). Wie weit reicht die dialektische Betrachtungsweise in der Psychiatrie? Zeitschrift für klinische Psychologie und Psychotherapie, 29 (1), 45–66.
Blankenburg, W. (1983). Schizophrene Psychosen in der Adoleszenz. Bulletin of the Institute of Medicine. Kumamoto University, 48, 33–54.
Blankenburg, W. (1984). Biografie und Krankheit. In T. Huber (Hrsg.), Medicus Oecologicus. Der Arzt im Spannungsfeld zwischen Innen- und Außenwelt (S. 45–96). Wien u. Karlsruhe: Internationale Mediziner-Arbeitsgemeinschaft.
Blankenburg, W. (1985). Autonomie und Heteronomie Konzepte in ihrer Bedeutung für die psychiatrische Praxis. In W. Janzarik (Hrsg.), Psychopathologie und Praxis (S. 29–46). Stuttgart: Enke.

Blankenburg, W. (1986). Unausgeschöpftes in der Psychopathologie von Karl Jaspers. In J. Hersch, J. M. Lochman, R. Wiehl (Hrsg.), Karl Jaspers. Philosoph, Arzt, politischer Denker. Symposion zum 100. Geburtstag in Basel und Heidelberg (S. 127–160). München, Zürich: Piper.

Blankenburg, W. (1997). »Zumuten« und »Zumutbarkeit« als Kategorien psychiatrischer Praxis. In M. Krisor, H. Pfannkuch (Hrsg.), Was du nicht willst, das man dir tut ... Gemeindepsychiatrie unter ethischen Aspekten (S. 21–48). Regensburg: S. Roderer.

Blankenburg, W. (2007a). Psychopathologie des Unscheinbaren. Ausgewählte Aufsätze. Hrsg. von M. Heinze. Parodos: Berlin.

Blankenburg, W. (2007b). Die Verselbstständigung eines Themas zum Wahn. In W. Blankenburg, Psychopathologie des Unscheinbaren. Ausgewählte Aufsätze (S. 25–68). Parodos: Berlin.

Blankenburg, W. (2007c). Die anthropologische und daseinsanalytische Sicht des Wahns. In W. Blankenburg, Psychopathologie des Unscheinbaren. Ausgewählte Aufsätze (S. 69–95). Parodos: Berlin.

Bleuler, M. (1972). Die schizophrenen Geistesstörungen im Lichte langjähriger Kranken- und Familiengeschichten. Stuttgart: Thieme.

Blumenberg, H. (1998). Begriffe in Geschichten. Frankfurt a. M.: Suhrkamp.

Bock, T., Dörner, K., Naber, D. (Hrsg.) (2014). Anstöße zu einer anthropologischen Psychiatrie (6. Aufl.). Köln: Psychiatrie Verlag.

Boeder, H. (1984). Dilthey »und« Heidegger. Zur Geschichtlichkeit des Menschen. Phänomenologische Forschungen, 16, 161–177.

Bohler, K. F., Hildenbrand, B. (1997). Landwirtschaftliche Familienbetriebe in der Krise. Münster: LIT.

Bohler, K. F., Hildenbrand, B. (2006). Nord – Süd. In S. Lessenich, F. Nullmeier (Hrsg.), Deutschland eine gespaltene Gesellschaft (S. 234–255). Frankfurt a. M., New York: Campus.

Bois, G. (1999). Umbruch im Jahr 1000. Lournand bei Cluny – ein Dorf in Frankreich zwischen Spätantike und Feudalherrschaft. München: dtv.

Bourdieu, P. (1990). Die biografische Illusion. BIOS. Zeitschrift für Biographieforschung und Oral History, (1), 75–81.

Bourdieu, P. (2002). Ein soziologischer Selbstversuch. Frankfurt a. M.: Suhrkamp.

Brecht, B. (1937/1993). Der Zweifler. In B. Brecht, Werke. Große kommentierte Berliner und Frankfurter Ausgabe. Gedichte 4 – Gedichte und Gedichtfragmente (S. 376–377). Hrsg. von W. Hecht, J. Knopf, W. Mittenzwei. Berlin, Weimar: Aufbau-Verlag. Frankfurt a. M.: Suhrkamp.

Brücher, K. (2010). Psychiatrische Erkenntnis. Eine Grundlegung. Parodos: Berlin.

Brücher, K. (2019). Die zwei Quellen des Sinns: Eine Kritik der psychiatrischen Hermeneutik in Anknüpfung an Schleiermacher. Fortschritte der Neurologie – Psychiatrie, 87, 1–7.

Bude, H. (1987). Deutsche Karrieren. Lebenskonstruktionen sozialer Aufsteiger aus der Flakhelfer-Generation. Frankfurt a. M.: Suhrkamp.

Büchner, G. (1839/2017). Lenz. Stuttgart: Reclam.

Bundesregierung (1975). Bericht über die Lage der Psychiatrie in der Bundesrepublik Deutschland – Zur psychiatrischen und psychotherapeutisch/psychosomatischen Versorgung der Bevölkerung. Bundestag: Drucksache 7/4200. Zugriff am 04.01.2021 unter https://archive.org/details/ger-bt-drucksache-07-4200/page/n1/mode/2up

Burkart, G., Kohli, M. (1992). Liebe, Ehe, Elternschaft. Die Zukunft der Familie. München: Piper.

Ciompi, L. (1982). Affektlogik. Über die Struktur der Psyche und ihre Entwicklung. Ein Beitrag zur Schizophrenieforschung. Stuttgart: Klett-Cotta.

Ciompi, L. (1990/2012). Zehn Thesen zum Thema »Zeit in der Psychiatrie«. In U. Borst, B. Hildenbrand (Hrsg.), Zeit essen Seele auf. Der Faktor Zeit in Therapie und Beratung (S. 11–28). Heidelberg: Carl-Auer.

Ciompi, L. (Hrsg.) (1999). Sozialpsychiatrische Lernfälle (2. Aufl.). Bonn: Psychiatrie-Verlag.

Ciompi, L. (2021). Ciompi reflektiert. Wissenschaftliches, Persönliches und Weltanschauliches aus der Altersperspektive. Göttingen: Vandenhoeck & Ruprecht.

Ciompi, L., Müller, C. (1976). Lebensweg und Alter der Schizophrenen: eine katamnestische Studie bis ins Senium. Berlin: Heidelberg, New York: Springer-Verlag.

Cooley, C. H. (1964). Human Nature & the Social Order. New York: Schocken Books.

Cooper, D. (1971). The Death of the Family. Harmondsworth: Penguin.

Corbin, J. M., Strauss, A. L. (2004). Weiterleben lernen. Verlauf und Bewältigung chronischer Krankheit (2. Aufl.). Bern u. a.: Huber.

DGPN (1979). Diagnoseschlüssel und Glossar psychiatrischer Krankheiten. 5. Auflage, korrigiert nach der 9. Revision der ICD. Berlin u. a.: Springer.

Demandt, A. (1984). Ungeschehene Geschichte. Ein Traktat über die Frage: Was wäre geschehen, wenn …? Göttingen: Vandenhoeck & Ruprecht.

Dilthey, W. (2013). Der Aufbau der geschichtlichen Welt in den Geisteswissenschaften. Berlin: Hofenberg.

DIMDI (2014). ICD-10-GM 2014. Systematisches Verzeichnis. Internationale Klassifikation der Krankheiten und verwandter Gesundheitsprobleme. 10. Revision – German Modifikation. Köln: Deutscher Ärzte-Verlag.

Dürrschmidt, J. (2013). Rückkehr aus der Globalisierung? Der Heimkehrer als Sozialfigur der Moderne. Hamburg: Hamburger Edition.

Dörner, K., Bock, T., Brieger, P., Heinz, A., Wendt, F., Plog, U. (2019). Irren ist menschlich. Lehrbuch der Psychiatrie und Psychotherapie (25. Aufl.) Köln: Psychiatrie Verlag.

Dulberger, D., Omer, H. (im Druck). Resisting Entitled Dependence. (Deutsche Ausgabe in Vorbereitung. Göttingen: Vandenhoeck & Ruprecht).

Empfehlungen der Expertenkommission der Bundesregierung zur Reform der Versorgung im psychiatrischen und psychotherapeutischen/psychosomatischen Bereich – auf der Grundlage des Modellprogramms Psychiatrie der Bundesregierung. Zusammenfassung. 11. November 1988. Ohne Ort.

Eribon, D. (2016). Rückkehr nach Reims (6. Aufl.). Frankfurt a. M.: Suhrkamp.

Ernaux, A. (2017). Die Jahre. Frankfurt a. M.: Suhrkamp.

Fahlke, E. (Hrsg.) (1988). »Ich überlege mir die Geschichte …« Uwe Johnson im Gespräch. Frankfurt a. M.: Suhrkamp.

Faris, R. E. L., Dunham, H. W. (1939). Mental Disorders in Urban Areas. Chicago: University of Chicago Press.

Feick, H. (1991). Index zu Heideggers »Sein und Zeit« (4., neu bearb. Aufl.). Tübingen: Max Niemeyer Verlag.

Finzen, A. (2019). Von gestern bis heute: Totale Institutionen. Familiendynamik, 44 (3), 180–187.

Frake, C. O. (1980). Language and Cultural Description. Stanford: Stanford University Press.

Freud, S., Binswanger, L. (1992). Briefwechsel 1908–1938. Hrsg. von G. Fichtner. Frankfurt a. M.: S. Fischer.

Frisch, M. (1973). Stiller. Frankfurt a. M.: Suhrkamp.

Funcke, D., Hildenbrand, B. (2009). Unkonventionelle Familien in Beratung und Therapie. Heidelberg: Carl-Auer.

Funcke, D., Hildenbrand, B. (2018). Ursprung und Kontinuität der Kernfamilie. Wiesbaden: Springer VS.

Gadamer, H. G. (1993). Die Verborgenheit der Gesundheit. Frankfurt a. M.: Suhrkamp.

Gadamer, H. G. (1999). Die phänomenologische Bewegung. In H. G. Gadamer, Gesammelte Werke 3 (S. 105–146). Tübingen: Mohr Siebeck.

Garfinkel, H. (2000). »Gute« organisatorische Gründe für »schlechte« Krankenakten. System Familie, 13 (3), 111–123.

Geipel, I. (2019). Umkämpfte Zone. Mein Bruder, der Osten und der Hass. Stuttgart: Klett-Cotta.
Giegel, H.-J. (1988). Konventionelle und reflexive Steuerung der eigenen Lebensgeschichte. In H. G. Brose, B. Hildenbrand, Vom Ende des Individuums zur Individualität ohne Ende (S. 211–241). Opladen: Leske und Budrich.
Ginzburg, N. (1995). Meine Psychoanalyse. In N. Ginzburg, Nie sollst du mich befragen. Erzählungen (S. 39–46). Frankfurt a. M.: Fischer.
Goethe, J. W. (1808). Faust. Eine Tragödie. Tübingen: Cotta.
Goethe, J. W. (1961). Aus meinem Leben. Dichtung und Wahrheit. Erster Teil. Gesammelte Werke in sieben Bänden (Bd. 6). Gütersloh: Sigbert Mohn.
Goethe, J. W. (2005). Wilhelm Meister. Düsseldorf: Patmos.
Goffman, E. (1968). Asylums. Essays on the Social Situation of Mental Patients and Other Inmates. Harmondsworth: Penguin.
Goffman, E. (1969). The Presentation of Self in Everyday Life. Harmondsworth: Penguin.
Grathoff, R. H. (1970). The Structure of Social Inconsistencies. Den Haag: Martinus Nijhoff.
Gross, G., Huber, G., Schüttler, R. (1979). Schizophrenie. Verlaufs- und sozialpsychiatrische Langzeituntersuchungen von den 1945–1959 in Bonn hospitalisierten schizophrenen Kranken. Berlin: Springer.
Gurwitsch, A. (1929). Phänomenologie der Thematik und des reinen Ich. Studien über Beziehungen von Gestalttheorie und Phänomenologie. Psychologische Forschung, 12, 19–381.
Gurwitsch, A. (1975). Das Bewusstseinsfeld. Berlin, New York: Walter de Gruyter.
Haldenwang, H. von (1999/2016). Die Jenischen. Erinnerungen an die Wildensteiner Hausierhändler. Fichtenau: Historischer Verein für Württembergisch Franken.
Haley, J. (1981). Ablösungsprobleme Jugendlicher. Familientherapie – Beispiele – Lösungen. München: J. Pfeiffer.
Handke, P. (1968): Kaspar. Frankfurt a. M.: Suhrkamp.
Hareven, T. K. (1999). Verwandtschaftsdynamik in einer amerikanischen Industriestadt. In T. K. Hareven, Familiengeschichte, Lebenslauf und sozialer Wandel (S. 87–129). Frankfurt a. M.: Campus.
Havighurst, R. J. (1953). Human Development and Education. New York: David McKay.
Heidegger, M. (1910–1976/1953). Schöpferische Landschaft: Warum bleiben wir in der Provinz? In M. Heidegger, Aus der Erfahrung des Denkens (1910–1976). Gesamtausgabe I. Abteilung: Veröffentlichte Schriften (Bd. 13, S. 9–13). Frankfurt a. M.: Vittorio Klostermann.
Heidegger, M. (1919–20/1993a). Grundprobleme der Phänomenologie (1919/20). Gesamtausgabe, Bd. 58. Frankfurt a. M.: Vittorio Klostermann.
Heidegger, M. (1923/1982). Gesamtausgabe, Bd. 63: Ontologie (Hermeneutik der Faktizität). Frühe Freiburger Vorlesung. Frankfurt a. M.: Vittorio Klostermann.
Heidegger, M. (1927/1993b). Sein und Zeit (17. Aufl.). Tübingen: Max Niemeyer.
Heidegger, M. (1951). Bauen, Wohnen, Denken. Zugriff am 04.01.2021 unter https://docplayer.org/24892585-Martin-heidegger-bauen-wohnen-denken.html
Heidegger, M. (1976). Brief über den »Humanismus«. Gesamtausgabe, Bd. 9 (S. 313–364). Frankfurt a. M.: Vittorio Klostermann.
Hennon, C. B., Hildenbrand, B. (2005). Modernising to Remain Traditional: Farm Families Maintaining a Valued Lifestyle. Journal of Comparative Family Studies, 36 (3), 505–520.
Herdan-Zuckmayer, A. (1968). Die Farm in den grünen Bergen. Frankfurt a. M.: Büchergilde Gutenberg.
Hildenbrand, B. (1983). Alltag und Krankheit. Ethnographie einer Familie. Stuttgart: Klett-Cotta.
Hildenbrand, B. (1987). Wer soll bemerken, daß Bernhard krank wird? Familiale Wirklichkeitskonstruktionsprozesse bei der Erstmanifestation einer schizophrenen Psychose. In J. B. Bergold, U. Flick (Hrsg.), Ein-Sichten. Zugänge zur Sicht des Subjekts mittels qualitativer Forschung (S. 151–162). Tübingen: DGVT-Verlag.

Hildenbrand, B. (1991). Alltag als Therapie. Ablöseprozesse Schizophrener in der psychiatrischen Übergangseinrichtung. Bern u. a.: Huber.

Hildenbrand, B. (2002). Der abwesende Vater als strukturelle Herausforderung in der familialen Sozialisation. In H. Walter (Hrsg.), Männer als Väter. Sozialwissenschaftliche Theorie und Empirie (S. 743–782). Gießen: Psychosozial-Verlag.

Hildenbrand, B. (2004). Gemeinsames Ziel, verschiedene Wege: Grounded Theory und Objektive Hermeneutik im Vergleich. Sozialer Sinn, (2), 177–194.

Hildenbrand, B. (2005a). Einführung in die Genogrammarbeit. Heidelberg: Carl-Auer.

Hildenbrand, B. (2005b). Fallrekonstruktive Familienforschung (2. Aufl.). Wiesbaden: VS Verlag.

Hildenbrand, B. (2007). Mediating Structure and Interaction in Grounded Theory. In A. Bryant, K. Charmaz (Hrsg.), The SAGE Handbook of Grounded Theory (S. 511–536). Los Angeles u. a: Sage Publications.

Hildenbrand, B. (2012). Objektive Daten im Gespräch. Die biografische Illusion: Der Gang der Argumentation bei Pierre Bourdieu. Sozialer Sinn, (1), 57–78.

Hildenbrand, B. (2014). Die Persistenz familienbetrieblicher Lebensformen in der Landwirtschaft. In K. F. Bohler, A. Sterbling, G. Vonderach (Hrsg.), Der bäuerliche Familienbetrieb (S. 77–96). Aachen: Shaker.

Hildenbrand, B. (2015). Irrwege der psychiatrischen Versorgung und Perspektiven einer unkonventionellen Psychiatrie. In S. Rademacher, A. Wernet (Hrsg.), Bildungsqualen. Kritische Einwürfe wider den pädagogischen Zeitgeist (S. 261–278). Wiesbaden: Springer VS.

Hildenbrand, B. (2017). Zum Begriff der Begegnung. In R. Stachowske (Hrsg.), Leben ist Begegnung. Systemische Therapie und Beratung (S. 8–17). Kröning: Asanger.

Hildenbrand, B. (2018a). Klinische Soziologie. Ein Ansatz für absurde Helden und Helden des Absurden. Wiesbaden: Springer VS.

Hildenbrand, B. (2018b): Genogrammarbeit für Fortgeschrittene. Vom Vorgegebenen zum Aufgegebenen. Heidelberg: Carl-Auer.

Hildenbrand, B. (2018c). Unausgeschöpftes im Werk von Anselm Strauss und Juliet Corbin. Abrufbar: https://bruno-hildenbrand.de/Rubrik Schublade

Hildenbrand, B. (2019). Begangene und unbegangene Wege aus der totalen Institution. Familiendynamik, 44 (3), 188–196.

Hildenbrand, B., Bohler, K. F., Jahn, W., Schmitt, R. (1992). Bauernfamilien im Modernisierungsprozess. Frankfurt a. M.: Campus.

Hildenbrand, B., Welter-Enderlin, R. (2002). Einleitung. Wie es zu diesem Buch kam. In B. Hildenbrand, R. Welter-Enderlin (Hrsg.), Rituale – Vielfalt in Alltag und Therapie (S. 7–23). Heidelberg: Carl-Auer Verlag.

Hildenbrand, B., Welter-Enderlin, R. (2004). Systemische Therapie als Begegnung (4., völlig überarb. u. erw. Aufl.). Stuttgart: Klett-Cotta.

Hildenbrand, B., Welter-Enderlin, R. (Hrsg.) (2006). Resilienz. Gedeihen trotz widriger Umstände (2. Aufl.). Heidelberg: Carl-Auer.

Hoffmann-Riem, C. (1984). Familienleben mit doppelter Elternschaft. München: Fink.

Hollingshead, A. B., Redlich, F. (1975). Der Sozialcharakter psychischer Störungen. Eine sozialpsychiatrische Untersuchung. Frankfurt a. M.: S. Fischer.

Huber, G., Gross, G, Schüttler, R. (1978). Schizophrenie. Berlin u. a.: Springer-Verlag

Husserl, E. (1948). Erfahrung und Urteil. Untersuchungen zur Genealogie der Logik (redig. u. hrsg. v. L. Landgrebe). Hamburg: Claasen und Goverts.

Husserl, E. (1962). Die Krisis der europäischen Wissenschaften und die transzendentale Phänomenologie. Martinus Nijhoff: Den Haag.

Husserl, E. (1910/1965). Philosophie als strenge Wissenschaft (2. Aufl.). Frankfurt a. M.: Vittorio Klostermann.

Husserl, E. (1985). Die phänomenologische Methode. Ausgewählte Texte I. Stuttgart: Reclam.

Husserl, E. (2013). Ideen zu einer reinen Phänomenologie und phänomenologischen Philosophie. Allgemeine Einführung in die reine Phänomenologie. Berlin: Springer.
Ilien, A., Jeggle, U. (1981). Die Gegenwart der Vergangenheit. Sozialisation in einer Arbeiterwohngemeinde. In H. Walter, Region und Sozialisation. Beiträge zur sozialökologischen Präzisierung menschlicher Entwicklungsvoraussetzungen (Bd. 2, S. 1–60). Stuttgart: Frommann-Holzboog Verlag.
Imber-Black, E. (2002). Rituale und Geheimnisse, Geheimnisse und Rituale. In B. Hildenbrand, R. Welter-Enderlin (Hrsg.), Rituale – Vielfalt in Alltag und Therapie (S. 71–88). Heidelberg: Carl-Auer Verlag.
James, W. (1892/1961). Psychology. The Briefer Course. New York: Harper.
Jaspers, K. (1932). Philosophie. Berlin u. a.: Springer.
Jaspers, K. (1946). Allgemeine Psychopathologie (4. Aufl.). Berlin, Heidelberg: Springer.
Johnson, U. (2013). Jahrestage (Bd. 1 – Bd. 4 im Schuber). Frankfurt a. M.: Suhrkamp.
Jung, P. (2019). Die »verführerische Banalität« strukturbildender Orte. Soziologische Perspektiven auf die Gemeindepsychiatrie in Deutschland. Weinheim u. Basel: Beltz Juventa.
Kaube, J. (2020). Der Schwierige. Zum 250. Geburtstag von Hegel. Frankfurter Allgemeine. Zugriff am 05.01.2021 unter https://www.faz.net/aktuell/feuilleton/der-schwierige-zum-250-geburtstag-von-hegel-16922565.html
Kaul-Seeger, R., Herr H (2019). Melchiorsgrund. Ein kulturtherapeutisches Dorf. Sozialpsychiatrische Informationen, (49), 32–35.
Kierkegaard, S. (1923). Die Tagebücher (dt. von Theodor Hacks). Innsbruck: Brenner-Verlag.
Knoblauch, H. (1999). Berichte aus dem Jenseits. Mythos und Realität der Nahtod-Erfahrung. Freiburg: Herder.
Konrad, M. (2020). Familiale Lebenswelt und psychische Krankheit. Das schwierige Verhältnis der Psychiatrie zu einer unverwüstlichen Lebensform. Sozialpsychiatrische Informationen, 50 (3), 6–12.
Konrad, M., Schmidt-Michel, P. O. (1989). Angehörige und »Ersatz-Angehörige« psychisch Kranker: Analogien und Differenzen. G. Buchkremer, N. Rath (Hrsg.), Therapeutische Arbeit mit Angehörigen schizophrener Patienten (S. 171–179). Bern u. a.: Huber.
Krappmann, L. (1969). Soziologische Dimensionen der Identität. Stuttgart: Klett Cotta.
Kraus, A. (1977). Sozialverhalten und Psychose Manisch-Depressiver. Stuttgart: Enke.
Krisor, M. (1997). Auf dem Weg zur gewaltfreien Psychiatrie. Das Herner Modell im Gespräch. Bonn: Psychiatrie-Verlag.
Kundera, M. (2000). Die Unwissenheit. München: Hanser.
La Fontaine, J. de (2015). Fabeln. Berlin: Holzinger
Laing, R. D. (1972). Phänomenologie der Erfahrung (5. Aufl.). Frankfurt a. M.: Suhrkamp.
Laing, R. D. (1989). Die Stimme der Erfahrung. Erfahrung, Wissenschaft und Psychiatrie. München: dtv.
Laing, R. D., Esterson, A. (1964). Sanity, Madness and the Family. Harmondsworth: Penguin.
Lévi-Strauss, C. (1981). Die elementaren Strukturen der Verwandtschaft. Frankfurt a. M.: Suhrkamp.
Levold, T., Lieb, H., Britten, U. (2017). Für welche Probleme sind Diagnosen eigentlich eine Lösung? Göttingen: Vandenhoeck & Ruprecht.
Linhart, R. (1980). Eingespannt. Erzählung aus dem Innern des Motors. Berlin: Verlag Volk und Welt.
Löwith, Karl (1958). Von Hegel zu Nietzsche. Stuttgart: W. Kohlhammer Verlag. Vierte Aufl.
Loyer, E. (2017). Lévi-Strauss. Eine Biographie. Berlin: Suhrkamp.
Luckmann, B. (1970). The Small Life-Worlds Of Modern Man. Social Research, 37 (4), 580–596.
Luckmann, T. (1971). Einleitung. In A. Schütz, Das Problem der Relevanz (S. 7–23). Frankfurt a. M.: Suhrkamp.

Luckmann, T. (1980). Philosophie, Sozialwissenschaft und Alltagsleben. In T: Luckmann, Lebenswelt und Gesellschaft. Grundstrukturen und geschichtliche Wandlungen (S. 9–55). Paderborn u. a.: Schöningh.
Luckmann, T. (1983). Vorwort. In B. Hildenbrand, Alltag und Krankheit. Ethnographie einer Familie (S. 9–14). Stuttgart: Klett-Cotta.
Lutherbibel (2017). Matthäus. Zurechtweisung und Belehrung in der Gemeinde. Zugriff am 04.01.2021 unter https://www.die-bibel.de/bibeln/online-bibeln/lesen/Lu17/Mat18/Matthäus-18
Machum, S. (2005). The Persistence of Family Farming in the Wake of Agrobusiness. A New Brunswick Canada Case Study, Journal of Comparative Family Studies, 36 (3), 377–390.
Mannheim, K. (1928/1978). Das Problem der Generationen. In M. Kohli (Hrsg.), Soziologie des Lebenslaufs (S. 38–53). Darmstadt, Neuwied: Luchterhand.
Marx, K. (1852/1964). Der achtzehnte Brumaire des Louis Bonaparte. In K. Marx, F. Engels, Ausgewählte Schriften in zwei Bänden (Bd. 1, S. 226–316). Berlin: Dietz.
Matthiessen, P. F. (2013). Komplementärmedizin und Wissenschaftspluralismus – von der staatlichen Forschungsförderung zum Dialogforum Pluralismus in der Medizin. Forschende Komplementärmedizin, 20, 43–57.
Matthiessen, P. F, Bahrs, O. (2007). Gesundheitsfördernde Praxen. Die Chancen einer salutogenetischen Orientierung in der hausärztlichen Praxis. Bern u. a.: Huber.
Mauss, M. (1950/1968). Die Gabe. Frankfurt a. M.: Suhrkamp.
McGoldrick, M., Gerson, R. (1990). Genogramme in der Familienberatung. Bern u. a.: Huber.
Mead, G. H. (1932/1969). Philosophie der Sozialität. Einleitung von Hansfried Kellner. Frankfurt a. M.: Suhrkamp.
Merleau-Ponty, M. (1946/1966). Phänomenologie der Wahrnehmung. Berlin: Walter de Gruyter.
Merleau-Ponty, M. (1942/1976). Die Struktur des Verhaltens. Berlin, New York: Walter de Gruyter.
Merleau-Ponty, M. (1984a). Die Wahrnehmung des Anderen und der Dialog. In M. Merleau-Ponty, Die Prosa der Welt (S. 147–161). München: Wilhelm Fink.
Merleau-Ponty, M. (1984b). Das Auge und der Geist. In M. Merleau-Ponty, Das Auge und der Geist (S. 13–43). Hamburg: Felix Meiner.
Merleau-Ponty, M. (1984c). Das mittelbare Sprechen und die Stimmen des Schweigens. In M. Merleau-Ponty, Das Auge und der Geist (S. 69–114). Hamburg: Felix Meiner.
Messmer, R. (o. J.). Reflecting Team. Zugriff am 01.01.2021 unter http://www.syslob.ch/03_LoA/Reflecting.pdf
Musil, R. (1978). Der Mann ohne Eigenschaften. Lizenzausgabe für die Büchergilde Gutenberg (neu durchges. u. verbess. Ausg.). Reinbek bei Hamburg: Rowohlt.
Mytting, L. (2019). Die Tankstelle am Ende des Dorfs. Frankfurt a. M.: Insel.
Natanson, M. (1970). The Journeying Self. A Study in Philosophy and Social Role. Reading, Mass.: Addison Wesey Publishing Company.
Nellen, K., Němec, J., Srubar, I. (1991). Die Entwicklung des phänomenologischen Denkens von Jan Patočka. In J. Patočka, Die Bewegung der menschlichen Existenz. Phänomenologische Schriften II (S. 7–33). Stuttgart: Klett-Cotta.
Nietzsche, F. (1889/1990). Götzendämmerung. Stuttgart: Alfred Kröner.
Oevermann, U. (1988). Eine exemplarische Fallrekonstruktion zum Typus versozialwissenschaftlichter Identität. In H. G. Brose, B. Hildenbrand (Hrsg.), Vom Ende des Individuums zur Individualität ohne Ende (S. 243–286). Opladen: Leske und Budrich.
Oevermann, U. (2001). Die Soziologie der Generationenbeziehungen und der historischen Generationen aus strukturalistischer Sicht und ihre Bedeutung für die Schulpädagogik. In R.-T. Kramer, W. Helsper, S. Busse (Hrsg.), Pädagogische Generationsbeziehungen. Jugendliche im Spannungsfeld von Schule und Familie (S. 78–128). Opladen: Leske und Budrich.

Olsen, D. H. (2000). Circumplex Model of Marital and Family Systems. Journal of Family Therapy, (22), 144–167.
Onfray, M. (2015). Im Namen der Freiheit. Leben und Philosophie des Albert Camus. München: btb-Verlag.
Ostermann, T., Matthiessen, P. F. (Hrsg.) (2003). Einzelfallforschung in der Medizin. Bedeutung, Möglichkeiten, Grenzen. Frankfurt a. M.: VAS.
Ott, K.-H. (2019). Hölderlins Geister. München: Carl Hanser.
Oury, J. (1986). Le Collectif. Paris: Editions du Scarabée.
Pagnol, M. (1972). Die Wasser der Hügel. Berlin: Verlag Volk und Welt.
Pascal, B. (1997). Gedanken. Stuttgart: Reclam.
Patočka, J. (1991). Die Bewegung der menschlichen Existenz. Phänomenologische Schriften II. Hrsg. von K. Nellen, J. Němec, I. Srubar. Stuttgart: Klett-Cotta.
Platen-Hallermund, A. (1948/1993). Die Tötung Geisteskranker in Deutschland. Aus der Deutschen Ärztekommission beim amerikanischen Militärgericht (Leiter Privatdozent Dr. Alexander Mitscherlich) (2. Aufl.). Bonn: Psychiatrie-Verlag.
Plessner, H. (1928/1975). Die Stufen des Organischen und der Mensch. Berlin, New York: Walter de Gruyter.
Rauh, P., Topp, S. (2019). Konzeptgeschichten. Zur Marburger Psychiatrie im 19. und 20. Jahrhundert. Göttingen: Vandenhoeck & Ruprecht
Reiss, D. (1981). The Family's Construction of Reality. Cambridge/Mass. u. a.: Harvard University Press.
Ringelnatz, J. (1994). Das Gesamtwerk in sieben Bänden. Bd. 1. Zürich: Diogenes.
Rittlinger, H. (1968). Das baldverlorene Paradies. Wiesbaden: F. A. Brockhaus.
Safranski, R. (1988). Schopenhauer und die wilden Jahre der Philosophie. Eine Biografie (2. Aufl.). München, Wien: Carl Hanser.
Sarcka, W. A., Man Sarcka, E. (2007). Giving a Lift in Time. A Finnish Immigrant's Story. Montpelier: Eigenverlag.
Sartre, J.-P. (1943/2017). Das Sein und das Nichts. Versuch einer phänomenologischen Ontologie. Reinbek: Rowohlt.
Schapp, W. (1976). In Geschichten verstrickt. Zum Sein von Mensch und Ding (2. Aufl.). Wiesbaden: B. Heymann.
Schiller, F. (1795/1975). Über die ästhetische Erziehung des Menschen. Stuttgart: Reclam.
Schütz, Alfred (1971a). Gesammelte Aufsätze 1. Den Haag: Nijhoff.
Schütz, A. (1971b). Das Problem der Relevanz. Frankfurt a. M.: Suhrkamp.
Schütz, A. (1972). Gesammelte Aufsätze 2. Studien zur soziologischen Theorie. Den Haag: Nijhoff.
Schütz, A., Gurwitsch, A. (1985). Briefwechsel 1939–1959. München: Wilhelm Fink.
Schütz, A., Luckmann, T. (1979). Strukturen der Lebenswelt. Band 1. Frankfurt a. M.: Suhrkamp.
Schütz, A., Luckmann, T. (1984). Strukturen der Lebenswelt. Band 2. Frankfurt a. M.: Suhrkamp.
Sebald, W. G. (2006). Campo Santo. Frankfurt a. M.: Fischer.
Semprún, J. (1995). Schreiben oder Leben (2. Aufl.). Frankfurt a. M.: Suhrkamp.
sfdp (o J.). Daseinsanalyse und Methode. Schweizerischer Fachverband für daseinsanalytische Psychotherapie. Zugriff am 01.01.2021 unter https://daseinsanalyse.com/dai-das-institut/daseinsanalyse-und-methode/
Sieder, R. (1998). Besitz und Begehren, Erbe und Eltern-Glück. Familien in Deutschland und Österreich. In A. Burguière, C. Klapisch-Zuber, M. Segalen, F. Zonabend (Hrsg.), Geschichte der Familie. 20. Jahrhundert (S. 211–285). Frankfurt a. M., New York: Campus.
Simmel, G. (1908). Soziologie. Untersuchungen über die Formen der Vergesellschaftung. Berlin: Duncker und Humblot.
Simmel, G. (1910). Soziologie der Mahlzeit. Der Zeitgeist, Beiblatt zum Berliner Tageblatt, 41, 1–2.
Simon, F. B, Rech-Simon, C. (1999). Zirkuläres Fragen. Systemische Therapie in Fallbeispielen. Ein Lernbuch. Heidelberg: Carl-Auer.

Simon, H. (1929). Aktivere Krankenbehandlung in der Irrenanstalt. Berlin, Leipzig: de Gruyter.
Steffens, T. (2004). Familienmilieu und biografische Verläufe psychisch Kranker. Fallanalysen zur sozialen Sinnstrukturiertheit schizophrener Erkrankungen. Frankfurt a. M.: Humanities Online.
Stein, R. (2001). Lebenserwartung: Im Osten stirbt man eher. Zugriff am 27.12.2020 unter https://www.tagesspiegel.de/themen/gesundheit/lebenserwartung-im-Osten-stirbt-man-eher/229260.html
Stierlin, H. (1980). Eltern und Kinder. Das Drama von Trennung und Versöhnung im Jugendalter. Frankfurt a. M.: Suhrkamp.
Strauss, A. (1968). Spiegel und Masken. Frankfurt a. M.: Suhrkamp.
Strauss, A. (1991). Tracing Lines of Conditional Influence. Matrix and Paths. In A. Strauss, Creating Sociological Awareness (S. 455–463). New Brunswick, London: Transaction Publishers.
Strauss, A. (1994). Grundlagen qualitativer Sozialforschung. München: Wilhelm Fink.
Szilasi, W. (1965). Inhaltsanalyse. Nachwort und Anhang. In E. Husserl, Philosophie als strenge Wissenschaft (S. 73–101). Frankfurt a. M.: Vittorio Klostermann.
Thoma, S. (2014). Une psychopathologie à l'impossible – eine Psychopathologie hin zum Unmöglichen. Henri Maldiney zum 100. Geburtstag. Sozialpsychiatrische Informationen, 44 (1), 32–37.
Thoma, S. (2018). Common Sense und Verrücktheit im sozialen Raum. Entwurf einer phänomenologischen Sozialpsychiatrie. Bonn: Psychiatrie Verlag.
Tönnies, F. (1887/1972). Gemeinschaft und Gesellschaft. Grundbegriffe der reinen Soziologie. Darmstadt: Wissenschaftliche Buchgesellschaft.
Twain, M. (1900). Kunst und Wissenschaft des Lotsen. In M. Twain, Auf dem Mississipi. Zugriff am 04.01.2021 unter https://www.projekt-gutenberg.org/twain/mississ1/chap007.html
Vance, J. D. (2016). Hillbilly Elegy. New York: HarperCollins.
Verein für psychoanalytische Sozialarbeit (Hrsg.) (1993). Innere Orte. Äußere Orte. Die Bildung psychischer Strukturen bei ich-strukturell gestörten Menschen. Tübingen: edition discord.
Waldenfels, B. (1980). Der Spielraum des Verhaltens. Frankfurt a. M.: Suhrkamp.
Waldenfels, B. (1985a). Die verachtete Doxa. Husserl und die fortdauernde Krisis der abendländischen Vernunft. In B. Waldenfels, In den Netzen der Lebenswelt (S. 34–55). Frankfurt a. M.: Suhrkamp.
Waldenfels, B. (1985b). Heimat in der Fremde. In B. Waldenfels, In den Netzen der Lebenswelt (S. 194–211). Frankfurt a. M.: Suhrkamp.
Waldenfels, B. (1987). Ordnung im Zwielicht. Frankfurt a. M.: Suhrkamp.
Walter, H. (Hrsg.) (1981). Region und Sozialisation. Beiträge zur sozialökologischen Präzisierung menschlicher Entwicklungsvoraussetzungen. 2 Bde. Stuttgart: Frommann-Holzboog.
Weber, M. (1919/1988). Wissenschaft als Beruf. In M. Weber, Gesammelte Aufsätze zur Wissenschaftslehre Tübingen (S. 582–613). Tübingen: Mohr Siebeck.
Weizsäcker, V. von (1950/1973). Der Gestaltkreis. Theorie der Einheit von Wahrnehmen und Bewegen. Frankfurt a. M.: Suhrkamp.
Weizsäcker, V. von (1987/1999). Krankengeschichte. In V. von Weizsäcker, Krankengeschichte. Biografie. Geschichte. Dokumentation. Beiträge zur medizinischen Anthropologie (Bd. 2, S. 169–183). Würzburg: Königshausen & Neumann.
Wells, M., Huessy, H. (1985). A Unique Approach. Spring Lake Ranch. Psychiatric Clinics in North Amerika, 8 (3), 598–608.
Wikipedia (2019). Schäfermatt. Zugriff am 03.01.2021 unter https://de.wikipedia.org/wiki/Sch%C3%A4fermatt
Wikipedia (2020a). Ausbildungskompanie. Zugriff am 02.01.2021 unter https://de.wikipedia.org/wiki/Ausbildungskompanie_6/9
Wikipedia (2020b). Formaldienst. Zugriff am 23.03.2020 unter https://de.wikipedia.org/wiki/Formaldienst

Wikipedia (2020c). Technischer_Zeichner. Zugriff am 27.03.2020 unter https://de.wikipedia.org/wiki/Technischer_Zeichner

Wikipedia (2020d). The ballad of Ira Hayes. Zugriff am 04.01.2021 unter https://en.wikipedia.org/wiki/The_Ballad_of_Ira_Hayes

Wieland, W. (2004). Diagnose. Überlegungen zur Medizintheorie. Warendorf: Verlag Johannes G. Hoof.

Wirth, L. (1931). Clinical Sociology. American Journal of Sociology, 37 (1), 49–66.

Wulff, E. (1980). Wie wünscht sich der Sektor-Psychiater die Versorgung seiner Patienten? Eine sozialpsychiatrische Utopie. In K. Heinrich, U. Mueller (Hrsg.), Psychiatrische Soziologie. Ein Beitrag zur sozialen Psychiatrie? (S. 133–139). Weinheim und Basel: Beltz.

Wulff, E. (2001). Irrfahrten. Autobiografie eines Psychiaters. Bonn: Psychiatrie Verlag.

Wynne, L. C., Ryckoff, I. M., Day, J., Hirsch, S. J. (1970). Pseudo-Gemeinschaft in den Familienbeziehungen von Schizophrenen. In G. Bateson, D. D: Jackson, J. Haley, J. H. Weakland, L. C. Wynne, I. M. Ryckoff, J. Day, S. J. Hirsch, T. Lidz, A. Cornelison, S. Fleck, D. Terry, H. E. Searles, M. Bowen, E. E. Vogel, N. W. Bell, R. D. Laing, J. Foudrain (Hrsg.), Schizophrenie und Familie (S. 44–80). Frankfurt a. M.: Suhrkamp.

Zola, E. (1885/1986). Germinal. Stuttgart: Reclam.

Zorn, F. (1975). Mars. Frankfurt a. M.: S. Fischer.

Zürcher Bibel (2007). Zürich: Genossenschaft Verlag der Zürcher Bibel beim Theologischen Verlag Zürich.

Filme

Allen, W. (1983). Zelig. USA.

Forman, M. (1975). Einer flog über das Kuckucksnest. USA.

Goupil, R. (2019). Hans Hartung – Malen schnell wie der Blitz. Dokumentation Frankreich. arte.

Philibert, N. (1997/2002). La moindre des choses. Dokumentarfilm. DVD. Paris: Editions Montparnasse.

Rees, D. (2017). Mudbound. USA.

Wicki, B. (1959). Die Brücke. Deutschland.

Lieder

Degenhardt, F. J. (1981). Durch die Jahre. Musikalbum. Electrola.

La Farge, P. (1962). Ira Hayes and other Ballads. Album.

Personenregister

Allen, Woody 53
Arendt, Hannah 107, 176, 206
Assion, Peter 133
Augustinus 18
Ayme, Jean 189

Baez, Joan 155 f.
Bales, Robert F. 24
Barthes, Roland 107, 182
Bateson, Gregory 67
Baudelaire, Charles 69, 140
Bausinger, Hermann 136
Berger, Peter L. 11, 21, 190
Bergmann, Jörg 59 f., 63
Binswanger, Ludwig 20, 22, 28 f., 63, 68–77, 89, 92, 97, 164, 167, 170, 175 f., 178 f., 183
Blankenburg, Wolfgang 10, 20, 22, 51, 57, 63 f., 66–70, 74 f., 77 f., 80–82, 84, 92, 115, 163, 168, 178 f., 194, 199
Bleuler, Eugen 67, 171
Bleuler, Manfred 67
Blumenberg, Hans 166
Bock, Thomas 10, 175
Bohler, Karl Friedrich 66, 130
Bois, Guy 125
Bourdieu, Pierre 21, 129, 165
Brecht, Bertolt 152, 205
Britten, Uwe 203
Brücher, Klaus 19, 21, 26
Büchner, Georg 197
Bude, Heinz 126
Burkart, Günter 149

Carneades 32 f., 60, 74
Ciompi, Luc 11, 63, 67, 83, 89, 171, 176 f., 181, 184, 196, 202

Cooley, Charles Horton 48, 56
Cooper, David 82
Corbin, Julie 49

Degenhardt, Franz-Josef 126
Demandt, Alexander 129
Descartes, René 18
Dilthey, Wilhelm 80, 82
Dolto, Françoise 42
Dörner, Klaus 10, 175
Dulberger, Dan 183
Dunham, H. Warren 67
Dürrschmidt, Jörg 41
Dylan, Bob 47

Eribon, Didier 56, 79
Ernaux, Annie 79
Esterson, Aaron 83

Fahlke, Eberhard 125
Faris, Robert E.L. 67
Faulstich, Heinz 63
Feick, Hildegard 68
Finzen, Asmus 113
Forman, Miloš 113
Frake, Charles O. 37
Freud, Sigmund 42, 179, 183
Frisch, Max 79
Funcke, Dorett 25, 66, 92, 198

Gadamer, Hans-Georg 24, 203
Galilei, Galileo 18
Geipel, Iris 40
Gerson, Randy 17, 128
Giegel, Hans-Joachim 27
Ginzburg, Natalia 183
Glueck, 188 f.
Goethe, Johann Wolfgang 57, 78, 129, 196 f.

Goffman, Erving 9, 56, 93, 113, 186, 190 f.
Grass, Günter 125
Grathoff, Richard 20
Gross, Gisela 171
Gurwitsch, Aron 31 f.
Gynt, Peer 79

Habermas, Jürgen 27
Haldenwang, Hasso von 135 f.
Haley, Jay 182 f.
Hartung, Hans 78
Havighurst, Robert J. 141
Hayes, Ira 47
Hegel, Georg Friedrich Wilhem 84, 176
Heidegger, Martin 11, 19, 22, 25 f., 28, 30–32, 35–37, 44, 48, 52 f., 55 f., 61, 68–70, 74, 84, 90, 122, 175 f.
Hennon, Charles B. 142
Herdan-Zuckmayer, Alice 190
Hietel, Roswita 124
Hollingshead, August B. 67
Holzkamp, Klaus 51
Huber, Gerd 171
Huessy, Hans 189–195
Huessy, Margit 190
Humboldt, Wilhelm von 84
Husserl, Edmund 18 f., 21, 24, 26 f., 32–34, 43, 45, 59, 61

Ibsen, Henrik 68, 70
Ilien, Albert 39
Imber-Black, Evan 186

James, William 31, 190
Jeggle, Utz 39, 136

Personenregister

Jens, Walter 83
Johnson, Uwe 38, 125
Jünger, Ernst 97
Jung, Patrick 183, 191, 200

Kafka, Franz 107, 110, 206
Kaul-Seeger, Reinhard 196
Kierkegaard, Søren 34, 36, 62, 78 f.
Klein, Daniela 68, 149, 157
Knoblauch, Hubert 36
Köhle-Hezinger, Cristel 137, 208
Kohli, Martin 149
Konrad, Michael 11, 198 f.
Krappmann, Lothar 59
Kraus, Alfred 58
Krisor, Matthias 186, 189
Kuhn, Roland 68, 178 f.
Kundera, Milan 41

Lacan, Jacques 56, 179
Lafontaine, Oskar 93
Laing, Ronald D. 83, 199, 202
Lévi-Strauss, Claude 66, 92, 143, 151, 179
Levold, Tom 203
Lieb, Hans 203
Linhart, Robert 48, 56
Linné, Carl von 202
Lorang, Dan 27
Löwith, Karl 129
Loyer, Emmanuelle 143
Luckmann, Benita 42, 48
Luckmann, Thomas 10 f., 21, 25, 31, 47 f., 74, 190
Luhmann, Niklas 182

Machum, Susan 142
Mannheim, Karl 9, 48, 126
Man Sarcka, Elisabeth 188
Marx, Karl 11, 165
Mauss, Marcel 151
Mayer, Carl 182, 189
McGoldrick, Monica 17, 128
Mead, George Herbert 56, 58, 85, 182
Merleau-Ponty, Maurice 19, 26, 49, 55 f., 62

Moltke, Freya von 188, 190
Muschg, Alfred 83
Musil, Robert 123
Mytting, Lars 44

Naber, Dieter 175
Natanson, Maurice 49, 55
Nellen, Klaus 26
Novalis 196

Oberlin, Johann Friedrich 197
Odysseus 41
Oevermann, Ulrich 17, 27, 59, 126
Omer, Haim 183
Oury, Jean 179, 195

Pagnol, Marcel 134
Pascal, Blaise 70
Patočka, Jan 19, 26–28
Philibert, Nicolas 179, 195
Plessner, Helmuth 19, 26

Rauh, Philipp 51
Rech-Simon, Christel 184
Redlich, Fredrick 67
Rees, Dee 42
Reiss, David 67, 106
Ringelnatz, Joachim 134
Rittlinger, Herbert 29
Roethe, Frank 59
Rosenstock-Huessy, Eugen 190

Safranski, Rüdiger 69
Sarcka, Wayne 188–190, 195
Sarcka, Wayne A. 188
Sartre, Jean-Paul 49, 176
Schapp, Wilhelm 26, 122
Schiller, Friedrich 18, 77 f., 137
Schmeling, Max 161
Schmidt, Gunther 91, 96, 110, 145, 183–185, 199
Schmidt-Michel, Paul-Otto 198
Schopenhauer, Arthur 69
Schüttler, Reinhold 171

Schütz, Alfred 21, 24 f., 29–36, 38, 40–43, 45–49, 56, 59–61, 74, 93
Semprún, Jorge 123
Sieder, Reinhard 125
Simmel, Georg 37, 41, 43, 151
Simon, Fritz B. 183 f.
Simon, Hermann 117, 179, 191 f., 198
Srubar, Ilja 26
Steffens, Tomas 185
Stierlin, Helm 91, 169, 183
Strauss, Anselm L. 49, 55, 90
Szilasi, Wilhelm 24

Taggert, Jim 188
Thoma, Samuel 175 f.
Topp, Sascha 51
Tosquelles, François 179
Twain, Mark 60

Vance, J. D. 84

Waldenfels, Bernhard 18 f., 41, 52, 123
Walter, Heinz 36, 83, 106
Weber, Max 83
Weizsäcker, Viktor von 22, 35, 55, 80 f.
Wells, Jim 188–195
Welter-Enderlin, Rosmarie 77
Werner, Emmy 84
Wieland, Wolfgang 203
Windelband, Wilhelm 20
Wirth, Louis 47
Wulff, Erich 89, 120
Wynne, Lyman C. 91, 109

Zandt, Townes van 47
Zola, Emile 59
Zorn, Fritz 83
Zuckmayer, Carl 190

Sachregister

Abduktion 20
Adoleszenz 61, 67, 79, 82 f., 213
Affektlogik 11, 67, 171, 214
Alkoholismus 66, 143
Alltag 187, 189, 198, 213, 216 f.
Alltagswissen 148
Aufgegebenes 82
Ausgedinge 125
Avunkulat 151

Bewandtnis 29
Bewandtnisganzheit 29

Daten 20, 27, 29
Deduktion 20
Drehtür 178

Entwicklungsaufgaben 66
Ereignis 85, 138, 140, 197
Erlebnis 30, 80, 95, 98, 156
Ethnografie 14
Ethnomethodologie 24
existenzial 30
Existenzial 52

Falsifikation 106 f.
Familienparadigma 106, 140
Forensik 124
forensisch 124

Gemeinschaft 136
Gemeinwesen 192
Genetik 82
Gummiseil 91
Gummizaun 121

Heptade 126
Hermeneutik 179, 214
Hirnforschung 36, 82
Horizont 31–33

Humanismus 26
Hypothese 33, 67, 83

Idealisierung 33
Idiografik 20, 66
Induktion 20
Innerlichkeit 53
Interaktion 20, 24, 52 f., 62, 192

Kostenträger 177
Krise 55, 61 f., 66, 79, 165

Lebensqualität 178
Lebenswelt 71, 143, 163 f.
kleine 101
Lehen 125

mäeutisch 182
Mainstream 18
Menschenverstand 18, 44
Möglichkeiten 30, 32, 46 f., 49, 53, 56 f., 59
Münsterlingen 68, 178
Muster 20

Nomothetik 66

Partikularismus 45
Perspektive 45
Phänomenologie 18, 199, 216
Positivismus 89
prädikativ 66
Prädikativ 199
Pragmatismus 56, 163
Proportion 70 f., 73, 89, 138
Psychoanalyse 179, 182 f., 216
Psychologie 18, 24, 51
Relevanz 25, 29–31, 220
auferlegte 33
Auslegungs 33

Relevanzen
thematische 33
Relevanzsystem 33, 43, 45
Resilienz 77
Faktoren 85
Reziprozität 109

Situation 62, 69, 71, 73, 75, 80
Sorge 30, 32, 34–36
Sozialarbeit 81, 93, 221
Soziologie 10 f., 21–25, 30, 107, 189
Struktur 21, 107 f.
Stubenhocker 201

Technik 176
Triade 126

Überforderung 128
Universalismus 45
Unterforderung 128

Vergemeinschaftung 37, 45, 148
Vergesellschaftung 37, 220
Verschrobenheit 70
Verständigung 41, 52, 204
Verstiegenheit 68, 70 f.
Vertikalität 69
Verweisungszusammenhang 24, 26, 37, 122
vorprädikativ 33, 66, 199

Wahrheit 107
Wahrnehmungsfeld 32 f.
Wissensvorrat 33, 39
Wohnen 181, 191
Betreutes 175

Zeug 28